名师名校名校长

凝聚名师共识
囤卮名师关怀
打造名师品牌
培育名师群体

程明远题

且行且思

初中物理"学—思—理—评"

教学模式的实践与思考

彭崇生 / 主编

辽宁大学出版社
Liaoning University Press

图书在版编目（CIP）数据

且行且思：初中物理"学—思—理—评"教学模式
的实践与思考/彭崇生主编. －沈阳：辽宁大学出版
社，2022.11
（名师名校名校长书系）
ISBN 978-7-5698-0897-1

Ⅰ.①且…　Ⅱ.①彭…　Ⅲ.①中学物理课－教学模式
－研究－初中　Ⅳ.①G633.72

中国版本图书馆 CIP 数据核字（2022）第 149443 号

且行且思：初中物理"学—思—理—评"教学模式的实践与思考
QIE XING QIE SI：CHUZHONG WULI "XUE—SI—LI—PING" JIAOXUE MOSHI DE SHIJIAN YU SIKAO

出　版　者：辽宁大学出版社有限责任公司
　　　　　　（地址：沈阳市皇姑区崇山中路 66 号　　邮政编码：110036）
印　刷　者：沈阳海世达印务有限公司
发　行　者：辽宁大学出版社有限责任公司
幅面尺寸：170mm×240mm
印　　　张：18.25
字　　　数：310 千字
出版时间：2022 年 11 月第 1 版
印刷时间：2022 年 11 月第 1 次印刷
责任编辑：李珊珊
封面设计：高梦琦
责任校对：渠铖铖

书　　　号：ISBN 978-7-5698-0897-1
定　　　价：58.00 元

联系电话：024-86864613
邮购热线：024-86830665
网　　　址：http://press.lnu.edu.cn
电子邮件：lnupress@vip.163.com

编 委 会

序 言
PREFACE

　　教师专业的发展是提高教育教学质量的关键，江城区教师发展中心在带领教师提高科学素质和教师专业水平方面做了一些有益的工作。实践证明，促进教师专业化发展，不仅仅要有制度上的支持，更需要教育工作者对教育教学工作不断地进行思考与研究、总结与反思，通过开展课题研究，不断地解决教学中存在的问题，使教学理论水平得到提升。

　　江城区物理学科中心教研组，在江城区教师发展中心彭崇生副主任的带领下，组织区物理骨干教师积极、深入地开展教育教学研究，让更多的人养成总结与思考的习惯，更好地促进教师专业水平的提升，真正推动教师内涵式发展。本书收集了教育教学研究过程中的许多实验案例，涉及课堂教学效率的提高、物理教师现状的研究、欠发达地区物理教学的现状研究及提升策略、物理探究教学、实验教学的现状及提升策略，这些案例对提升教师的专业素养、提高物理教学的质量是一笔财富。为了保护好这笔财富，加强优秀教研成果的交流与推广，让更多人得惠于此，编著了这本《且行且思——初中物理"学—思—理—评"教学模式的实践与思考》，旨在起到抛砖引玉的效果。

　　本书秉承了自主创作、结合实际探索研究的教研风格。通过这本书，读者可以清晰地感受到作者们背后艰辛的劳动。"路漫漫其修远兮，吾将上下而求索"，让我们继续深入教研教改，克难奋进、开拓创新，力争在更广的领域、更深的层面开展教育教学研究和实践，共同铸造阳江教育辉煌的明天。

薛子永

2022年3月12日

目 录
CONTENTS

上　篇　教学心得反思

中　篇　教学经验总结

下　篇　教学设计实践

上 篇

教学心得反思

《测定玻璃的折射率》实验误差成因分析

广东省阳江市江城区教师发展中心　彭崇生

广东省从2022年开始试行3+x考试制度，据悉两三年后将在全国推行，无疑，为更好地选拔人才，物理科的考试也将越来越注重能力的测试。从近几年的高考试题来看，实验题的比重正逐年加大，考题也将走出教条，以考查学生全方面的能力为主，那种以掌握课本实验为蓝本的教法、认为只要正确学会完成实验要求就万事大吉的学法也必将被淘汰。

玻璃折射率的测定实验，看似简单，但学生在完成实验时，经常出现小问题"现象"，如何正确分析处理这些"现象"呢?

1. 用长方体（或正方体）玻璃砖两平行界面做折射面，但在画界面直线时不平行，如图1和图2所示。

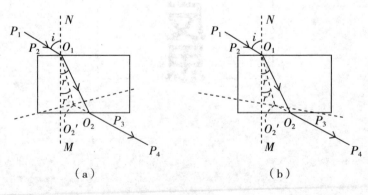

（a）　　　　　　　　　（b）

图1

图中实线为玻璃砖实际位置，虚线为所画直线（轮廓线），画出通过P_1、P_2的直线与玻璃界面相交于O_1，画出通过P_3、P_4的直线与玻璃界面及所画直线相交于O_2、O_2'点，连接O_1O_2和O_1O_2'，则入射角i，实际折射角r，测量折射角r'。

由图1可知，由于$r' < r$，显然有，测量值$n' = \sin i/\sin r'$，真实值$n = \sin i/\sin r$；而图2中，有$r' > r$，所以有$n' = \sin i/\sin r' < \sin i/\sin r = n$，即测量值小于真实值。

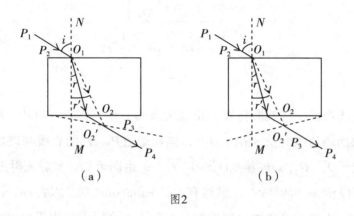

图2

2. 长方体（正方体）玻璃砖位置与所画直线不重合（厚度不符）如图3的（a）、（b）所示。

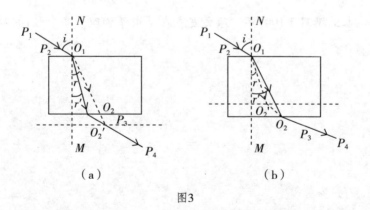

图3

图中实线为玻璃砖实际位置，虚线为所画直线（轮廓线）。画出通过P_1、P_2的直线与玻璃界面相交于O_1，画出通过P_3、P_4的直线与玻璃界面及所画直线相交于O_2、O_2'。由图3可知，入射角i，实际折射角r，测量折射角r'。图3的（a）中，有$r' < r$，则有$n' = \sin i/\sin r' < \sin i/\sin r = n$，即测量值小于真实值；图3的（b）中，有$r' > r$，则有$n' = \sin i/\sin r' > \sin i/\sin r = n$，即测量值大于真实值。

3. 玻璃砖实际位置与所画直线错位，如图4所示。

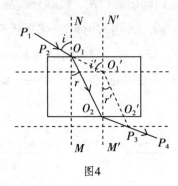

图4

图中实线为玻璃砖实际位置，虚线为所画直线，画出通过P_1、P_2的直线与玻璃界面及所画直线相交于O_1、$O_1{}'$，画出通过P_3、P_4的直线与玻璃界面及所面直线相交于O_2、$O_2{}'$。连接O_1O_2和$O_1{}'O_2{}'$，由图可知，实际入射角i，折射角r，测量入射角i'，折射角r'，显然有，$n' =\sin i/\sin r' =\sin i/\sin r=n$，即测量值与其实值相等。由光路可逆性原理可知，上、下两个界面作为折射面时入射光线和最后的出射光线应平行，这是检验实验是否成功的最好检验方法。

注：本文撰写于1997年，原文发表在《中学物理》高中版1998年第2期。

提高物理学习效果的一种方法——游戏

广东省阳江市江城区教师发展中心　彭崇生

纵观恢复高考以来的物理试卷，不难发现每年都有关于机械波问题的题目，而对于普通类学校学生来说，又普遍认为这部分内容抽象，不易理解，这部分内容的学习效果如何提高也就普遍被物理教师所认可。本人在复习这一章节内容时，采用游戏形式，贯穿机械波概念的理解、解题过程，提高了学生的学习兴趣，也培养了学生的创造性思维。

一、波的概念复习

1. 机械波的概念

让班上十几名学生（不少于13人）站成一排，每人作为一个质点，先让第一位同学作垂直于这一排同学所在直线上、下走动，而其他同学站着不动，这样就好像一个质点在做机械振动，但这种振动没有向外传播；让同学们手拉手，后面同学总比前一位同学迟走一步，这样，第一位同学的振动带动了后面同学的运动。由此说明机械振动需要媒质才能传播（机械振动在媒质中的传播过程——机械波）。

2. 波的特点、横波、纵波（只说明横波）

让作为质点的同学手拉手重复上述运动，且上、下部只走两步（振幅相等），使学生了解每一同学（质点）都在自己的原中心位置（平衡位置）上下运动。振动形式（或能量）从1→2，2→3，……→n质点传播。任一同学（质点）都没有在传播方向上平动，进而指出：

机械波传播的是其振动形式和能量，质点本身并不向外迁移。

横波：质点振动方向与波的传播方向垂直的机械波，如图1所示。

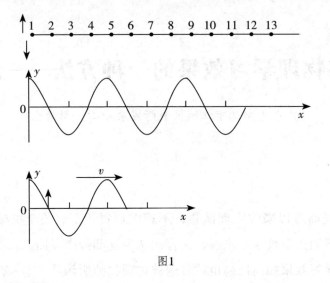

图1

3. 波长、波速

设每两位同学之间相距0.5米，每位同学每秒走一步，以第一个同学（质点）开始运动计时$t=0$，当第一位同学运动到第二次回到开始位置（平衡点）时，经过$T=t_1=8$秒，此时正好完成一次全振动。波传播到第9个质点，此后，第9质点与第1质点运动情况完全相同，运动情况完全相同的还有2与10，3与11等，像这样相邻的运动情况完全相同的质点间的距离就是一个波长（λ）。所有运动情况完全相同的同学（质点）间的距离都为波长的整数倍，$\Delta X = \lambda / 2 \cdot 2K$（$k=0$，1，2，3，…）。运动情况正好相反的同学（质点）的平衡位置间的距离都为半波长的奇数倍，$\Delta X = \lambda / 2 \cdot (2k+1)$（$k=0$，1，2，3，…）。

波速：$v = \lambda / T$。

如图2所示。

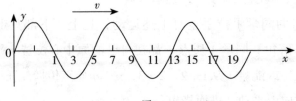

图2

4. 位移、路程

每个同学的运动具有这样的特点：相隔8秒、16秒、24秒、⋯所在的位置相同，位移相同，即满足$t_2=nT$（$n=0$，1，2，3，⋯）秒末，第一位同学（质点）总是回到$t=0$时刻所在的位置，即位移相同；同理，第三位同学在第10秒末、第18秒末、第26秒末、⋯即满足$t_3=nT+T/4$（$n=0$，1，2，3，⋯）的时刻位移相同；第五位同学在$t_4=nT+2T/4$（$n=0$，1，2，3，⋯）、第七位同学在$t_5=nT+3T/4$（$n=0$，1，2，3，⋯）时刻的位移也相同。对应走过的路程分别为：$s_2=nT·4A$、$s_3=（nT+T/4）·4A$、$s_4=（nT+2T/4）·4A$、$s_5=（nT+3T/4）·4A$，其中$n=0$，1，2，3⋯。在同学们（质点）的运动过程中，可发现（波的传播过程中）：波峰、波谷沿传播方向平移，平移量$\Delta X=vt$（v为传播速度）。

二、巩固复习

例1. 如图3所示。A是波源，各质点间相距0.5米，当$t=0$时，A开始向上振动，经2秒达到最大位移，此时波传播到C点，则下列结论正确的是（ACD）

A. 波的传播速度是0.5米/秒，周期是8秒

B. 波的频率为0.125赫兹，波长是8米

C. 再经过4秒，波传播到G点，E达到最大位移

D. 波传播到J点时共历时9秒，质点H达最大位移

分析：A质点从开始振动到最大位移时，经过$T/4$的振动，即$T/4=2$秒。所以$T=8$秒，$f=1/T=0.125$赫兹；波传播距离$\Delta X_1=AC=\lambda/4=1$米。所以$\lambda=4$米，因而波速$v=\lambda/T=0.5$米/秒，所以选项A正确。再经过4秒时，传播距离$\Delta x_2=vt_2=0.5×（2+4）=3$米，到达$G$点，$EG=1$米$=\lambda/4$，所以$G$开始振动时，$E$正好处于最大位移，选项C正确；波从$A$传到$J$历时$t_3=AJ/v=（9×0.5）/0.5=9$秒。而$HJ=1$米$=\lambda/4$，这时$H$正好达到最大位移，选项D正确。

C、D选项可让学生列队实验，以帮助学生理解。

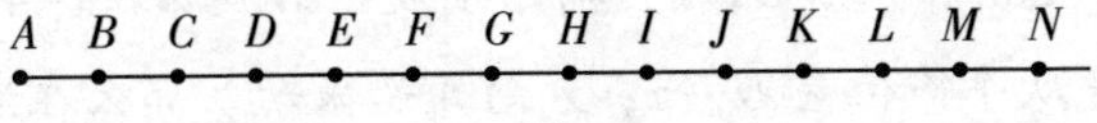

$$A \quad B \quad C \quad D \quad E \quad F \quad G \quad H \quad I \quad J \quad K \quad L \quad M \quad N$$

图3

例2. 如图4所示为一列向右传播的简谐波在某时刻的波形图，已知波速 $v=0.5$ 米／秒，画出11秒后的即时波形图。

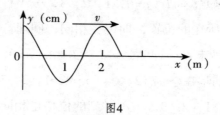

图4

分析：此题属不同时刻波形图像类型题，根据队列运动情况（波的传播过程）可知，波形沿传播方向平移，而 $k=2$ 米，经11秒振动状态沿波传播方向向右传播距离为 $\Delta X=vt=0.5 \times 11=5.5$ 米，只要将该波形（各质点的振动状态）向右平移5.5米即得到11秒后波形，但为了画图方便，通常采用去整取零的方法处理，$X=5.5\lambda／2=（2\lambda+3\lambda）／4$，经去整取零后取 $\Delta X'=3\lambda／4=（3 \times 2）／4=1.5$ 米，即波形向右平移3／4个波长，也就是1.5米即得到11秒后的波形。

小结：画某时前（或后）一时刻的波形应利用已知条件找出对应波形平移量，采取去整取零的方法再沿波的传播方向（或逆着波传播方向）平移波形，平移时可先通过特殊点（如波峰、波谷）确定波形位置。

同步训练：（填空）

1. 如图5所示，实线是一列横波某时刻的波形图，虚线是经 $t=5T／4$ 后的波形图，根据图线可知波向（右）传播，M 点的运动方向为向（上），P 点的运动方向为向（下）。

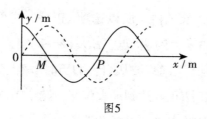

图5

2. 一列速度 $v=200$ 米／秒沿 x 轴传播的横波，若波源在 $x=4$，$y=0$ 的位置，初始时刻波源质点是从平衡位置沿 y 轴负方向开始振动。那么在波的传播过程中，$t=［0.02（n+1／4），n=0，1，2，…］$ 质点运动情况与图6相同。

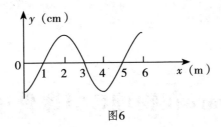

图6

注：本文撰写于1999年，原文发表在华南师范大学《中学物理教育》国际互联网网络版2000年第8期。

Authorware在物理CAI课件中的应用

广东省阳江市江城区教师发展中心　彭崇生

Authorware是一个以图标导向方式为主的多媒体制作工具。它主要通过对图标的调用来编辑一些控制程序走向的流程图，将文字、图形、图像、声音、动画、视频等多种媒体的数据资料汇集在一起，并赋予其人机交互功能，从而达到多媒体软件制作的目的。

我们利用Authorware 4.0（Authorware 3.5、Authorware 4.0或Authorware 5.0功能相近）在初中和高中制作了物理CAI课件，获得了成功。

一、制作图片

利用Authorware可以制作多层次图片，图片内容可以是文字、表格，也可以是图像。内容既可以在Authorware环境下制作，也可以从其他软件中"Import"（导入）或复制、粘贴进来。利用Authorware中的"HotSpot"（热区响应功能）还可用来对某些对象进行补充说明。与常规投影片相比，既节省了时间，又提高了教学效果。例如：在学完初二物理第八章《什么是力》第一节，在第二节的课前复习时，提问"什么是力"，当学生回答"力是一个物体对另一个物体的作用"后，点击鼠标或按回车键即在屏幕上显示出"力是物体对物体的作用"字样。接着播放利用Import功能制作的"举重运动员举重""起重机吊物体"等力的作用的应用图片或录像。复习力的作用效果时，引导学生回答"力可以改变物体的运动状态"。"运动状态改变"指的是什么？可制作成当鼠标移动到显示内容"运动状态改变"区域时，马上显示出"运动物体的速度大小改变、速度方向改变或速度大小和方向都改变"的内容。此外，还可以设计制作成速度改变的事例录像同步播放。但当鼠标移开时，显示内容即刻消失。省去了查找投影片、切换录像机等工序，节省了宝贵时间。

二、制作二维动画课件

有些物理实验，如高一级简谐振动、机械波的传播，高二级的电磁感应现象等，实验效果虽然明显，但由于实验过程的短暂性，在分析实验过程或现象时，对于过程与实验结论的对应性，学生不容易理解。我们可以用Authorware制作二维动画课件，通过控制时间来模拟实验过程、现象（类似于播放慢镜头），让学生看清每一个步骤，提高教学效果。如在简谐振动教学中，我们采用气垫导轨上运动的弹簧振子作为研究对象，用数码相机拍摄好简谐振动的振子的运动情况，利用数码相机的慢放功能，一帧一帧地展现其运动，并把它转录成AVI形式存储于Authorware中，当学生观看完这段录像后，对简谐运动物体运动规律（运动物体在各位置的速度大小关系）就有了初步了解，接着播放利用Authorware制作的运动物体（质点）的运动原理：质点位置变化→位移变化→回复力变化→加速度变化→运动速度变化。质点运动到每一个位置对应的位移、回复力（$F=kx$）、加速度、速度大小等通过图像形式实时展示出来（矢量大小用线段长短表示）。这样将瞬间变化的物理现象、原理通过调控的形式让学生一步一步深入理解，比任何形式的巩固训练教学效果都会好得多，从而达到确实减轻学生课业负担的目的。

《电磁感应》一节课，我们通常的教法是一边实验一边用表格描绘实验情况，做完实验后，引导学生画出如原磁场方向、磁通量变化、感应电流方向、感应电流的磁场方向等，然后根据实验情况总结出实验结论。由于实验与分析的不同步性，学生要花费一定的时间才能接受。我们先播放利用Authorware制作的磁铁插入、拔出线圈的模拟实验，同时要求学生观察模拟电流表指针偏转方向，一边引导学生分析原磁场方向、磁通量的变化、感应电流方向、由安培定则判断感应电流的磁场方向等，一边将它们用不同颜色的图像形式一一插入模拟实验中。将抽象的理论转变为具体的实物训练，由于模拟实验由人工控制，可方便地调节实验速度。通过对比实验教学发现，采用这种教学方式与常规教

11

学相比，其效果事半功倍。

三、实验数据处理

在物理实验中，经常遇到要对复杂的实验数据进行处理，无论用笔算还是用计算器计算，都要花费大量的时间，特别是在课堂上，是很不现实的。如验证牛顿第二定律、验证玻意耳定律等探索性实验。在规定的时间内完成实验并处理好实验数据，是每一位任课教师梦寐以求的事。利用Authorware便可解决这一问题。例如：在验证牛顿第二定律时，我们采用气垫导轨做实验，在测定滑块的加速度时，为了减少误差，改进了实验方法，如图1所示：

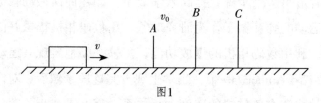

图1

设做匀加速直线运动的物体，在某一位置A的初速度为v_0，经过t_1运动到B，经过t_2运动到C，位移AB与位移BC相等为s，则根据匀变速直线运动公式可得：

$$a=\frac{2s(t_1-t_2)}{t_1 t_2(t_1+t_2)}$$

在A、B、C中分别放置光电门，测出t_1、t_2和s，代入公式就可以求出加速度a的值，但由于t_1、t_2为三位有效数值，要精确地算出加速度的值，并不是件容易的事。我们应用Authorware的交互图标、运算等功能解决这一问题，只要将每次测量的时间输入电脑，可立即得出加速度的数值。当然，为了便于比较得出实验结论，最好列表比较加速度、外力的关系，画出加速度与外力的图像。培养学生采用列表法和图像法解决物理问题的能力，这样也有利于提高教学效果（制作程序流程图见附件）。

此外，Authorware还可以利用它的条件响应功能、次数限制响应功能、时间限制响应功能等进行课堂反馈练习，如选择题、抢答题等制作成在规定的时间内或在有限的次数内完成，如果选择错误，又能自动显示出错误的原因或提示。还可将声音、录像等编辑为一体，插入课件的任一位置，以减少录音机、录像机的干扰。

制作程序流程图相关信息

交互图标：输入t_1值（名称）

组合图标：计算图标：t_1=NumEntry

显示图标：（无名称）

交互图标：输入t_2值（名称）

组合图标：计算图标：t_2=NumEntry

显示图标：（无名称）

计算图标：$t_1=t_1/1000$

$t_2=t_2/1000$

$A=2*0.2*（t_1-t_2）$

$B=t_1*t_2*（t_1+t_2）$

$a=A/B$

$a=INT（a*1000）$

显示图标：$\{a\}$

"$t_1/1000$" "$t_2/1000$" 中的 "1/1000" 是因为计时器的时间单位是毫秒，换成国际单位秒， "0.2" 是指实验中取位移s为0.2米， "$a*1000$" 中加速度乘以1000，是指计算出的加速度值较小，为了显示方便而设计的，这样加速度的单位为10^{-3}米/秒^2。

注：本文撰写于1998年，原文发表在《广东电教》2000年第3期。

"学—思—理—评"教学模式探索

——以"质量和密度"复习课为例

广东省阳江市江城区教师发展中心　彭崇生

复习课在教学中有着重要的地位，能帮助学生通过主动思考将脑海中零散的知识"穿"起来，实现知识体系的系统化。而机械式、灌输式的教学无法达到激活学生思维、培养学生能力的目的。笔者提出了"学—思—理—评"的"四环节"教学模式，以"质量和密度"为例，构建"生本"复习课堂，让学生能主动质疑、探究、释疑。

一、复习课堂"四环节"的内涵

复习课堂"四环节"教法的应用能有效构建"以学生为本"的初中物理课堂，转换学生课堂角色。四环节包括学、思、理、评四个部分。"学"是让学生在复习目标的指导下自主学习，抓住复习的重点，独立完成导学案并进行习题检测。而这种"独立"的状态能让学生全身心投入课堂。"思"是借助问题启发学生独立思考，并引导学生交流协作。交流的过程不仅能锻炼学生的表达能力，还能让学生获得不同的观点，从而培养其质疑精神。而这个过程也是教师搜集学情最重要的过程，为后续"评"的环节做好铺垫。"理"是对于知识的梳理，促进学生实现知识系统化、全面化。在该环节，教师适时、适度的点拨能促使学生多维度地思考，帮助学生查漏补缺。"评"是对复习课堂的全面评价，教师对于学生在课堂上所出现的问题进行及时的纠正，并结合学生的自评和前三个环节中的学情给予全面评价。

二、"质量和密度"复习课的"四环节"教学实践

1. 自主学习，完成自我检测

复习课是在学生已有的基础上，展开对相关知识的汇总、梳理和深化，是对学生综合解题能力、陌生情境分析能力的考查，而不是单一的知识复习。因此，在"学"的环节，教师让学生明确复习目标，完成自我检测，有利于学生迅速发现短板。而复习导学案是学生完成这一自我检测的优质辅助工具。在"质量和密度"复习课堂中，质量和密度的定义、特点、测量方法，天平、量筒以及量杯的作用、使用方法和读数方法等是复习的基础。因此，复习导学案要尽量选择包含这些知识的、有图表或常见情境类型的综合题，让学生能在短时间内实现自我检测。在"学"环节的具体教学中，教师应引导学生绘制相应的思维导图并完成复习导学案，让学生对于知识从零散的认知到逐渐构建脉络，为最终知识体系的形成奠定坚实的基础。值得注意的是，教师在学生完成复习导学案的过程中，要不断地巡视，以发现学生在复习过程中出现的共性与个性问题，为后续的"理"环节做好充足的准备。

2. 独立思考，展开合作交流

"思"不只要帮助学生获取解题的思路，更要借助"思"的过程培养学生思维的独立性、发散性、严谨性、综合性和创新性，知识基础的巩固是"思"的基础。通过"学"环节的检测，学生对于自身的知识、能力水平有了初步认知，因此，教师在"思"的阶段首先要引导学生通过翻阅资料对自身不确定及遗漏的知识进行补充。然后，组织小组协作、交流、探讨、复习检测题，并展示自身的复习成果。最后，教师应创设情境新颖、综合性较强的问题启发学生思维，让学生"逃离"定向思维的束缚，引导学生思维的有效发散。对于"质量和密度"复习课堂而言，密度概念的建构与密度知识的应用是学生复习的难点，因此，在完成知识的查漏补缺、复习成果的展示后，教师创设了"假设实验室的量筒被某同学打碎了没法进行实验，但是实验室仍然有溢水杯"的情境，引导学生分组探讨"在这种情况下如何测量矿石的体积？如何计算其密度"。通过这种非常规的"问题"，有效拓宽学生的学习思路，深化其对密度知识的应用。

3. 梳理知识，实现易错点拨

点拨是教学的点睛之笔，是引领学生思维，帮助学生梳理易错点，"逃离"思维误区的关键。在"理"环节中，教师不仅要帮助学生梳理知识脉络，更要对学生在学习过程中出现的共性与个性问题进行点拨。值得注意的是，教师在本环节的讲解重点不在于重复和强调知识点，而要时刻注意给学生以新的刺激，结合案例讲解典型与个性化的思维误区，从而有效提升复习课堂的教学效率与质量。在实际教学中，教师应展示"质量和密度"复习课堂完整版的思维导图，如图1所示，引导学生再次进行思维梳理、知识巩固。针对教学的重点，如质量、密度的概念、托盘天平与量筒、量杯的使用等知识进行重点提示，进一步强化学生的记忆。结合"学"与"思"过程中的学情，教师迅速明确学生的知识"缺陷"主要在于"密度的测量方法"。虽然学生大多明确了$\rho=m/V$的计算，但是对于物体的体积v的测量方法掌握得仍然不够扎实，学生在测量过程中容易盯着烧杯内的液体，忽略了量杯中液体的重要作用。因此，教师应知道学生的易错点在哪里，让学生转换思维、降低实验误差，让易错点不再出错。

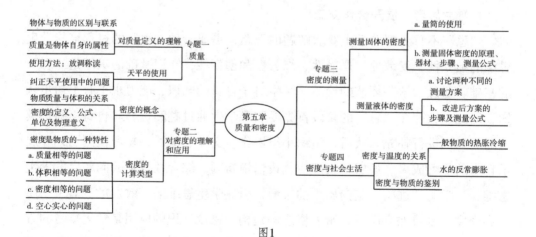

图1

4. 全面评价，落实当堂矫正

"评"即评价，包括学生的自评与教师的点评。对学生而言，自评不仅是对错题的归纳与总结，也是对自身知识的梳理与汇总，更是对自身不足的反思，对进步的肯定。教师的点评要强调学生思维的拓展、能力的提升，帮助学生树立学习自信。而随堂检测给了教师和学生"评"的依据。与"学"环节中的复习导学案不同，在"评"环节中的检测反馈不再是基础知识的汇总与综合情境的分析，而是针对性练习。学生针对本次课堂中出现的问题进行总结与反馈，通过小组成员、全班同学之间的交流与展示实现自我评价。在"质量和密度"复习课堂的"评"环节中，教师精心选取了两道具有针对性的大题作为随堂检测，将"天平的应用方法""量筒的读数方式"等易错知识点巧妙地嵌入题目之中，从而有效地检测学生基础知识的扎实程度。结合随堂检测结果和学生自评，教师能有效地掌握真实学情，并给予科学的复习指导，真正做到"以生为本"。

例题 同学们在实验室里测某种小矿石的密度，选用天平、量筒、小矿石、细线、烧杯和水，进行了如下的实验操作：

A. 将小矿石用细线系好后慢慢地放入量筒中并记下总体积

B. 把游码放在标尺的零刻度线处，调节横梁上的螺母，使横梁平衡

C. 把天平放在水平桌面上

D. 将小矿石放在左盘中，在右盘中增减砝码并移动游码直至横梁平衡

E. 在量筒中倒入适量的水并记下水的体积

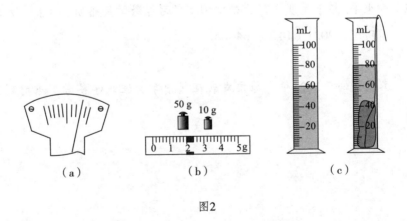

图2

（1）正确的实验操作顺序是（   ）（只填字母序号）。

（2）在调节天平时，发现指针位置如图2（a）所示，此时应将平衡螺母向（   ）调（选填"左"或"右"）。

（3）用调节好的天平称小矿石的质量，天平平衡时，放在右盘中的砝码和

游码的位置如图2（b）所示；量筒量出小矿石的体积如图2（c）所示，由此可知，小矿石的密度$\rho=$_____kg／m³。

（4）实验中，由于小英同学不小心把量筒打碎了，但实验室里已没有量筒了，老师就给她增加了一个溢水杯，现请你帮她想办法测出小矿石的体积，写出简要的实验步骤。

2.一个空瓶质量为200g，装满水后总质量为700g。求瓶子的容积是多大。

三、结语

综上所述，"学—思—理—评"四环节教学模式的应用能有效优化复习课，提升课堂教学效率与教学质量，让学生获得知识、能力、素养的全面提升。因此，一线教育工作者应重视复习课堂的优化与改进，让学生的思维不再囿于知识的堆叠之中，从而有效构建"生本"复习课堂。

参考文献

［1］曹小明.基于学习进阶的初中物理复习课设计［J］.福建基础教育研究，2020（10）：109-110.

［2］寿小平.基于深度学习的初中物理复习课教学策略研究［J］.数理化解题研究，2021（14）：64-65.

注：本文撰写于2021年，原文发表在《中学物理教学参考》中旬刊2022年第2期。

教研促教学，反思促成长

广东省阳江市江城区教师发展中心　彭崇生

叶澜教授说，一个教师一辈子只写教案难以成为名师，但如果写三年反思则有可能成为名师。这说明了反思是教师专业成长的重要途径。什么是反思？反思是通过行动研判性地分析与思考自身的教学观念与实践研究和教学所处的情境。反思是教育工作者提高业务水平的一种有效手段。

综观我的教学生涯，可分成两部分：一是10多年的教学工作，二是近20年的教研工作。不论是从事教学工作还是从事教研工作，我都坚持反思，时刻审视自己工作的不足，并思考解决问题的方法，在反思中学习，在反思中成长。

一、反思是提高教学质量的重要手段

1. 反思所失，学习成长

我的教学工作主要是中学物理教学。刚走上教学岗位的我，作为一个新教师，在备课和教学过程中，理想化的东西太多，注重预设多，考虑生成少，导致教学效果与预想相差很远，为什么会这样，我感到很困惑。

带着这个问题，我经常思考：为什么同样的教学内容，不同的老师处理方法不同？为什么同样的教学内容，第二次讲授总比第一次效果要好？通过反思，我明白：要想上好一节课，提高课堂效率，一是要精心备课，备课中既要考虑预设目标，又要考虑生成问题，即可能会发生与目标不一致的地方，在这方面要准备应对预案；二是在教学过程中随时调整教学方案，使教师的教学能够与学生的发展相适应。通过不断反思与教学实践，我认识到，教师要想形成自己的教学风格，必须主动学习各种教学理论，经常参加校内外的各种教研活动，在活动中提高自己；学习、借鉴先进教学经验和方法，逐步形成自己的教学风格。由于重视反思和学习，我的教学效果非常好，得到同行和教研部门的肯定；通过反思，我认识到要提高教学水平，关键是要转变传统的教学思想，树立新课程理念，不断改进教学方法，践行"一切为了学生"的理念。只有这样，才能实现教师的专业成长。

在教学实践中，我认识到：教学是师生的双边活动，仅有教师的反思是不够的，教师还应教给学生反思的方法。课堂教学说到底是为了学生的学！学生如何反思？我认为有几点很重要：一是引导学生思考"我为什么要学"，解决学习目的问题；二是"我怎么学"，解决学习方法问题；三是"我学得怎么样"，解决学习效果问题。

2.反思所得，发扬优点

在10多年的教学工作中，每上完一节课我都会反思，每一节课总有我满意之处，或是在教学中达到了预设的教学目标，或是师生互动时点评到位，或是教学方法创新的灵感等，无论是哪一方面的，课后我都及时反思，将反思所得分类整理，不断进步，不断成长。在高一物理"机械波"教学中，对于"质点做机械振动，并没有随波迁移。传播的是运动形式、能量和信息"。学生起初对此很难理解，教学效果不理想，通过反思自己的教学与了解学生学习理解过程后，我将教学与游戏相结合，让学生扮演质点，模拟机械波的传播，学生很快就将这一难题解决了。

二、反思是教研工作的必备环节，也是教研工作的动力

教师需要反思，教研员更应该反思。我在近20年的教研工作中，虽然取得了不少成绩，但也存在着一些有待改进的问题。例如：在珠海市对阳江教育帮扶活动中，我们先后进行过"同课异构"和"同课同构"活动，在活动中，我深切地感受到我区教师的差距。一是教学理念，有些区老师的课堂教学主要是围绕着"学生学到了什么"展开，而我区教师则是我这任务是否完成。此外，运用多媒体辅助教学的手段也存在着比较大的差距。这些问题，既有学校和教师的责任，也有教研员的责任。这些都需要自己在今后的教研工作中，要重心

下移，深入学校调研找问题，围绕问题定措施，落实措施验效果。由于教研员除了自己的业务工作外，有时还需要承担一些行政部门交办的工作，难免造成有时工作压力过大；有时由于一些工作时间性强、造成浮躁等问题；有的教研活动的设计与学校的实际结合不够紧密，教研效果有待提高。在学校的教研工作中，教师会注意到自己教学工作的成功和失误之处，但对"学生的见解、学生的问题与建议"等问题容易忽视；新课程改革和新中考制度改革，对教研工作提出了新问题等。对上述问题，唯有认真思考，冷静应对，才能找准影响教研工作的问题，推动教研工作向更深层次发展。

根据教研工作中存在的问题，我将努力做到：在工作中反思，在反思中实践，特别是针对当前初中物理课程标准，提早谋划：

（1）治学修身，根据教育发展的新形势，做好教研员的角色定位，履行教研员的工作职责；

（2）树立终身学习的理念，建设学习型教研队伍，不断提升自身的业务水平和理论修养，让教研队伍真正成为学校和教师的参谋；

（3）强化服务意识，深入基层和学校，开展多种形式的教研活动，抓好教学常规的落实，破解影响教学的难题。

因此，我要深入教学一线，开设公开课、观摩课或到学校作教育科研专题讲座、物理教学和学术报告等，通过开展课题研究、教学比赛、听课、评课和"送课下乡"等活动，及时了解教师教学中遇到的新问题，了解他们的困惑，并采取多元互动的方式，与教师平等交流，共同切磋解决问题的方法，并提出指导性的意见和建议。努力促进教师素质的发展，提高教师的教研能力。

我将立足教研岗位，以脚踏实地、务实高效的工作态度，在平凡的岗位上不断开拓进取、与时俱进，不断反思，不断实践，努力实现自己的人生价值。

基于核心素养养成的初中物理
探究实验教学研究

广东省阳江市江城区教师发展中心　彭崇生

　　科学探究、科学态度与责任是物理学科核心素养的重要组成部分。在初中物理教学中，培养学生的核心素养，应抓住初中物理学科"从生活走向物理、从物理走向社会"的生活性、基础性的特点，培养学生细心观察生活，爱思考的习惯，培养学生良好的物理探究实验习惯、正确的科学探究态度，学习规范的科学探究方法，树立胆大心细的科学探究精神。在物理探究实验过程中，培养学生合作、互助，学习、交流能力，促进学生的身心健康发展。

一、巧设情景，激发求知欲

　　由于物理学科本身的难度，很多学生容易产生对物理学习的无助感，失去学习动力。教师可从兴趣入手，创设生动的实验教学情境，使学生获得实验课堂的积极体验。课堂巧设情景主要有设计生活情境导入、趣味实验导入、物理学历史情景导入三种方式。

　　首先物理学科不是空中楼阁，贴近生活实际是物理课程理念之一，通过创设生活化情景，有利于学生观察生活，学习迁移积极运用知识。勤于思考，解决真实生活情境的问题。比如在"探究汽化和液化的特点"课程中讲到水的沸腾的相关知识，可让学生思考，在日常煮汤的时候我们把汤水煮沸了为什么很多人都习惯把火调小，而不是开大火煮得更久呢？这是一个常见的生活问题，引发学生非常热切的讨论，因此我们让学生发表自己的观点，并分为两大组探索"大火好"还是"小火好"。最后让学生自行组队，实际操作实验。最终发现火的大小都不影响水温，从节能的角度应该把温度调低。通过与日常生活联系的例子，学生积极参与到课堂的互动，全程以学生为主导，学生更能理解和运用知识点。其次，设计趣味实验能有效地提高学生的注意力，增加学生的求知欲，这样学生也能激发自我潜能，投入到物理实验教学中。比如，在探究摩擦力的影响因素教学中，设计一个现场的对比实验。先让一位学生拿起装满水的大水瓶，开始这位同学轻松地拿起瓶子。随后把一些洗洁精倒在瓶子的周围，邀请一位同学上台拿起这个瓶子，同学会发现后面的同学很难拿起这个瓶子。由这个对比实验，同学们的注意力瞬间集中，也开始思考其中的科学原理。除此之外，还可以通过一些物理学历史的典故，能给予学生思考，培养学生的科学人文精神。比如，教师可以开展一些阅读活动探究为什么有"牛顿第一定律"而不是以其他科学家的名字来命名这一定律呢？教师可由此引导学生阅读物理学史，通过小组探讨形式，帮助学生准确理解物理定义。

设计实验情景能激发学生的求知欲，积极探索科学的实验方法，主动了解科学家的故事，提高科学素养。当然，教师在设计场景的时候应该以传授学生物理学知识为目的，不能仅仅是为了有趣。

二、敢于质疑，实践知真理

在传统教学中，学生认为教材就是权威，实验教学就是按照教师标准实验步骤操作，不敢大胆质疑权威。新课改注重培养学生的创新思维和敢于质疑的精神，没有思考就不敢质疑，教师可采用探究式教学、支持学生书写"质疑本"、教师向学生传授质疑的方法，让学生主动探究释疑，有"放"有"收"培养具有创新意识的人才。

受知识储备的影响，学生还处在学习物理的初级阶段，很难提出实质性的问题，教师应该教会学生质疑的方法，提高学生的思维品质。对比法、因果法、逆向法都是物理学科比较常用的质疑方式。比如，在"运用天平和量筒测量盐水的密度"可以设计两个方案让学生进行实验，从对比中质疑。通过两个对比实验，学生心里产生疑惑便开始寻找答案。在实验课堂教学的实践中，课堂的时间有限，教师不可能顾及每一位同学的问题。那么教师可鼓励学生在笔记本上大胆写下自己的质疑，教师可翻阅质疑本然后集中回答问题，并给予学生鼓励，使知识的学习得到强化。教师在阅读质疑本的时候，可适当选取具有代表性的问题进行实验探究。毕竟质疑只是提高学生知识能力的一种方式，解决问题才是质疑的目的，那么教师可筛选有教育性、创新问题开展探究。比如，在"变阻器与电路电流大小"实验中，学生完成电路的连接、闭合开关开始试触，发现小灯泡并没有发光。经过全班同学的讨论应该是电路断路或者灯泡断路。

总之，培养学生的物理核心素养，应该以学生为本，教会学生质疑的方式，对学生进行质疑训练、给予学生质疑的空间，每位学生都能主动地动手做实验、动脑想问题。

三、合作互助，身心健康发展

目前物理实验课堂忽视学生能力的培养，采用互助的模式能有效地激发学生做实验的积极性，掌握科学探究的方法。学生学习物理的过程，也是与人交流沟通的过程。课程标准强调培养学生的全面发展，在教学中，仅仅传授物理知识是远远不够的，在倡导培养终身发展的教育观中，还应该在教学中培养学生的合作精神和团队协作的能力。在课堂上以学生为主体，小组合作的形式学习交流，学生互帮互助共同进步。

传统课堂教学中以教师为主，学生主要是在一旁进行观察记录，部分学生的注意力不集中，导致课堂的效率不高。采用互助的形式能集中学生的注意力。比如，在做实验的时候，全班分为4人一组，小组内在自主学习实验步骤之后，再由组长安排同学进行操作，尽量选择成绩较差的同学进行操作，该同学容易集中精力，其他辅助的同学在旁边辅助和学习，这样全班的氛围就热腾起来了。当然，这也存在一个弊端需要教师克服，基础差的学生会因为学业自卑，认为自己能力不行，不愿意动手实践，导致课堂进度的拖延。基础好的学生会以为自己完全掌握，忽视对实验的操作兴趣。这就需要教师积极引导，发现每一位同学的优点，使学生认识到能力不是天生的，可以通过后天的努力不断地成长和进步。对能力较强的学生从乐于助人、团队力量等方面进行引导，从而形成一个乐学、好学的物理实验操纵课堂的积极氛围。

为了确保学生实验的顺利进行，教师应在小组合作学习的过程中及时地进行调管和控制，实验过程中多观察学生的反应，及时帮助学生解决问题，开发潜能，提高实验能力。

四、细致科学，培养严谨态度

物理学科是一门建立在唯物主义基础上的科学学科，无论是理论还是实践都离不开严谨的实验步骤。当然学生的经验不够，在进行实验的过程中，难免会出现小错误，导致实验的失败。教师应该侧重培养学生实践操作能力、调整学生实验成功或失败的心态。

初中学生接触物理实验的时间不长，而且实验内容的难度也不是很深奥，教师应该注重培养学生养成良好的实验习惯，比如学生独立思考、独立完成实验、严谨记录数据、编写实验报告、实验完毕保持仪器的清洁、放好座椅等细节的习惯。只有这样学生才能学会独立自主，自己的事情自己完成，培养其独立意识。实验是建立在理论的基础上，但实验和理论不一样，在课堂的教学实验中，学生需要积累一定的经验才会获得能力，有时候甚至会产生实验失败。教师应关注学生的情绪和需要，积极疏导，提高学生的抗挫能力。

总之，让学生养成尊重规则、尊重科学知识的科学价值观，这样学生在日后的物理学习中才能做到实事求是、尊重人类社会规则和自然界客观规律。

参考文献

[1] 江新干.初中物理课堂教学中提高实验效果的研究 [J].读与写（教育教学刊），2020，17（2）：91.

[2] 聂群群.初中物理实验教学方法创新对策探讨 [J].中国校外教育，2020（2）：88-89.

[3] 张希才.关于初中物理实验教学中小组合作学习的实践与研究 [J].学周刊，2020（6）：74.

[4] 聂家玉.初中物理实验教学方法的创新思路 [J].课程教育研究，2020（1）：198.

［5］崔淑萍.生活化的初中物理实验教学研究［J］.学周刊，2020
（4）：33.

注：本文撰写于2020年，原文发表在《试题与研究》2020年第25期。

基于大数据背景下的初中物理教学实践研究

广东省阳江市江城区教师发展中心 彭崇生

大数据主要是新时代先进信息技术的支撑下，采用更加便捷、灵活的方式实现信息资源的有效处理。初中物理教师要在现行条件下最大限度地满足学生多层次、个性化需求，提供更加准确有效的指导和帮助。因此，大数据背景下，初中物理教学要进行创新和改革，采用新型教学模式，获得理想教学效果。

一、初中物理教学实践存在的问题

1. 教师缺乏大数据应用意识

当前初中物理教师不仅缺乏"大数据"意识，忽视数据信息的利用价值，还存在计算机信息技术弱、数据分析能力差等问题，无法为中学物理教学提供帮助。大数据具有大量、多样、高速和价值特性，初中物理教师在实践教学过程中需要正确认识大数据应用价值，积极转变自身教学思想，深入研究大数据应用措施，提升物理教学效果。

2. 缺乏有效教学方法

教师在日常教学中较注重学生知识掌握程度和考试成绩，忽略学生创造性思维培养，在课堂上过于追求教学目标的完成，导致学生对物理知识掌握不彻底，对学生创造性思维的开发造成严重的制约，单一的教学方式无法激发学生对物理知识的求知欲望，不能积极主动地思考和探索物理知识，不利于学生今后的发展。当前数据采集、数据分析缺乏专业的系统设施，导致数据分析结果缺乏科学性，这也影响了数据的应用价值，无法精准指导物理教学活动。

二、大数据背景下的初中物理教学实践研究

1. 加大师资力量投入，完善数据分析设施

初中学校要加强师资队伍的建设，充分发挥大数据优势，提高教学的准确性，增强教师对计算机实践操作、大数据采集和分析等综合能力，开展相应的教育培训工作，增强教师大数据意识，打造更加丰富优质的物理课堂。比如，学校开展数据采集和分析的针对性培训，优化教师信息技术能力，掌握数据分析技能，提升数据在物理教学中的应用效率。学校可以建立物理教学交流网络平台，教师在平台上相互分享和学习大数据物理教学经验，探究和创新教学方式，提升物理教学效果。

2. 创新物理教学方法

大数据环境中，信息数据包含丰富的价值，在教育领域中应用，能够有效反映初中物理课堂教学成效、学生学习效果，呈现出各学校教学差异性，对教学工作改进和完善具有重要作用。例如，初中物理教学中，教师结合日常信息和考试数据，对课堂教学效果进行分析，创新和改善教学方法，提高教学效率，同时数据分析结果能够对学生的实际学习情况进行分析，掌握物理学科知识点的教学成效。例如：在初中物理教师讲解"大气压与人类社会"一课知识内容的过程中，对学生知识掌握程度进行检测。教师对物理检测数据结果进行分析，发现学生对于大气压强类型的题目存在较高的错误率，教师可以通过试卷讲解的方式，使学生对大气压强知识点进行再次巩固，加深学生对大气压强知识点的认识和理解。另外，教师要对"大气压与人类社会"物理课堂开展的教学方式和措施等多个角度进行分析，掌握学生该类题型错误率高产生的原因，增强和学生之间的互动交流，不断优化该课堂教学，更加符合学生自身的能力和学习习惯，采用学生容易接受的方式开展物理课堂教学活动，提升该物理知识课堂教学的实际效果。

3. 应用数据分析，完善教学策略

初中物理教师采用大数据诊断物理学习状况，有效结合线上和线下数据采集方式，借助数字化教学平台、学习终端等记录学生物理学习的信息数据，收集有效的物理学习数据，同时通过物理课堂教学总结和学生学习表现等相关

内容，获得纸质数据。初中学校可以建立物理教学大数据，包含物理教师在每个物理知识点中的教学经验和教训，便于教师对大数据的应用，在日常教学中对学生观察、交谈、学生测试，对学生物理学习兴趣、习惯和理解接受能力等多个方面进行全面了解。教师在物理教学和复习中对大数据进行有效应用，提升物理课堂教学效果。教师在初中物理教学中，定期开展周、月和学期考试，对学生每个阶段的物理学习效果进行考核检测，教师将这些信息数据纳入线下数据收集系统中。教师结合收集数据，全面分析学生答题、整体学习和学生个体等多方面的变化情况，构成多方面、多层次的数据分析结果，为考试评价和课堂教学开展提供有效的参考。例如：粤教沪科版初中物理教材中的"神奇的升力""探究物质的密度""认识压强"等多种抽象的物理知识内容。教师对学生月考数据进行分析，部分学生存在知识概念理解不清晰等现象，同时在物理公式应用题型存在较高的错误率，或者单纯计算失误等多种问题。教师结合数据分析结果，进行具有针对性的教学，对个别学生单独进行物理知识概念的补充讲授，增强学生对物理公式的记忆和理解，布置具有针对性的物理训练题型。通过教学实践证明，能够有效节省课堂时间，提升课堂教学效果，全面提高学生物理理解能力。另外，教师在初中物理教学中利用大数据系统，采集学生学习实际过程情况，进行全面观测，教师根据学习状况，有针对性地精心设计课堂教学活动。一段时间后，通过大数据分析，能够反映出学生长期学习状况和学习能力转变。这对学生个体、群体学习效率的提高，具有良好的应用价值。

三、结语

初中物理教学实践中应用大数据技术，具有重要价值，能有效提升物理教学质量和效率。本文主要分析初中物理教学实践存在问题，初中学校要不断加大师资力量投入，完善数据分析设施、应用数据分析，完善教学策略，解决物理教学实践问题，优化物理教学成效。

参考文献

[1] 张睿，李静. 基于"智慧学习平台"大数据的初中物理教学实践：以南京市雨花台中学初中物理教研组为例 [J]. 物理通报，2020（5）：103-107.

[2] 卓义凤. 初探大数据背景下初中物理的教学实践："个性化学习手册"的使用心得 [J]. 神州（上旬刊），2020（5）：79-80.

[3] 黄艳娟. 大数据背景下初中物理创新实验教学的研究 [J]. 考试周刊，2019（5）：168，189.

[4] 陈向平. 大数据环境下中学物理个性化教与学的实践研究 [J]. 考试周刊，2020（27）：131-132.

注：本文撰写于2020年，原文发表在《中国教师》2021年第15期。

欠发达地区初中物理实验教学现状与策略

广东省阳江市江城区教师发展中心　彭崇生

在物理学习中，相关的理论概念都是离不开观察和实验的。物理学的基本理念是在围绕着观察和实验的基础上展开，借助归纳总结推理思考后得到的，它本身就是以实验为基础的一门学科，通过物理实验能够培养学生热爱科学的品质，借助实验提升学生的学习兴趣，全面培养学生动手操作能力，让学生通过自己的动手操作进行有效的观察。在经济欠发达地区，物理教学实验资源缺乏，也很少有教师自制实验器材来开展物理实验，这样就无法培养学生的创新精神与实践能力。

一、经济欠发达地区初中物理实验教学面临的现状

1. 实验资源相对紧缺

当前对经济欠发达地区物理实验教室的情况进行调查发现，首先就是实验资源短缺。主要是实验室欠缺，有些学校即使配备了实验室，但无法满足所有学生物理实验的正常进行。尤其是在乡镇的学校，这种情况非常突出，在经济欠发达地区，除了极少数中学拥有较为完备的实验室之外，其他学校勉强配备一两间实验室，有些甚至连专业实验室也没有。设有实验室的学校，相关的实验器材也不齐全，更是无法满足初中物理实验教学的需要。

2. 缺乏专职实验人员

经济欠发达地区的学校，没有专业的实验人员。还有些学校直接就让物理教师担任实验员，这就导致对学校内部实验器材管理和维修存在很多问题，有

些实验器材在学生使用后出现了损坏,这些人员也不会进行修整,还有对实验仪器的保存缺乏正确有效的方法。很多实验器材上布满了灰尘,久而久之,诸多物理实验仪器就损坏了。本身实验器材的数量就非常有限,再加上损坏,就导致物理实验教学无法有效开展。

3. 资源开发意识薄弱

在当前的初中物理实验教学中,通过调查发现,经济欠发达地区实验资源的开发意识非常薄弱。主要因为教师本身教学任务非常繁重,也没有时间去进行物理实验器材的制作,一个班级内的学生众多,无论是在准备还是收集材料时都非常困难。学校在物理实验教学方面也没有严格的要求,教师缺乏制作相关实验仪器来开展实验教学的动力。

4. 学生实验能力不强

在经济欠发达地区,初中学生物理实验认知中,学生普遍对实验非常感兴趣,但是兴趣仅停留在较低层次,对物理实验综合认识度有限。只是在追求做实验中的趣味,没有意识到实验能够帮助他们去认识、了解物理知识。学生的实验能力非常欠缺,不具备在试验过程中熟练运用实验仪器和其他同伴合作交流问题等能力,很多学生的物理实验操作出现了问题,就想找教师帮助,自己只是想动手体验,这样的实验对学生的物理学习是没有帮助的。例如:在初中物理粤教沪科版八年级上册第五章中,利用我们周围的物质来探究物质的密度,接触了密度的相关内容。学生借助已有的生活经验,已经知道了水和酒精能够借助气味鉴别,铜块和铝块可以通过颜色分辨,但是对于水和盐水以及涂了白漆的铜块和铝块的鉴别,学生就有些手足无措。这时教师就可以围绕此开展相关的实验,通过有效的指导,让学生们利用这样的方式来进行鉴别,然而在这样的物质鉴别过程中,是需要多次反复实验才能够得到答案的,有些学生的实验能力不强,无法明确地找到这些物质的差异,难以判断、推论结果。

5. 实验评价方式单一

针对实验教学的评价方式中,教师只关注学生通过实验得到的最终结果,没有综合判断学生的实验能力。对学生的实验能力,也只是通过考试来判断的,这样的评价法,无法让学生通过实验全面提升。开始实验前,学生们已经知道了实验最终结果，这就导致学生实验失去探索欲望，学生只要对课本记载的实验步骤和结果进行记忆，就能够取得高分；对于实验的评价，教师也是以学生的操作过程和最终结果考量，没有考虑学生的思考过程。

二、经济欠发达地区初中物理实验教学现状出现的原因

1. 政府对试验设备的经费投入不足

国家对教育方面的重视程度非常高，近年来政府对教育经费投入也有所增加，但这些经费大部分用于学校建设、校园美化和多媒体设备引入等方面。围绕着实验器材添置上的费用投入非常少，这些经费无法满足新课改大背景下对物理设备的要求，让实验教学没有办法顺利开展。

2. 学校领导和教师不注重实验教学

面对中考的要求，学校领导和教师也认识到了实验教学的重要性，但仅是围绕着中考所要求的几个简单物理实验展开的练习。在日常教学过程中，物理实验教学和实际课堂没有融合，实验教学只是让学生根据相关的步骤进行操作，因此无法让物理实验发挥突出的作用。

3. 没有建立科学实验教学评价体系

缺乏具体可以操作的实验教学评价体系，导致实验教学评价无法规范进行。教师在繁重的教学负担下，也无法结合实验教学的实际情况设置完善的评价表，只能简单地将最终的测试结果也即学生们的成绩作为判断评价标准，这就无法在现代化社会中，帮助学生达到物理核心素养的养成。

三、经济欠发达地区实验教学改革和发展的策略

1. 教育部门与学校领导的重视

早在2019年，教育部所发布的关于加强和改进中小学实验教学意见中就已经提出了围绕当前国家的实际情况，需要不断拓展创新，将现代科学技术和信息化成果融入实验教学中，不断优化实验方式，丰富实验内容，增强学生的操作能力。这样让学生能够在感知中提升，能够在创新中创造，不断培养观察能力、动手操作能力和团队合作能力，让学生成为现代化社会需要的综合型人才。

学校和教师要充分意识到实验教学在初中物理中的重要性，加大对实验室和实验器材的投入。结合学校的实际情况，给学生们的物理实验提供必要的条件。然后，加强对专业实验员的配置和培养，让他们能够做好对实验室器材的管理和维护，对这些实验员要定期做好培训，让他们能够正确地对实验设备做好维护与管理。

2. 开展多样化的实验教学方式

物理学涉及的知识理论是较为抽象的，对学生的思维能力要求很高，传统教学中教师是在课堂上借助题海模式促使学生完成文字理论背诵，让学生们进行物理学习。然而，这样的方式会让学生对物理产生抵触的心理，也无法展开自主想象，面对这样的情况，在学校和教育部门的大力支持下，教师要转变观念，正式开展实验教学，注重教学方式多样化，不要为应付中考的实验考核让学生进行重复化的实验练习，而是要围绕学生的实际情况创新实验设计。传统的实验中都是教师告知了学生应该怎么做实验，教师先进行实验演示，学生再跟着教师操作，这样的实验模式无法帮助学生的思维发展，也让学生丧失对物理实验的兴趣。在新课改的大背景下，学生们应该自主以小组的模式展开相关的实验探究，这样才能让学生主动投入到物理学习中。除此之外，在课堂开展实验教学后，也应该延伸到课外学习中，这样才能够帮助学生的实践能力不断提升。

例如，初中粤教沪科版九年级上册物理教材第十三章有关探究简单电路，学习探究串、并联电路中的电流，以及探究串、并联电路中的电压等内容。对于电流和电压的计算，串联电路中：$U=U_1+U_2$，$I=I_1=I_2$，并联电路中：$U=U_1=U_2$，$I=I_1+I_2$，公式计算并不复杂，但是其中的理论需要学生理解，这就涉及了相关的实验，可以借助并联电路和串联电路的实验，让学生通过电流表和电压表，了解到其中的电流电压，借助这些数据，就可以推断出物理公式。

3. 鼓励教师开发实验课程资源

面对当前经济欠发达地区初中物理实验教学中设备和课程资源缺乏等情况，学校要鼓励教师对试验器材展开创新创作。利用生活中随处可见的低成本材料进行实验器材创造，满足当地开展物理教学实验的需要。教育部门可以定期地展开实验仪器制作和物理实验设计比赛，能够提高教师们开展物理实验改革的热情与积极性。还可以组织相关的专家、学者围绕教材实际，开展教学研讨。

4. 加强教师实验教学能力培养

当前的初中物理，在教师实验教学调查中发现，很多任课教师的实验教学能力有限。他们有些不熟悉实验器材的使用，有时会出现错误的演示，给学生带来了消极的影响。缺乏相关的器材维护、维修能力，实验器材出现了问题，无法自己解决。教师连器材都不熟悉，更别提相关的创新制作了。面对这样的情况，学校要给教师提供一定的平台，专家学者对教师的实验教学进行有效指导，全面提高教师们的实验教学水平，再给予教师物质和精神上的支持，激发教师对初中物理实验改革的热情，在这样的良好氛围中提升教师的综合实验能力。

5. 构建多元实验教学评价体系

当前的物理实验教学评价体系，大多是采用笔试方法，这只能了解学生对物理实验原理、步骤和数据处理等知识的理解。很多学生即使没有做实验，通过简单的背诵也能达到这样的效果，这就丧失了物理实验开展的意义。因此，在当前开展物理实验评价的过程中，要加强对学生实验过程的评价，在实验过程中，通过学生自我评价和学生相互之间评价，帮助学生进行主动学习和合作学习，养成终身学习的良好习惯，推动物理实验教学更好地开展。

四、结语

在欠发达地区，物理实验教学在初中物理教学中还存在着很多不足之处：实验资源相对短缺、专职实验人员异常缺乏、实验资源开发意识薄弱、学生实验能力不强和实验的评价方式较为单一。面对这些不足，进一步探索这些经济欠发达地区初中物理实验教学现状出现的原因，面对这样的情况，要改变经济欠发达地区初中物理实验教学的状况，这需要针对现状中的问题，提出针对性策略，开发物理实验教学资源，满足物理实验教学的开展。

参考文献

［1］杨红.信息技术下初中物理实验教学模式的研究［J］.文理导航（中旬），2021（2）：99.

［2］陆莎莎.深度学习视角下的初中物理实验教学策略［J］.数理化解题研究，2021（2）：69-70.

注：本文撰写于2021年，原文发表在《中学课程辅导》教学研究2021年第20期。

提高农村分教点教师的教育科研能力的策略

广东省阳江市江城区教师发展中心 彭崇生

　　农村分教点的规模虽小，但意义重大，它对于农村义务教育的发展有着积极的促进作用。但是从当前的教学现状来看，许多农村分教点教师的教育科研能力普遍不高，这与教研氛围不足、教师积极性不高有着很大的联系，而这种流于形式的态度更使得课程改革举步维艰。若想使农村分教点发挥出自己的优势，提高分教点教师的教育科研能力应该尽早提上日程。因此，笔者从多方面入手对此展开了研究，以激发农村分教点教师对农村教育事业的热情，促进学生素质教育的全面实施。

一、培植教师科研理念，提高教师科研能力

　　"国运之兴衰，系于教育"，而"教育发展，科研先行"。可以说，科研能力不仅仅是教育改革与发展的重要部分，更是不可缺失的治国方略。农村分教点的实行，在很大程度上能够看出国家大力促进教育事业发展的决心，所以为了能使其真正发挥出作用，培植教师的科研理念，提高教师的科研管理能力已经刻不容缓。当然，培植教师科研理念并不能一蹴而就，这是一个循序渐进和逐渐渗透的过程。一方面，学校要为教师们创造科研的氛围，提高教师的科研积极性，同时要立足于分教点的基本情况，逐渐健全激励机制，提高教师科研热情。另一方面，教师要树立正确的价值观念，明确自身责任所在，从而逐渐提高自身的科研能力。

　　培植教师的科研理念与学校有着直接关系，领导是否重视影响着教师对科

研的重视程度以及热情程度。因此，要想提高教师的科研能力，就不能忽视学校在其中所发挥的重要作用。学校方面应该有意识地引导教师从教育教学的实际出发，对教学实践中出现的问题展开研究，及时突破教学难题，以改善农村分教点的教学现状，促进教学质量的提高，从而在这一过程中达成培植教师科研理念的目标，提高教师的责任意识和自主科研意识。从笔者自身的教学实践出发，我在教学中遇到的问题大致分为三种类型：一种是直接性问题，也就是教育中明显存在的问题；一种是探索性问题，是在教学过程中出现的问题；最后一种是反思性问题，是在回顾中所产生的问题。对这些问题展开思考与研究的过程，便是提高自身科研能力的过程。

二、开发校本教育研究，提高科研实践能力

对于任何一所学校来讲，都应该是有工作规划的；对于任何一位教师来讲，每一堂课都应该具有清晰的教学目标。因此，开发校本教育研究，借助校本管理来鼓励教师参与科研，提高教师的科研实践能力是极为可行的一种方式。明确的校本管理能为教师的研究指明方向，使教师能够根据自身情况有所参考、有所侧重。同时，校本教育研究，还能对教师起到引导的作用，使教师能够将科研力量用到实处，从而有效攻克难题。但是，仅仅依靠校本教育研究还不足以提高教师的科研实践能力。农村分教点教师是农村基础教育科研的主体，只有提升教师自身的主体意识，才能使更多的教师资源参与到科研实践中，才能更好地提高自身的科研能力。

校本教育研究是以学校为基地，以提高办学质量为目标的教育研究，它通常与学校的教学实践活动结合到一起，能全面调动起学校全体教师的参与度，这对于学校的发展也有着积极的促进作用。尤其对于农村分教点而言，学校管理与教师的整体素养同等重要，且二者之间有着相辅相成的关系。因此，要想提高分教点教师的教育实践能力就应该积极促进学校、教师和学生的全面发展，以使教师在双重目标的需求下不断提高自身发现问题、研究问题和解决问题的能力，并将其有效应用到实践中，进而促进学生的全面发展与进步。当然，教师的科研实践务必要与学校的实际情况相符，要保证校本教研的准确落实，保证教师所研究的问题具有价值性和可实施性，如此才能切实满足学校与

教师的实际需求，提高教师的科研实践能力。

三、加强心理健康教育，全面实施素质教育

从农村分教点的具体情况来看，留守儿童所占的比重较高，且留守儿童的心理健康状况堪忧。由于家庭教育的缺失，孩子们的心理问题一直未能获得及时的解决，这使得大多数农村孩子都充满了孤独感、自卑感、失落感，这种情绪导致农村的学生管理难度大，教学效果甚微。这一现状不仅说明了在农村分教点加强心理健康教育的重要性，更表明了提高教师科研能力已经势在必行，唯有如此，才能促进教学质量的提高，实现素质教育的全面实施。为此，教师在教学中要立足于基本学情，并对其展开具有针对性的研究，从而根据研究结果去确定具体的教学方法，以有效改善农村小学生的自我认知，促进其全面发展。

农村分教点学生的具体情况要求教师务必要加强对学生的心理健康教育，全面实施素质教学，提高学生的综合能力。因此，在教学工作中，教师不仅需要对自己所教的学生有一个全方面的了解，还应该为学生制定实时档案，密切关注学生的实际改变情况，并对其展开具有针对性的研究与教育实践，从而有效改善农村学生的心理。当然，要想真正落实心理健康教育，教师的科研能力在其中发挥着重要的作用，它能够最大限度提高教师对学生实际情况的分析效率，还能够使教师以最快的速度提出解决的方法，由此可见其重要性。

四、立足于教材与学情，进行科学即时评价

即时评价是教师在教学过程中根据一定的评价标准对教学现象作出的实时评估，是一种有效促进教学目标实现的教学手段。要想使即时评价发挥作用，教师不仅要重视教材中的具体内容，还应该在这一基础上将其与学生情况结合到一起，如此才能在确定教学目标的基础上为即时评价做好前提性准备。同时，教材和学情都是教师展开教学的基础，更是教师进行教育科研的重要对象，对该内容的整体性把握，对于提高分教点教师的教育科研能力具有积极的促进作用。除此之外，教师在进行即时评价的过程中还应该体现出即时评价的及时性、激励性、全面性、公正性特点，以有效促进农村教学质量的提高。

　　教材内容与学生情况是课堂教学的两大重点。教师在教学中对即时评价的有效应用能使教师对整个教学过程有一个清晰的认识，能使教师真正融入教学环境中去，这对于提高教师的教学能力和思维能力具有重要作用，而二者皆有助于教师科研能力的提高。所以，为了在提高自身科研能力的同时促进教学质量的提高，教师理应关注教材与学情，并在这一基础上对教学过程展开科学的即时评价，从而了解到教学过程中所出现的问题，激起自身的科研兴趣，提升自身的科研热情，这对于教师的发展和学生的进步具有重要作用。

　　综上所述，教师教育科研能力是教育改革和发展的"第一生产力"，为了促进农村分教点教师教育科研能力的迅速提升，当代教师理应树立正确的价值观念，以教育管理学理论为指导，切实提高自身的综合素质与能力，进而有效优化农村教学管理，促进学生的全面发展与进步。

参考文献

［1］周少琴.教育科研现状及其对策研究［C］.《教师教育能力建设研究》科研成果汇编（第七卷）.中国管理科学研究院教育科学研究所，2018.

［2］杨伟君.谈农村教师教育科研能力提升的策略［J］.读与写（教育教学刊），2018，15（3）.

［3］景志远.青年教师如何提高教科研能力［J］.教书育人，2018（7）.

　　　　　　　注：本文撰写于2018年，原文发表在《教育界》2019年第3期。

核心素养视野下的初中物理校本教研策略

广东省阳江市江城区教师发展中心　彭崇生

核心素养理念在初中教学的各门学科当中都占据着重要的作用，是贯彻教育事业中"立德树人"理念的重要展现，在理论上也为初中各门学科的教学奠定了坚实的基础。物理课程在初中教学当中属于基础课程之一，可以划归到自然科学领域，在推进学生进一步发展上具有重要的作用。另外，物理这门学科对于社会的进一步发展是有重大的推动作用的，物理知识的学习可以为培养相关方面的人才提供坚实的基础，因此，学好初中物理是必不可少的。本篇文章主要是对初中物理教学方面进行探究，并且将重点放在如何让核心素养体现在初中物理教学上，在初中物理校本教研策略研究上进行重点地分析与探讨。

一、初中物理学科核心素养的本质与构成

核心素养是必须要在教学任务当中呈现的，也是学生所必须要具备的，其影响力体现在推动社会发展与进步上，并且这一规定也是理解物理学科中核心素养实质的重要基础。众所周知，物理是一门自然学科，它所蕴含的知识具有历史性，会随着时代的发展变化而不断地改革充实。可以说，物理知识的学习是永无止境的，学生在学习的过程当中会接触越来越多的新知识，也会随着年龄的不断增长，接触到更加复杂的物理知识。这也给了学生更大的挑战，毕竟在有限的学习时间里，学习物理知识的时间也是有限的，所以，为了让学生在有限的时间内学到更多有用的知识，教师就需要让学生掌握物理的核心知

识，也就是核心素养。初中物理学科的核心素养主要包括物理观念以及科学的思维、探究、态度、责任这几个部分。当下的教育改革目标当中，主要在"观念"与"思维"这两个方面进行重点强化，划分为重点的教育内容，但是在"知识"这方面的架构上却有所忽略，是需要有所改变的。

二、学科核心素养视域下初中物理教学的优化策略

1. 改善概念教学

物理课程的教学中存在着许多比较难理解的概念，这让学生在学习的过程中增加了难度，也给教师的教学带来很大的挑战。在具体的教学当中，教师如何采取正确有效的方法让学生充分地理解这些抽象的概念，以便在学生形成物理观念过程中给予更大的帮助。事实上，经过多方面的研究，从数据就可以清楚地看出，一般情况下，学生形成的错误的物理观念都可以在这些物理知识的概念上找到根源性的原因，这是教师在教学过程中需要注意的重点。首先要规范学科语言的使用，这也是基本要求。比如，在描述温度的时候，如果当天的温度是"-1"，在物理学科的语言描述应当是"零下一摄氏度"，而不是简化的"零下一度"。又如"融化"与"熔化"是两个完全不一样的概念，不可以放在一起等同看待，正确引导才是有益的教学方式。其次是在教学过程中，需要教师将这些抽象的知识与现实生活紧密地联系在一起，将现实生活中的真实情景与物理知识教学有机地协调。比如，在讲述"声音"这一章节的内容时，教师可以利用手中的直尺拍打讲台来让学生观察直尺振动的幅度与频率，以此了解音调与振动频率、响度与振动之间的联系。

2. 促进思维发展

科学思维是帮助我们认识事物本质性规律与关系的重要途径，其中包含了归纳总结性的思维以及不断提出新观念的创新思维，要达到促进思维发展这一重要目标，在教师进行讲述时就需要注意让学生学会自己去挖掘知识背后的意义，而不是仅仅依靠教师将教材当中的知识原封不动地教给学生，需要学生学会利用自己的力量去理解这些比较难懂的知识。教师在讲述物理原理的过程中，可以从学生在生活中的真实经历入手，和教材中的物理原理有机地结合在一起，再通过教材后面的一些习题进行知识的巩固，让学生可以对物理原理真

正透彻地理解。另外，习题中的一些比较易错的题目应当重点关注，作为积累知识的重要途径，在物理习题中也有许多迷惑性的词语，比如在选项中同时出现"只""完全"等词语时，要注意审阅题目所询问的相关信息，正确理解。总之，教师在帮助学生审题时要多从题目情境引入，让学生在认识思维上有所改变，促进学生科学思维的发展。

3.重视实验教学

实验在初中物理学科的教学中占据着关键的地位，是进行科学性探究的重要途径，学生需要掌握控制变量法、构建模型法等一系列的科学探究方法。教师在教学过程中进行实验教学时，一般会采用小组的形式，由小组成员根据各自的优势在小组中发挥作用。比如教师在讲解当水沸腾时的温度变化情况时，利用小组的形式就可以更好地开展这项实验活动。在小组形成之初，就将各个组员需要承担的责任与任务分配下去，让每一个组员按照要求完成自己分内的工作，并且需要有一名组员承担组长的角色，在关键时候起到领导的作用，各司其职，最终得出实验的结论。教师在这个过程当中，需要进行观察，从实验进行当中各个组员的表现，以及实验的步骤等进行综合的评估，并对实验的结果进行评价，以完成这次的实验教学。

三、结语

综合上文所述，初中物理教学中的核心素养培养是教学过程的重要组成部分，需要进行重点关注，为了能够适应不断变化的新理念，在教学进程中，教师也要顺应变化，调整观念与教学方法，重视初中物理教学中物理观念、科学探究、科学思维、科学态度和责任。在实际的教学探索中寻求合适的教学方法，努力实现核心素养目标。

参考文献

［1］安波.基于"核心素养"的历史学科校本课程开发与实施：以"济宁文化系列"校本课程体系开发与实施为例［J］.历史教学（上半月刊）：48-50.

［2］施丽华，朱旭彬，何小庆. 基于英语学科"核心素养"培养的课程建设和实施：浙江省宁波市效实中学高中英语课程建设的实践研究［J］. 英语学习，2016（6）：59–65.

［3］谷业龙. 学科融合教学与跨学科联合教研的探索与尝试［J］. 物理通报，2019，38（5）：6–8.

注：本文撰写于2019年，原文发表在《第二课堂》2020年2月总第955期。

初中物理教师专业成长途径研究

广东省阳江市江城区教师发展中心　彭崇生

初中物理教师要落实自身的教学职责，必然要不断促进自己的专业成长。教师若是原地踏步，则很难肩负起培养学生综合素质与学习能力的教学责任。目前学生的学习发展需求越来越突显出多样化的特点，教师应通过不同的途径促进自身的专业成长，发挥自己良好的教学能力，打造高效的物理课堂，让学生有更强的学习自信心，促使他们在物理课堂上获得可持续发展。

一、科学转变自己的角色

在新课改推行以后，课堂教学中突显了一个问题，即教学资源开发不足的问题，导致课堂教学内容比较单一，学生缺乏丰富的学习资源拓宽自己的眼界，也很难积累起丰富的知识量，确保学生建构起完善的知识结构。为了改进这样的问题，初中物理教师在促进自己的专业成长时，不应只是停留在教材内容的实施者这一角色上，还要担任教学资源的开发者这一角色，加大物理教学资源的开发与利用力度。教师在加强教学资源开发时，也可提高自己的专业知识水平，与学生共同进步，不断更新自己的知识。

比如教师在"能源与能量守恒定律"这一章节课程的备课环节，从网络、图书馆等不同渠道获取更多的知识信息，开发更多的教学资源。例如，这一章节课程涉及能源分类、能源开发等相关知识，教师可关注能源行业相关的新信息，将其作为一个新的教学资源融入课堂教学之中。又比如，这一章节课程涉及能源可持续发展的知识点，教师可结合当前社会能源利用的热点，开发相应的教学资源，让学生在课堂教学中围绕着一些社会热点展开学习，学会根据具有时效性的信息对新课知识进行有效的理解。除此之外，教师也可从物理专刊书籍中开发教学资源。比如，这一章节课程涉及的能量守恒定律属于比较专业的知识，教师可从物理专刊书籍中寻找可引用的阅读材料，让学生在物理课堂上从专业角度感受物理知识的奥妙与魅力。总的来说，教师在加强教学资源的开发过程中，既可为课堂教学提供丰富的教学资源，又可拓展自己的见识，促进自己的专业成长。

二、在实践中促进专业成长

初中物理教师要促进自身的专业成长，则应积极地参加学校或上级部门组织的实践活动，在实践活动中促进自己的专业成长。这些实践活动应与教师的专业成长有关，学校应为物理教师的专业成长提供一些实践性的发展平台。比如，初中物理教师可积极参加省市区级教学技能比赛、课堂教学比赛等活动，或者与同行共同参与同课异构、磨课、微课交流等教研活动，使其在这样的平台上展示自己的专业教学能力，并在参与教研活动的过程中不断积累物理教学实践经验。

例如，在课堂教学比赛中，教师可自选一节物理课，科学设计物理教学方案，然后在竞赛平台上展示自己的物理教学方案。教师既可在亲身体验的过程中促进教学能力的提升，又可从课堂教学比赛的评价环节中汲取经验，找出不足，改进教学工作。由此可见，教学技能比赛活动、课堂教学比赛活动和教研活动均是学校为促进教师专业成长而提供的发展机会，初中物理教师可利用这样的发展机会，积极参与进来，促进自身的专业成长。

三、在课题研究中获得成长

一位教师在专业成长过程中应具备搜集信息、整理信息、分析信息的能力，要善于将教学中存在的各种问题整合起来，将其转化成为教学工作的研究课题，并围绕课题展开深入的研究，使其在不断解决课题研究中各项教学问题的过程中提高自己的教学能力。因此，初中物理教师要促进自身的专业成长，可积极参与到课题研究过程中来，从中获得专业成长的"营养"。

例如，教师在搜集、整理和分析信息的过程中，发现学生的自主学习意识薄弱、自主学习能力较低等方面的问题，则可建立起"如何提高学生在物理学习中的自主学习能力"这一课题，然后针对这一课题展开深入的教学研究。教师可将自己的课题研究成果融入新课的教学之中，验证课题研究成果在物理教学中的运用成效。再如，教师在课题研究中提出了微课+翻转课堂为主的教学模式，用于提高学生在物理学习中的自主学习能力。在开展"怎样用电才安全"这节课前，教师可制作微课的微视频，将本节课相关的知识点融入微视频之中，如电器铭牌标出参数的意义、额定和实际电压的区分与辨别、运用伏安法对小灯泡电功率进行测量的步骤和方法等。教师在开展新课之前，可将微视频发送给学生，指导学生围绕微视频中的重要知识点展开自主学习，然后尝试自主设计电路图，让学生在微课+翻转课堂为主的教学模式下进行有效的自主预习，并提高其自主学习能力。通过这样的课题研究和教学验证，初中物理教师可有效促进自身的专业成长。

四、在教学反思中获得成长

加强教学反思，这是教师获得专业成长的必经之路。这是因为教师在开展教学时难免会遇到各种各样的问题，所以教师有必要及时地做好反思工作，这也是教师从教学过失中汲取教训和经验的过程。因此，初中物理教师应注重通过教学反思这一途径促进自身专业成长。比如，教师在执教"探究简单电路"一课后，需及时做好教学反思。有的教师发现了这样的问题：电路知识点比较繁杂，学生容易对串联电路、并联电路认识不清，出现混淆，或者对比较相近的物理概念产生认知不清的问题。教师可对这样的问题进行教学反思："为什么会导致这样的教学结果？自己所采用的教学方法有哪些不合理之处？可以采用什么样的方法来予以改进？"当教师在教学反思环节对这一系列自主提出的问题进行有效的解决时，则意味着其教学经验更丰富了、教学水平更高了，也标志着教师获得了一定的专业成长。

五、结语

总之，初中物理教师可促进自身专业成长的途径有很多，在从事物理教学工作的过程中，应抓住更多提高自身教学能力的机会，并通过多种途径来促进自我提升，不仅为学生提供优质的教学服务，还可提升教师自己的职业幸福感。

参考文献

[1]潘亚飞.初中物理教师如何更快地实现专业成长 [J].数码设计（下），2018（11）：218-219.

[2]张云.中学物理教师专业发展的策略与实践 [J].中学物理教学参考，2017（18）：26-27.

[3]瞿红.有效反思加速物理教师的成长 [J].数理化解题研究，2018（29）：78.

注：本文撰写于2019年，原文发表在《新教育时代》2020年第35期。

初中物理实验探究生活化教学策略

广东省阳江市江城区教师发展中心　林良兵

物理课程是一门注重实验的自然科学基础课程，义务教育阶段的物理课程应注意让学生经历实验探究过程，学习科学知识和科学探究方法，提高分析问题和解决问题的能力。生活化的教学方法将"物理实验教学中的知识与生活中的事例结合起来，利用学生所熟悉的和感兴趣的生活经验来解释物理的概念和规律"，能够让学生在生活中经历实验探究过程，通过实验解决生活中的问题。因此，物理实验的各个环节可以与学生的生活结合起来，从实验选题到实验结果的讨论，都可以进行生活化教学，以培养学生的探究能力，调动学生的物理学习兴趣，为以后更深入地学习打好基础。

一、实验探究选题——在生活中发现实验探究问题

物理实验需要用到相关的物理知识，在实验中学生不仅能够积累实验经验，还能巩固所学的物理知识。"物理实验教学会涉及一些自然现象的探讨、分析和动手操作，因此无论是内容还是形式都更加生动有趣，更容易吸引学生的目光。"对什么进行实验、做什么实验是实验选题需要考虑的问题，如果实验选题是与学生的生活密切相关的问题，将会进一步激发学生的实验探究的兴趣。

首先，生活化教学鼓励学生在课外进行生活小实验，这些实验的问题多是学生在生活中产生的疑问，实验要求简单，学生自己就可以在家中进行实验。例如，热水杯和冷水杯放入冰箱，哪一个先结冰？怎么轻松挪动一个柜子？如

何自己制作彩虹？用一根筷子可以提起装着米的杯子吗？等等。其次，教师可以鼓励学生将自己的实验选题在网络上与大家一起分享，大家可以在网络上进行实验选题的讨论，当学生意识到这些实验选题也是自己生活中的问题时，他们会更加关注实验过程，进而将实验与所学过的物理知识联系起来。在分享的过程中学生不仅可以与同学讨论生活中的实验问题，还能学习到更多的物理知识，更深入地看待问题。最后，将一些学生做的生活小实验搬到课堂上，让学生做重复性实验，将实验过程展示给同学看，增强学生的实验成就感。学生往往会认真准备实验，在做实验和讲实验的过程中他们需要利用很多的物理知识来说明，因此，这有利于学生对物理知识的巩固，增强学生的科学探究精神。另外，可以组织学生收集生活中的问题，评估对这些问题做实验的可能性，将一些重要的可操作性的问题带到课堂上，或者通过微课的形式展示实验过程，让这些来自生活的问题得到验证，满足学生的好奇心，激发学生学习物理的热情。

二、实验准备——从生活中寻找实验材料

由于实验探究问题与学生的生活密切相关，因此对生活中的问题进行探究的实验需要的材料也多取自生活。就生活中的问题进行实验，实验材料用到的是日常的物品，这样，学生做起实验来比较容易下手，操作起来也更简便。例如，"热水杯和冷水杯放入冰箱，哪一个先结冰"的实验，只需要两只杯子和水以及家家户户都有的冰箱就可以实现，学生很容易做这样的实验。从生活中准备实验材料不仅可以减轻学生实验的压力和难度，而且可以调动学生的实验热情，形成科学对待生活的态度，具有科学精神。

生活化教学强调学生利用生活经验发现问题、思考问题、解决问题，生活化理念指导下的物理实验鼓励学生在可能的情况下自己做实验探究，通过实验验证自己的想法，科学地解释一些物理现象，将实验应用起来，解决生活中的问题。例如，在学习摩擦力这一章节时，为了让学生更直观地了解摩擦力及其特性，笔者引导学生用观察的眼睛发现生活中的摩擦力，鼓励学生用生活中的材料做有关摩擦力的实验。学生积极性很高，他们发现在生活中摩擦力无处不在，如刹车、鞋底防滑、风速、推箱子、轮胎上的花纹、橡皮擦、攀爬等。

学生们在班级群里分享了自己的摩擦力实验，他们的实验设计有趣，材料可以自制，大家就实验讨论热烈。为了加深学生对摩擦力知识的理解，笔者将学生的两个实验搬进了教室里，一是借助杂志搬柜子，二是瓶子赛跑。第一个实验在中央电视台的节目《是真的吗》里有实验过程，我们在班级里还原了这个实验，学生对接触面与摩擦力的关系有了进一步的认识。第二个是瓶子赛跑的实验，笔者让学生提前准备了相关的实验材料，有重量和大小相同的两个瓶子、可以装满瓶子的沙子和水、长方形木块和两本书。可见，这个实验的材料均是生活中随处可见的物品，学生可以很好地完成准备工作。在实验器材准备齐全的前提下，学生将两个装有沙子和水的瓶子从斜坡（书和木板做的斜坡）上滚下来，看看哪一个瓶子先着地。实验很顺利地完成了，这个实验证明了沙子和瓶子接触的摩擦力比水和瓶子接触的摩擦力大的事实。通过实验，学生对摩擦力的概念有了更清晰、更直观的认识。

三、实验过程——在生活场景中操作实验

生活化教育理念认为教育行为是生活中无处不在的行为，"生活与教育是一个互生互促的统一体，人处在生活中，生活不断变化，教育也随之发展。"实验探究过程是实验的重要环节，在生活化教育理念影响下，实验过程也应该是生活化的，即实验是学生在生活中遇到疑问后自主自愿开展的，是在生活的场景中开展的，不需要在严密的实验室里进行。学生可以在生活场景中展开实验，这些实验问题也多是源自生活，实验的过程在生活场景中展开有利于学生着手进行实验，也容易将实验结果应用到生活中。在生活中，学生遇到一些问题，可以通过用生活中随处可见的物品做实验，因此在生活场景中操作实验是可行的。

例如，有学生经常在班级群中就实验问题进行求助，他们有的缺少相应的材料，有的对自己的实验过程不够自信，有的怀疑自己能否重复实验等。有一次，有一名学生周末在家做覆杯实验时想知道是不是瓶口越大实验越难完成，苦于家里没有开口更大的容器，他在班级群里发起了求助，于是有很多学生给予了回应，他们给这位同学带来了很多自己家里的容器，如圆形鱼缸、大玻璃桶、方形储存罐等，他们还一起在该同学家的花园里做了这个加强版的实验。

因此，这一实验的过程是完全在学生的生活中展开的，他们发现问题、寻求帮助、进行实验、验证问题，完成了一系列的实验，不仅加强了对物理知识的了解，还激发了他们在生活中实践的意识。

四、实验结果——在生活中应用实验结果

在生活中发现问题并进行实验验证，那么实验结果也会回归生活，应用到生活之中。很多物理实验看似高深，其实在生活中都有应用，实验探究的只是原理，但是应用到生活中就会很灵活。如在相同的火力条件下，压力锅能够将水加热到100℃以上，这是因为水的沸点随压力锅的压强增大而增大。教师可以引导学生在生活中发现一些物理原理，从而加强物理知识与生活的联系，进而让学生在生活中做实验，也将实验结果应用到生活中去。在生活中寻找物理原理和将实验应用到生活中是相辅相成的，可以相互促进，让学生加强对生活中物理的重视，还可以激发学生学习物理的兴趣。在教学中，一方面教师可以在讲解物理知识时多联系生活现象，用物理知识解释生活中的一些现象，加强学生对物理知识的理解；另一方面，教师可以鼓励学生将学校做的实验以及自己在生活中做的物理实验的结果应用到生活中，帮助家人解决生活难题。如何引导初中学生有效地掌握分析实验数据的方法，从中获取有用信息，是科学探究活动中的关键步骤，也是培养学生科学思想与科学方法的重要过程。因此在应用实验结果的过程中，教师还要教学生合理地分析实验数据，归纳和总结实验规律，进而与学习的物理知识结合起来，将其应用到生活中。例如，有学生将自己做的冷热水结冰实验给爸爸妈妈进行了讲解，告诉妈妈热饭热菜也可以放进冰箱，不仅可以更快冷却还能节省用电。这不仅让学生懂得了相关的物理原理，将其应用到生活中还能增强学生的学习自信心和兴趣。

总之，从生活走向物理，从物理走向社会，生活中的物理现象无处不在，教师要训练学生用一双发现的眼睛和探索的精神，通过实验验证自己的假设，增强物理知识与生活的联系。这样不仅可以提高学生的学习兴趣，还能加强学生的学习能力，培养学生的科学探究精神。

参考文献

［1］中华人民共和国教育部.义务教育物理课程标准（2011年版）［S］.北京：北京师范大学出版社，2012：2.

［2］李花.新课改下初中物理实验生活化研究［J］.数理化解题研究，2019（5）：59–60.

［3］王晓强.初中物理实验教学生活化的实践探索［J］.中学教学参考，2017（7）：52–53.

［4］成艳萍.指向生活化教育的"四柱四梁一核心"科学教与学实践研究［J］.教学管理与教育研究，2020（14）：99–100.

［5］吴志明.初中物理实验数据分析的常用方法及应用实例［J］.物理教师，2010（3）：12–14.

注：本文撰写于2021年，原文发表在《读写算·教学研究与管理》2021年第88期。

在初中物理实验探究教学中培养学生的创新精神

广东省阳江市江城区教师发展中心　林良兵

在初中物理教学中，绝大多数初中学校受应试教育的影响，过分依赖题海战术、过分规范标准答案、过分看重成绩排名，同时由于实验室、实验仪器等条件不足，造成物理教师不重视学生物理实验探究，每当有物理实验课时，教师只在讲台上自己做演示实验让学生看，甚至用多媒体播放实验，让学生记，只要求学生能够记住物理实验中的环节和实验得出的结论。这样的教学活动慢慢地使学生失去了对物理实验探究的兴趣，将正常青少年的创新性"驯化"为答题的规范性，眼里只有实验的步骤和结论，没有自己的观点和主见，更谈不上创新。

在教学中要打破这种重结果、轻过程的教学模式，就要精心设计实验，让每一个学生都能亲自参与到实验的整个过程当中，在实验探究过程中发现问题，包括实验思路是否正确，团队成员是否合作，是否能发现问题并解决问题等。在整个探究实验过程中，学生既体会到亲身参与的乐趣，又可体会到挫折后再努力并取得成功的喜悦，以增强学习物理的兴趣，也提高了自己的实验探究能力。教师应让学生对物理实验充满兴趣和好奇心，为学生创造良好的探究环境，在丰富的探究实践中获得创新的良性循环，让学生的创新性得到更好的发展。

一、加强实验的趣味性，调动学生参与的欲望，从而培养学生创新的兴趣和好奇心

兴趣和好奇心是创新的原动力，然而创新的兴趣和好奇心并不是天生的，在日常的生活学习当中是可以改变和培养的。笔者通过引入趣味性实验不断地激发学生的兴趣和好奇心，激发学生强烈的浓厚兴趣，极大地激发学生的求知欲望，很快地把学生带入到物理课堂。例如，着火却烧不断的布条的小实验：一条不长的用水淋湿的棉布条，在布条的正中心位置滴上酒精，然后用手拿着布条的两端，把布条张开，用蜡烛的火焰燃烧带有酒精的那部分棉布。这时候奇怪的现象发生了：棉布条上方对着火焰有酒精的位置也燃烧起火焰，好像火焰从棉布底往上穿过了布条。更神奇的是移开蜡烛后，把布条拿给学生细细观察，棉布条没有出现烧焦的痕迹。

这个实验所发生的现象和最后的结果都出乎学生意料，学生自然而然地想探个究竟，从而对物理这门课程产生兴趣。以一个有趣的现象开端，这节课就成功了一半。这不但把学生因课间运动而分散的注意力有效地集中到课堂上来，而且让学生对课堂产生浓厚兴趣。

二、让学生亲身经历实验探究过程，丰富探究实践，培养学生的创新精神和创新能力

以科学探究为主的自主式学习方式是初中物理新课程标准所提倡和鼓励的学习方式，让学生经历实验探究过程。一切创造都源于实践，让学生拥有丰富的实践经验，能够更好地培养学生的创新精神和创新能力。在物理实验探究教学时，笔者尽可能地引导学生亲自参与实验设计，按团队共同设计实验方案，认真做实验，感受在实验过程中的挫折和成功，把物理实验作为学生提出问题、探究问题、解决问题的重要平台，培养学生勤于观察、注重实践的品质，提高学生问题意识，敢于质疑，逐步养成思维判断能力和形成创新精神。例如，笔者在做凸透镜成像的实验时，有学生提出：成像是虚像，因为平面镜成的是虚像。此时，我顺势启发：所成的像是虚像还是实像，请同学们运用已学习过的基础知识来认真仔细思考，究竟是虚像还是实像，判断的依据是什么，

之后如何用实验的方法来进行验证。让学生根据自己的猜想和判断来设计实验方案，并告知大家要完成实验的条件是什么，让大家进行验证。由于是学生亲自设计的，其他学生有猜疑的、有赞许的，总之全体学生一下就激起兴趣和探究的欲望，通过反复的探究，最后验证了学生的猜想，得出了正确的结论。

三、让课堂贴近生活，以看得见的可操作的实验创造培养创新精神的氛围

有些物理课本的内容比较无趣也不是很贴近实际生活，无法让学生对这些知识内容产生兴趣，更不能激发学生创新的欲望。笔者把这些枯燥乏味的物理知识融入生活化问题，让学生们在联想日常生活中的实际问题，创造一个让学生在日常实践过程中对物理知识进行感悟的心理过程的氛围，引导学生开展多种有意义的探究活动，一下子引起学生学习探究的兴趣，活跃课堂气氛，学生把自己亲身经历、体验、感受过的物理现象与同学们交流，互相评价，有效地提高了学生运用课本知识来解决生活实际问题的能力，培养了学生关注生活、热爱科学和敢于创新的精神。例如，在学习大气压时，用一个一端开口的矿泉水瓶子，在矿泉水瓶内装满清水，之后问学生，如果把这个装满水的瓶子倒过来，直接竖直向下地放到一个盛水的盆子里，这时候瓶子里的水会不会流出来？又让大家猜想并验证，最后的结果瓶子里的水还是不会流出。在学生们惊奇之时，我再让大家分析瓶子里的水不会流出的原因，并进行必要的指导，让学生明白是因为大气压的缘故，通过进一步的学习分析，得出在瓶内水深度不大于10米时瓶子内的水都不会流出来，后来学生自己设计出一个10米多高用水的托里拆利实验来验证。通过这样学生经历的验证过的事例来解释大气压强的作用，既活跃了课堂气氛，又提高了教学效果，还活跃了学生的思维，培养了学生的创新精神。

四、鼓励学生对实验进行创新，培养学生创新思维意识

创新意识是人类意识活动中一种最积极的、富有成效的意识形态，是人们从事创造活动的出发点和内驱力，是创新思维和创造能力的前提。在实际的实验探究物理教学中，激发学生学习兴趣和创新的激情，引导学生进行有效的

观察和思考，有意识地培养学生的创新意识和创新思维，让学生在实验探究过程中感悟实验探究的精髓和魅力，不断地激发学生的创新潜能，有效地提高实验探究教学的效果。例如，在"探究滑动摩擦力"这个实验探究时，按照教材中的活动方案操作实验时，学生们发现很难使物体沿水平桌面匀速直线滑动、弹簧测力计示数不稳定难以读数。经过讨论分析后，学生们觉得是由弹簧测力计随着物体一起运动产生的。如果让物体和弹簧测力计不动，那怎么办呢？这时同学们围着实验桌进行讨论。此时有意识地提示学生可以对实验进行适当的更改，也就是创新实验。在笔者的鼓励和引导下，学生更改实验的激情被激发了，"静止""运动""相对运动"……学生们陷入了一阵阵讨论和思考当中，最终得出了一个不需要让测量物体运动这个前提条件的创新实验方案。针对学生发现问题这点小火花进行适当的引导、鼓励和帮助，让学生掌握物理内在的知识和规律，同时让学生有所创新，收获成功的喜悦，这对物理这门学科树立学生创新意识和培养创新思维有很大帮助。

初中学生最具有个性和创新激情，在初中物理教学中，初中物理教师要具有强烈的创新教育意识，我们一定要十分注重锻炼学生的实验探究能力培养，把学生的精力和兴趣引导到创新活动当中，不断激发他们的创新意识和创新精神，培养出符合时代需求的创新型人才。

参考文献

［1］王洪忠，陈学星.创新能力培养［M］.北京：中国海洋大学出版社，
2008.

［2］张桂成.初中物理趣味性教学［J］.学生之友（初中版），2012（3）.

［3］孙洪春，王学院，任庆军.学生创新能力培养的策略探索［J］.教育进
展，2018，8（4）.

注：本文撰写于2020年，原文发表在《读写算·教学研究与管理》2020年
第75期。

基于核心素养下的初中物理实验探究教学策略

广东省阳江市江城区教师发展中心　　林良兵

教育从没有停下改革的脚步，由知识传授到能力培养再到人的全面发展，而当今核心素养已成为教育改革的焦点，初中物理教师也经历了从教书走向育人阶段。核心素养是指学生在接受相应学段的教育过程中，逐步形成的适应个人终身发展和社会发展需要的必备品格和关键能力。因此，初中物理教学应着眼于学生终身发展所需要的各方面的养成和提升，在教学实践中有目的地引导学生自主探究，逐步完成知识建构、能力提升、情感与态度和价值观念的养成，最终形成使其终身受益的观念和态度。实验探究教学作为物理教学中的重要组成部分，有利于学生对知识的构建和能力的提升，更有利于学生态度和观念的养成，是践行核心素养理念的最合适的教学手段。

然而，传统的物理实验教学主要由教师演示、学生模仿、再总结实验结果，相对而言比较形式化，培养出来的学生缺乏自主观念和创新意识，不符合当今核心素养培养的基本要求。要以学生核心素养的培养为目标，以学生为主体，让学生参与探究，在实践过程中完成对物理知识的理解和感悟，使其情感和态度得到发展和延续，初中物理教师应改变传统的实验教学策略。

一、加强学生实验探究意识及操作能力培养，是落实初中物理实验探究的前提

观察和实验探究作为学习物理的基本方法之一，学生要在自主实验探究过程中得到有效的学习和情感教育效果，前提是学生必须具备初中物理实验探究

的意识和基本操作技能。因此，初中物理教学必须进行加强学生实验探究意识及提高实验操作能力的培养。教师要在物理教学中应将科学探究能力分别对提出问题、猜想与假设、设计实验与制订计划、进行实验与收集证据、分析与论证、评估、交流与合作等七个要素进行目标分解细化，根据实验探究活动不同的特点，对学生各个探究能力各要素进行针对性的训练，有效地培养学生的探究意识和技能。与此同时，让学生熟悉并且掌握初中阶段的基本实验器材的使用方法，并且能够利用这些器材对一些简单常见的物理量进行测量，如长度、体积、温度、力、质量、电流、电压等。学生初步具有实验探究意识和基本技能，在实验中才会自觉遵守物理实验规则，从而形成良好的物理实验探究习惯，并且将这些基本的操作技能融入具体的物理实验探究活动中，初步形成科学探究能力，这样才能在以后的物理学习中得到发展和延伸。

二、注重学生参与实验探究，是落实初中物理实验探究的关键

人们对事物的理解与个体的经验有关，知识是个体与外部环境交互作用的结果。初中学生物理核心素养的养成不是仅靠教师的传授就可以养成的，而是学生在主动参与到实验探究中与情景交互作用下，自身感悟建构而成的品质与能力，形成终身受益的观点和态度。因此，物理教师要设计合理的实验探究活动，让学生亲身经历与教学任务相关的探究过程，唤醒他们的主体意识，主动观察和思考，获取知识感悟物理的美，体验实验探究的乐趣，激发学生继续探究下去的愿望，从而主动完善物理知识的建构、提升探究能力、养成实事求是的科学态度和勇于创新的科学精神。如"凸透镜成像规律"是初中学生掌握的一个难点，以往学生很难将凸透镜成像的规律记住更别说熟练运用，而通过小组实验探究，让学生动手，亲自观察感受像与物大小、远近、成实像或虚像的规律，在探究中自主构建规律模型，从而完成知识的建构，学生对这一知识点掌握得更加扎实，同时学生的操作能力得到训练，学生的科学态度及科学精神得到提升。

三、实验探究生活化，是落实初中物理实验探究的有效途径

传统的物理实验教学很少关注学生的社会参与程度，在核心素养新的理念

下，教师应采用取材简单、趣味性强、贴近生活的探究活动，为学生设计社会参与的探究情境，使实验探究更加生活化，让学生乐于探索日常生活中的物理问题，逐步养成应用物理知识来解决生活问题的思维习惯。例如，在学习"电功和电功率"之后，笔者设计了学生对自己家庭用电情况进行统计并提出省电措施的探究活动。让学生观察家庭中各种用电器的铭牌，了解铭牌中有哪些符号标记及其意思；根据用电器铭牌信息和使用时间估算每月用电与电费，并且与实际电费相比较；根据自己家庭实际情况提出节电措施并观察其节电效果。教师有目的地创设学生身边最为熟悉的生活探究活动，让学生在熟悉的日常生活中自主开展探究活动，从而引导学生"从自然走向物理，从生活走向物理，从物理走向社会"，让学生对自己与社会的关系进行更多的反思，树立正确的生活观念，增强学生的社会责任感。

核心素养指导、引领、辐射初中物理教学，基于核心素养下的初中物理实验探究教学更具有独特的育人功能和魅力，初中物理教师应该探索实验探究教学的有效策略，着眼于学生终身发展所需要的各方面的养成和提升，让学生自主地参与到科学探究实践当中，在实践中逐步完成知识建构、能力提升，情感与态度和价值观念的养成。

参考文献

［1］中华人民共和国教育部.关于全面深化课程改革落实立德树人根本任务的意见［R］.2014.

［2］中华人民共和国教育部.义务教育物理课程标准（2011年版）［S］.北京：北京师范大学出版社，2011.

［3］陈琦，张建伟.建构主义学习观要义评析［J］.华东师范大学学报（教育科学版），1998（1）.

注：本文撰写于2020年，原文发表在《少男少女·教育管理》2020年6月总第754期。

新课程背景下初中物理实验的优化与实践

广东省阳江市江城区教师发展中心　林良兵

在新课程背景下，初中物理的课程教学标准有了创新性变化。由于物理是一门理科性非常强的学科，其科学理论性相对于其他课程更有深度、更为抽象化，学生在新课程背景下学习这门课程的时候，不仅要注重思维能力的敏捷与变化，更需从理性的角度去进行探索理解；物理实验则是一个容易看出物理现象本质的途径，在初中物理中占据了极其重要的地位，是学生透彻理解物理知识的重要途径之一；教师在课堂上进行通俗易懂的物理实验，不仅能调动学生对课堂的专注度，更能使学生对物理产生浓厚的兴趣，让学生的实践以及创新思维能力得到训练与培养，从学习中了解物理的本质与科学的自然规律。本文将对新课程背景下的初中物理实验进行分析解剖并对实验教学的优化进行相关的实践，使初中物理实验变得更为高效、更为优化。

一、对初中物理现阶段实验如何优化进行简析

1. 对于现阶段物理实验的研究分析

在现阶段的初中物理学习中，实验的教学与研究正处于一种被理论战胜的阶段，越来越多的学生和教师都为了卷面上的成绩而对一些实验的理解与分析进行涂鸦式的操作，忽略了物理实验真正的意义，物理实验则在课堂上仅作为教师的研究任务来解决，很少让学生自主地去进行物理实验，仅是让学生模仿该实验的流程，这就不能让学生明白其中的物理奥秘，过于重视理论知识的研究而很少将理论知识融入物理实验及日常生活中进行思考和探索，学生缺乏对

物理现象的自主探索与研究，很大程度上阻碍了学生对于创新能力的理解与发挥，所以在新课程背景下，初中物理实验亟须进行拓展与创新。在新课程的背景下，物理学科已经越来越成为学生自主探究能力的发展根本与创新思维训练的方式，学生多动脑、多思考，主动教学已经成为学习的主要途径，积极地参与物理实验的探究有利于学生更好地对知识融会贯通，在学习中锻炼自己的思维能力、创新能力和操作能力，激发对科学真理的探索兴趣，使物理实验教学任务得到高效优化，让教学获得更好更高的成效。

2. 探究物理实验的优化与创新

要对初中物理实验进行优化，先得了解物理实验其中的方法；学生自主动手实验就是其中一个重点，对于学生自主实验，教师应当引导学生对实验思想的重视，让学生明白该物理实验的原理与思考要点，如何改变常规的教学方式，让学生利用自身感兴趣的事物来对物理实验进行探究与实践，是让学生自主实验的一个重点；学生自主实验是结合了课本知识、教师的指导与自身的动手能力共同得出的成绩，所以提高自己动手做实验的操作水平是物理教学的首要重点。教师应该引导学生在物理实验过程中的主要思想，引导学生往探究科学真理的方面靠拢，而不是单纯为了验证课本中的物理知识，让学生真正对此物理实验所揭示的物理知识做到融会贯通。例如，在探究凸透镜成像的实验中，教师应先给学生讲述物理实验的背景，创造一些实验相关的情景，让学生思考如何做好这次物理实验，而且其中该研究的方法也应当在完成物理实验的过程中介绍并引导学生使用，而不是让学生照本宣科地去盲目实验；在基本完成规定的实验要求后，教师可以向学生提出与凸透镜成像相关猜想的问题，如透镜被遮挡一部分，其成像有何变化呢？引发学生的思考与猜想，而学生通过对问题的推测，在动手实验前后，不管自觉或不自觉、或多还是或少，都会经历观察、思考、分析、对比、检验、归纳等一系列思维活动。此时，教师可以顺水推舟地对学生进行点拨与教导，学生对知识间的联系便会得到增强和固化，形成相应的知识组块，这便是对于传统实验的极大优化与创新，而不是对简单的物理实验表象进行了解，更需对其中的物理知识进行剖析与深度的理解，这样学生的逻辑思维才会深层地接触到该物理实验的深层含义，通过事实的原理来检讨在实验中的不足之处与提出对于该物理实验的个人看法与见解，学生才会真正掌握该物理实验的原理，这样一来能够极大地激发学生在物理实验中的操作能力与思考能力，从而培养其发散性思维，为以后的各种物理实验的探究打好坚实的基础。

3. 对物理实验思维方式的优化

对于学生在物理实验中的有效学习，学生应做到多接触物理知识，在课堂上多与教师进行互动，多与同学进行交流探讨，从课本、教师身上学会知识，从同学和朋友中探讨得出他人的见解，与自身的想法进行对比，在课堂上做到主动听课、主动学习，而不是传统意义上的教师授课学生被动听讲，而不对学习内容进行深层次的理解与思考；教学中教师与学生的地位应当是平等的，教师不应当继续对学生使用陈旧的思想灌输方式，要积极利用一些让学生感兴趣的事物、游戏联系物理实验的本质，使学生的注意力集中在讲解上，这样学生的思维才会活跃，课堂上的氛围才会浓厚，而教学自然而然就会高效化了。在物理课堂上，教师将物理实验的本质与生活中的现象进行联系，让同学真正地了解知识的魅力。在探究物体重力大小与物体质量关系的实验中，教师可以联系生活中的种种现象引导学生进行实验探究，为学生介绍砝码的作用和物重概念，接着让学生自主进行实验的探究，根据该物理实验的物理现象对学生是否真正掌握原理进行提问和让他们自主思考，利用数据归纳法等方法帮助学生完成实验，在实验过程中注意实验的细节，如实验时多次测量是为了避免在实验中产生误差，最后在学生完成实验的同时，让学生对该物理实验进行回顾与分析，提出个人的见解并对该实验作出结论。

二、初中物理实验的优化与实验的拓展化

1. 学生独立自主进行物理实验的优化

在新课程背景下，物理课堂的主人不再是教师一人，我们更应该把课堂交给学生，在物理实验的教学中给予学生相关自主思考的实践与空间，让学生在实验过程中充分发挥自己的发散性思维，实际动手操作进行物理实验。我们应当在物理课堂的学习中，对于物理实验的创新与优化，亟须通过学生自主或多人探究式的实验教学，分组进行实验操作。例如：在组织学生进行"探究焦耳定律实验"时，教师应先向学生讲解实验的详细步骤，给学生提供足量的实验

器材，让学生自主地立足教材，分析实验方法。例如：通过分析"转换法"，让学生探究温度计的示数或U形管液面的高度的变化反映电效应产生热量的多少的过程。利用"控制变量法"，让学生在实验过程中学习控制变量。例如：探究电流的热效应与电阻的关系时，控制两加热电阻的电流相同（两电阻串联）和通电时间相同；在探究电流的热效应与电流的关系时，控制电阻相同，通电时间相同；学生在明晰了实验方法与步骤后，就可以自主地进行实验了，教师应该及时对于学生不了解的地方进行讲解与引导，在实验结束后让学生进行自我总结；采用这种方式后实验能够使学生在做物理实验的过程中更好地发现、研究问题，更能激发学生自我的自主探究能力与创新能力，获得自主解决问题的办法，将原本枯燥的、静态的物理知识变成在头脑中活跃化的、久久不能忘却的动态物理知识架构；在这种探究体系下，相关性的实验情境便能够很好地为学生所创建了。所以说，对于新课程背景下的物理实验优化，便是让学生自主探究实验的历程，在教师的协助下更好地融入物理情景，引发自主地猜想，将实验结果更好地印证或者修正自己的想法，激发学生内在的思维能力。

2. 对于初中物理实验的实践优化

在学生自主完成物理实验后，需要让学生对这一物理知识根据自己的猜想和得出的结果进行实践，教师可以利用对比实验让学生对这些物理知识的掌握更加深入和透彻，学生需要通过物理实验对物理实验原理进行探索与分析，在这个过程中，学生可以仔细观察和分析，更好地理解和感知，有效提高学生的洞察力和感性认知，解决物理教学中的重点和难点问题，这样会取得意想不到的教学效果。比如，在学生自主进行"压力压强"的相关实验的时候，就可以采取对比试验的方法了，教师让学生手握着一枚鸡蛋，让他们用尽全力地去握紧，试试能不能将鸡蛋握碎，可学生用了尽九牛二虎之力去握紧都无法把鸡蛋握碎；教师拿着鸡蛋往桌上一敲便碎了，这个案例即是对比试验的体现，通过这种对比试验可以更好地开展课堂教学，让学生在这些物理实验的实践中得出不一样的结果，对正确的物理知识加深了自己的印象与理解，获得正确的结论，使学生的观察能力得到显著的提升。

三、结语

初中物理是重点研究自然规律与其中蕴藏的内涵的一门重要学科，通过对物理实验的创新优化，转变教育观念，加强实验教学生活化的被重视程度、优化物理实验教学的相关制度，学生从中可以锻炼自己的创新能力、思维能力，多思考、多动脑地投入到物理实验的过程中，积极接触生活中的新鲜事物并以此研究所学的物理知识，培养学生对物理的兴趣和结合实验实践与现实进行探索与研究的重要能力。

参考文献

［1］蔡业锋.开发和拓展初中物理实验课程，优化实验教学效果［J］.新教育时代电子杂志（教师版），2019（21）：102.

［2］韦世杰.信息技术环境下初中物理实验教学优化探讨［J］.新智慧，2020（6）：24.

［3］崔洪梅，崔洪艳.物理学科"教会学习"的理论与实践研究——浅谈在新课程理念下培养学生自主学习的策略［J］.延边教育学院学报，2008，22（6）：108–110.

［4］王正春.新课程下初中物理实验高效教学的探究与实践［J］.教育现代化（电子版）2015（14）：89.

注：本文撰写于2021年，发表于《新教育时代》2021年第22期。

合作学习在初中物理课堂教学中的
应用策略分析

广东省阳江市江城区教师发展中心　谭健明

在教育改革不断发展的当今时代，教师开始通过有效的课堂教学落实新课程改革的教育理念。现如今，由于学校内部教学指标和教学考核的原因，使得当前初中物理教学依然注重学习的成果，轻视教学的过程。一些教师在进行教学的时候，也经常会使用传统的教学方式，向学生传授教材知识，而在传授知识的过程中，教师往往会忽略培养学生的综合能力。为了完成新课程标准的要求，教师可以结合合作学习的形式对学生进行教育，而如何高效地运用这种形式，就成了当前教师需要解决的课题。

一、概述合作学习的含义

早在2000年前后，我国就颁布了关于基础教育改革和发展的内容，其中就明确地指出了合作学习的教学方式。由此，"合作学习"这一名词就被呈现到教师和学生的面前，也让很多教师开始关注合作学习、思考合作学习，并且在日常的教学过程中对其进行应用，而这种教学方式也让很多学生收获了相应的知识内容。但是，与国外的探索过程相比，我国当前对于合作学习形式的运用，还是比较浅薄的，所以出现了很多需要当下来解决的问题。有一些地区的学校现如今还沉浸在升学率提升的教育理念当中，而学校内部的教师也受应试教育的影响，仍在采用传统的教学方式。在这种背景下，就使得合作学习的教学方式无法应用到课堂当中，学生也无法成为课堂当中的中心。以往的教育理念和教学方式，依旧存留在当前的教学过程当中，致使教育改革的进程受到影响。为此，教师需要基于课程改革的教育理念来改变自己，促使学生在新的教学方式下，提升自己自主学习的意识和合作探究的精神。

二、当前初中物理课堂教学出现的问题和改革的意义

物理是一门实践性比较强的学科，人们能够通过物理知识的运用，解决现实生活中所存在的问题。于是，教师也开始注重提高学生的物理学习能力。初中阶段正处在学生学习基础物理知识的时期，对学生未来的发展起着相当重要的作用，所以教师在教学的过程中，需要融入合作学习的形式。

1. 当前初中物理课堂教学出现的问题

根据当前物理课堂教学的现状，能够看出课堂是学生获取物理知识内容的主要途径，但是因为传统教育思想和教学模式的固定化，使得当前有很多教师在制定课程内容的时候，都着重讲解教材当中可能会考试的内容。而在这样的背景之下，教师依旧还是课堂当中的中心，整个教学趋势和过程都在教师的把控之中。这种教学方式虽然在一定程度上促进了学生物理知识层面上的成长，但是这种教学方式忽视了学生的主体地位和学习兴趣以及学习过程。久而久之，学生的注意力就会下降，兴趣也会骤降，学生的思维能力和想象能力也无法在课堂上得到开展。

2. 改革在初中物理课堂教学当中所呈现的价值

在我国社会经济不断发展的过程中，社会已经成为合作的社会。加之合作是人类相互作用当中的一种形式，且人类的每一个活动都有这一形式的渗透，教育当然也包含在其中，所以教师在平常的教学过程中，可以让学生形成合作的学习习惯，提升合作的学习思维，使得学生能够通过合作的形式，探讨自身所无法解决的困难，并借助合作的方式，共同探究答案。而学生除了能够在合作的过程当中深化自身知识涵养以外，还能够强化自身和其他同学之间的默契程度。学生可以在合作的时候，认识到合作学习的价值，继而基于合作学习，提高自身的综合能力。

三、在初中物理课堂教学中对合作教学的应用

1. 根据学生的差异性分配物理课堂当中的小组合作

物理学科是学生进入初中阶段以后新接触的一门科目,所以学生在学习的时候,相对于语文、数学、英语这三门学科,内容会更为新颖,也更为复杂。又因为学生之间学习能力的不同,致使学生之间的差异性越来越大。而教师在分配小组的时候,就可以根据学生的差异性进行分配,使小组的实力处于均衡状态,这样教师在讲解完教材基础知识内容之后,就可以让小组之间对问题进行讨论。之后,教师可以对小组成员进行个人的评测,然后评定出小组的优良状况。学习能力差的学生能够在合作的过程中,提高自身的物理素养;学习能力好的学生可以在合作的过程中,深化自身的物理思维。

以人教版初中物理九年级第十七章第二节"欧姆定律"为例,教师在讲授这节课的时候,可以根据学生的差异性提出小组需要探究的问题。比如:"已知电压就是形成电流的原因,那么请你思考一下,导线中的电流与两端的电压有着怎样的关系呢?""电阻对电流起着阻碍作用,请你思考一下,导体中的电流与它自身的电阻有着怎样的关系?"学生可以在合作探究的过程中,对问题的答案进行猜想和假设,最终在教师的明确引导下,得出本节课的主题内容"欧姆定律"。

2. 依照竞赛的形式分工物理课堂中的小组合作

在初中物理课堂教学的过程中,教师采用最多的合作形式是竞赛的形式,这种合作学习方法的实践过程能够在一定程度上激发学生的好胜心,进而让学生积极主动地投身于合作学习的过程当中。除了运用竞赛类型的合作学习方法,教师还可以运用讨论型的合作学习方式以及游戏类型的合作学习方式,这些学习方法都在不同程度上增强了合作学习的高效性。

以人教版初中物理八年级下册第十二章第二节"滑轮"为例,教师在讲授这节课的时候,可以依照竞赛的形式对小组进行分工。比如,教师在让学生进行"滑轮实验"的时候,就可以让其中一个小组进行"认识滑轮"的实验,另一个小组进行"探究滑轮特点"的实验。在进行"认识滑轮"实验的时候,小组可以合作探究"如何把木材运上楼"。小组可以对运送的方案进行讨论,在

实验过程中，可以用钩码代替木材，然后用实验室当中的器材把钩码运上去。小组在探究问题的过程中，可以通过观察了解仪器的工作情况，进而结合教材，明确滑轮的分类。而在进行"探究滑轮特点"实验的时候，学生就可以依照教师所提出的问题进行操作。小组内部在实验的时候也需要明确每个人的工作，比如一个人进行操作，一个人进行答案猜测，另一个人进行数据填写等，最后再结合每个人的想法，明确定滑轮的特点。

四、结语

综上所述，当前初中物理对于合作学习形式的运用依然存在着一些问题，为了解决这些问题，教师需要基于新课程标准的要求，改变自己的教育观念和教学方式，并运用多元化的教学手段，使学生积极主动地参与到课堂合作学习的过程当中。而在实践教学的过程中，教师可以根据初中生的年龄特点，运用游戏比赛的形式对学生进行合作，教师还可以借助对学生差异性的了解，对小组进行分配，只有这样，才能够让合作学习的教育形式发挥最大的教学价值。

参考文献

［1］江财兴.小组合作学习：提高初中物理课堂教学效率的路径探寻［J］.考试周刊，2021（36）：113-114.

［2］董银花.基于合作学习的初中物理探究性实验教学课堂教学实践［J］.考试周刊，2020（A2）：117-118.

注：本文撰写于2020年，原文发表在《教学与研究》2021年第17期。

浅谈物理实验教学过程中学生实验能力的培养

广东省阳江市江城区教师发展中心　谭健明

中学物理教学除了教授学生基本理论外，物理实验也是重点考查的内容。近年来，尤其是教育部加强了学生动手能力的考查，将学生的实验能力也列入了中考的总分。中考物理试卷对实验的考查，内容不仅从学生实验发展到演示实验，比如2018年广东中考物理实验就考查了"探究阻力对物体运动的影响"，而且难度已经从简单地了解转向考查对物理实验的原理的深化理解上。2017年广东中考物理实验考查"探究平面镜成像特点"中重点考查学生的综合分析和数据处理能力。但是这几年来反馈物理实验题的失分普遍较多，学生反映题目变化多端，这反映了目前在中学物理教学中，实验教学缺乏有效性和机械化比较严重，学生普遍反映实验难以掌握。因此，在实验教学过程中，应利用各种手段加强对学生的动手实验能力、综合分析及观察能力的培养。以下拟结合当前中学物理实验教学的实际情况，谈谈我在物理实验教学中的一点粗浅认识。

一、转变教学思想，发挥学生的主体作用

物理实验教学的目的，除了要让学生验证物理原理，还要培养学生自主学习、探索科学的精神。传统的实验教学总是教师先讲述实验原理，学生似懂非懂，然后教师再来演示实验过程，由于中学的实验结果都不太明显，所以学生对于实验结果都看不清，更别说理解实验原理了。因此，在日常的实验教学中，应尽量将教师演示实验改为学生的动手实验，让学生动手，观察结果，激

发学生对于物理实验的兴趣。

二、通过可操作的趣味实验，激发学生的动手欲望

根据广东省的课程设计，在八年级的时候学生才接触物理，所以大部分初中学生对这门有着新奇实验的学期怀有十足的好奇心。这时候要激发学生的兴趣，我们可以选择生活中常见的物理现象和通俗易懂的实验，启发学生的物理实验探索的热情。在教学中可以利用一些颠覆日常学生认知而又比较容易操作的实验导入新课，用学生现阶段认知不了的实验结果来吸引学生的注意力和探索欲望，让学生对物理实验产生浓厚的兴趣，这样我们的物理实验教学就成功了一大半，因为兴趣是最好的教师。例如，在"大气压强"这节课的新课教学中，学生对大气压强这种看不到的物理概念觉得很迷茫，我们就可以通过实验教学来引入。首先教师设计一个可乐瓶逐渐将一个剥皮的鸡蛋吞下来的实验，这个实验可以让学生操作。通过这个实验，可使学生明白大气压强在日常生活中的确存在，并且通过自己动手实验可以验证，这时候，教师可以引入大气压强的概念，学生通过可视的实验结果就容易理解这个概念。当学生明白大气压强的基本知识后，为了再次验证大气压强的存在，对于课本上不可模仿的实验我们不采用讲解，而是通过让学生设计实验自己验证。这时候就有学生设计出了塑料卡片可以阻挡水流下来的实验，由于是学生自己设计的，教师可以再次设定条件，这些奇怪现象一定能让学生充满兴趣，原来看不到的大气产生的压强大到超乎想象，那么它能用什么直观的实验验证它大到什么程度呢？这时当学生的兴趣被吸引了，教师向学生展示课本上的马德堡半球实验，通过学生动手操作，明白大气压强的存在，这时候这节课就取得了比较满意的教学效果，所以物理教学中实验教学是必不可少的，它可以作为学生兴趣的切入点，反过来对学生的动手能力和思考能力又有很大的促进作用，所以在日常教学中实验教学应贯穿于整个物理教学过程。

除了让学生动手实际操作外，教师在实验教学中要善于利用实验结果引导学生对结果的探究和发现。例如，在平面镜成像规律实验教学中，教师在学生正确做好实验器材的选择和操作后，提出相应观点让学生思考，从实验现象中反思找到正确的答案，从而对知识点有更深刻的理解，在接下来的凸透镜成

像实验中就可以得到更加直观的理解。教师还可以提出一系列的问题让学生思考，然后在讨论中得出答案，使学生对平面镜成像的特点的理解更加深刻，如玻璃板后面的蜡烛需要点燃吗？如果点燃会有什么效果？实验中的两根蜡烛为什么不能一大一小？为什么不能用平面镜做实验？玻璃板为什么需要竖直放置？通过实验中出现的各种现象提出让学生思考的问题，让学生通过教师的问题在实验中动手操作，理解这些问题背后的原理，可使实验教学更加事半功倍，从而使学生在解决这些疑问后获得成就感，增强了学生的探索欲和求知欲。

三、让学生多动手，在实验过程中理解实验的原理

初中物理实验大多简单容易操作，但又是学生对于物理探究的基础。因此，在日常物理实验实践中，要重视对学生的动手能力和分析数据、处理数据的培养，让学生打下良好的实验基础和养成基本实验操作的技能。在每次物理实验操作中，教师都要在保证学生能正确使用物理仪器且没有实验安全隐患的前提下，指导学生了解实验的基本原理和基本操作，让学生自己动手来掌握和处理实验的各种情况，并且通过分析数据，来推理出实验的正确性，从而加深对实验理论知识的理解。例如，在测量电阻的实验中，教师反复强调电流表、电压表等仪器的使用方法，甚至连正负极的连接特点都自己完成，这样学生被教师牵着鼻子走，就缺乏了学生对于实验的探究性。教师要适当引导使用物理仪器的安全性，在安全允许的范围内，教师让学生自我探索，比如在仪表量程的选择上，首先要正确估算需要的量程和尝试正确的电路接法，让学生在操作中弄明白如果正负极接错了，指针会反转，量程选择不当就有可能烧坏电表，或者造成偏转的角度不大，实验造成的误差较多。学生通过观察这些实际操作产生的问题和了解问题的原因后，对电学实验的基本特征和操作技能就基本掌握了，从而对电学的基本知识的理解就更加牢固，有了这个基础，学生对于其他的电学实验，做到举一反三，就很容易理解和操作同一类型的实验。通过增强学生的动手能力，进一步培养了学生的自我创新能力。

四、通过设计实验，增强学生的动手能力和自我创新能力

初中物理课本除了设有学生动手实验、教师演示实验外，还编辑了多个物理的趣味实验。这些趣味实验都是可操作的和学生通俗易懂的，教师可以利用课本上的这些趣味实验在教室内设立一个实验角，让学生动手设计，自行操作这些小实验。如在大气压强的实验中，将一个玻璃杯迅速倒扣到水中，就会发现玻璃杯里面水的高度比外面水的高度要高，这就是大气压强的作用。同时还有很多有趣的小实验，如"振幅交换""水为什么不洒出来"等。通过实验，学生的动手能力得到了进一步的增强，并且通过对趣味实验的思考和改进，更好地培养了学生的创新思维。

除了趣味实验，在平时的实验教学中我们也可以通过让学生设计不同的实验方案来进行对比，达到实验的目的。比如，在测量密度的实验中，学生基本掌握了实验的原理和操作，教师这时候可以抛出一个新的问题让学生参与设计。如何测量牛奶的密度？这个问题实际上是对测量水的密度实验上的一个提升，但对实验器材却提出了不同的要求，只给了学生一个砝码、一根木棍、适当的水、一个量筒，如何测出牛奶的密度？

通过教师的不断引导，有的学生设计出了如下的实验步骤。

步骤一：向量筒中倒入合适体积的牛奶，读出牛奶的体积V_1。

步骤二：将木棍和砝码连在一起，使它们分别可以悬浮在牛奶和水中。（可以提示学生思考共同点）

步骤三：将砝码放进牛奶中，记录此时牛奶的体积V_2。

步骤四：倒出牛奶，洗净量筒，再倒入水，读出此时水的体积V_3。

步骤五：将砝码放进牛奶中，记录此时水的体积为V_4，通过这几个步骤和水的已知密度，牛奶的密度就可以用如下的公式表示出来，$\rho_{奶}=(V_2-V_1)\rho_{水}/(V_4-V_3)$。

此时教师可以通过对实验的进一步设计，如果没有量筒，只有一个毫米刻度尺那又该怎么做呢？学生通过刚才的实验有了启发就会有一系列的实验方案出来。

通过这些实验的设计让学生对实验目的和实验原理更加清楚，同时学生的

动手创新能力也得到了最大限度的提升，同时也贴近了近几年物理中高考中的实际考查问题，提高了学生的实战能力，对提升学生的自我学习能力有了很大的帮助。

总之，物理实验教学是物理教学的关键，通过培养学生动手操作的能力加强对知识点的理解，从而培养学生对学习物理的兴趣，通过多种多样的教法，使物理实验教学达到我们的教学目的。我们要引导学生在理解原理的基础上带着疑问做实验，通过一些实验现象更好地理解物理知识。通过实验教学，让学生更加深刻地理解物理学科，对物理学科的探究产生浓厚的兴趣，为学生在未来的物理学探究上打下良好的基础。

参考文献

［1］孙璐.基于核心素养下初中物理探究教学模式的研究［J］.新课程（中学），2017（11）：28.

［2］梁建，张杰，朱翠芹.基于科学探究体验，发展学生核心素养——以初中物理"浮力教学"为例［J］.物理教学，2017，39（4）：37-40.

［3］郭玉英.在初中物理教学中促进学生物理核心素养发展（下）——科学模型的建构［J］.新课程教学（电子版），2016（2）：11.

［4］郭玉英.在初中物理教学中促进学生物理核心素养发展（上）［J］.新课程教学（电子版），2016（1）：18.

浅谈物理学科教学中立德树人目标的有效渗透

广东省阳江市江城区教师发展中心　谭健明

教育是培养人的事业，自古以来，就有传道、授业、解惑的说法，中国古代的教育学家都认为教育应该不仅仅是传道，还应该授业，这也是古代的立德树人思想的一种概括。现代教育更注重培养什么样的人，所以立德树人就是教育者的追求。随着社会的不断发展和进步，在新的社会环境下，尤其是近几年，关于校园暴力、学生自杀自残等报道不绝于耳，作为教育工作者，除了传授学生知识以外，更应该通过学科教学这个主阵地来加强学生的思想品德建设。物理学科作为一门自然学科，很多物理教师认为只要把考试知识点传授给学生就可以了，认为渗透德育教育是人文学科的事，没有真正弄清楚如何将物理学科教育和德育教育有机结合起来，在教学过程中关于德育教育的部分都是一笔带过，对一些应该进行德育渗透的环节没有把握住，没有将物理教育和德育渗透有机结合起来，也没能使课堂教学和学生的思想教育相辅相成。因此，如何在物理课堂上进行有效的德育渗透在相当一段长的时间内应该成为每一位物理教师的研究话题。笔者认为应该从以下几个方面进行思考。

一、教师提高自身的业务能力，熟悉教学大纲中提出的情感态度和价值观目标的要求，对学生的德育教育要有的放矢

1. 要认真研究教材里面的德育内容

教育部颁发的《物理教学大纲》中对物理的教学目的进行了明确要求，其中有两项明确规定要培养学生学习物理的兴趣、实事求是的科学态度和良好

的学习习惯，结合物理教育对学生进行辩证唯物主义教育、爱国主义教育和品德教育。这就要求教师在平时的课堂教学中将德育教育渗透到物理课堂中去。在物理学科教学的时候，教师要明白物理学作为一门自然学科，通过实验探究来研究自然界物质结构、运动形式和运动规律的自然学科，本质上就是一门实验学科。各个时代的物理学家经过无数次失败和挫折后，在不断地思考和改进中才获得了成功，根据实验验证总结出了很多规律。这些物理规律通过实验验证后被广泛应用到我们生活中的各个领域，不但使人类对自然有了更深刻的认知，还大大促进了社会的进步和科技的发展。物理的学科德育内容，就是要通过物理学的发展过程和作用激发学生热爱科学和勇于探索的热情。

2. 要认真研究学生

教师除了熟悉教材的德育内容外，还要研究学生，实现教学相长。作为学习物理主体的学生，我们要不断地通过科学家的奉献和对社会发展所起的作用来充分激发学生学习物理的热情。只要学生对物理学产生浓厚的兴趣，热衷于物理学习，就会在学习中逐渐养成刻苦钻研、不屈不挠的优秀品质，进而产生为社会、为国家的建设而努力学习的动力。因此，作为教师要认真研究学生，抓住学生学习的兴奋点，以此为切入口，不光是使学生能够激发学习的热情，更能使他们培养良好的素质。

二、根据物理教材中的内容，让学生感受国家的伟大，激发学生的爱国主义情怀

对于学习而言，榜样的力量是无限的，从古到今，我国的科学家通过刻苦钻研，在有限的理论和物质环境下创造了一个又一个的智慧结晶，为中华五千年的历史发展作出了巨大的贡献。我们要结合物理教学内容，选取典型实例，将那些中华文明史中值得我们敬佩的科学家作为学生学习的榜样，在学习的过程中，激发学生为国效力的热情。

例如，教师教授"探究杠杆的平衡条件"的这节课，在讲授杠杆的应用时，除了介绍书中的知识，我们还可以通过我国古代人民对杠杆的理解和应用的知识，这些知识既有应用的，也是有理论记载的。比如，我国大约在周朝的时候已经懂得应用杠杆，通过水流的作用用舂来捣米等。在理论上，3400年前

的《墨经》中就有"权得标等于本得重"的记录，比西方国家文明早200年总结出了杠杆的平衡条件。不仅如此，除了理论和实践，勤劳智慧的古人还将天平和砝码做得很精细。在长沙发掘出土的一架战国时代的天平和砝码，大小跟现在我们做实验用的差不多，而且做工很精细。说明我国当时的称量科技比西方科技领先了很多。又如，我国最早发明的指南针，也是我们古代人民的智慧结晶，通过对地磁场知识的应用，为航海事业提供方向指引，也大大推动了人类之间的交流，大大缩短了人类文明发展的进程，时至今日仍在各个领域发挥着巨大的作用。另外，新中国成立后，在一代又一代物理学家的推动下，我们取得了令人瞩目的成就，如经过几代科学家历尽千辛万苦制造出来的"两弹一星"，近几年的蛟龙号载人深水潜水器、嫦娥号飞船等。物理学科教学上教师可以通过教学内容向学生介绍我国科学文化发展史上的伟大成就，让学生为我国文明的发展创造的伟大成就而感到自豪，逐步树立起热爱祖国的信念，增强学生的民族自豪感，激励学生勇于投身到社会主义建设中。

三、通过具体案例，加强学生的科学探索能力

在物理学的发展史上，无数科学家用一生的精力不遗余力地推动科学的发展，正是有了他们忘我的精神，才为社会的进步与发展提供了巨大的动力。在物理课堂教学中，除了介绍课本上的理论知识，我们还可以在讲授这些理论规律的发现过程中穿插介绍物理学家无私奉献、勇于创新、不怕挫折的科学精神。例如，在讲授电流的时候，我们可以向学生讲述电灯的发明，介绍爱迪生的故事。古代人们晚上照明一般是用蜡烛灯、煤油灯，灯光昏暗又不安全，于是爱迪生决心要发明一种耐用且明亮的灯泡。之后几年，爱迪生做了实验，但都以失败告终，被许多人嘲笑他是在做白日梦。面对无数次的嘲笑和不信任，历经一次又一次的失败后，爱迪生并没有放弃灯丝实验计划，反而以此为动力继续展开自己的科学研究，在尝试了超过6000次的实验后，功夫不负有心人，他发现钨丝可以作为电灯灯丝材料，发出的光线十分明亮，又不易烧断，适合长期使用。法国物理学家安培，被誉为科学痴汉，他研究物理问题达到了如痴如醉的程度，经常闹出各种各样的笑话，但正是他的如痴如醉和不懈努力，他总结出了电学史上著名的右手定则、安培定律，并提出了分子电流假说。安培

对研究物理的投入，为社会的发展作出了巨大贡献。在物理教学课堂中，教师可以通过诸多科学研究的实例激发学生探索科学的热情，使学生形成锐意进取的科学精神和不屈不挠的性格，成为一个有理想和奋斗目标的人。

四、通过实验教学，增强学生的动手能力，培养学生的合作意识

物理学科是自然学科，本质上就是一门通过大量实验验证，然后在总结规律的基础上建立起来的学科，物理学科教学和其他学科不一样的地方就是要进行大量的科学实验，这是物理学科与其他学科不一样的一个特点。教师可以通过实验教学对学生的合作能力进行培养。在物理课堂教学中，除了教师的演示实验，通常还需要学生进行分组实验。在分组实验的教学过程中，教师要引导学生积极主动地参与实验，并且通过团结和协作，获得分组实验的成功，不单收获了知识，更重要的是产生了学习的兴趣，也培养了学生团结协作的能力，所以在德育教育中，分组实验的教学成效不可忽视。例如，在探究"摩擦力的大小与什么因素有关"的分组实验中，教师先提出问题，让学生讨论"在实验中影响小车滑行的距离有哪些？摩擦力的大小与什么有关？"在教师的引导下，学生可能会猜测与物体的压力、不同的接触面以及物体的形状有关等。这时教师根据学生的猜测，将学生猜测的不同因素进行一一验证。学生们可以选择自己猜想的因素进行研究。在研究过程中，同一小组内的学生在实验中协力合作，通过实验验证本小组的猜测是否合理，最后各个小组进行汇总总结，得出结论。在这个实验中分组能让学生在动手过程中获得知识，更重要的是在分组实验过程中培养了学生的团结协作能力，为学生在今后的学习和工作中形成良好的合作精神打下坚实的基础。

总而言之，如何在物理教学中有效地渗透德育教育是新时代对每一位物理教师的新要求。因此，物理教师在教学过程中一定要找到多种方法来提升学生的德育素养，使物理课堂成为提高学生德育素质的重要阵地，为把学生培养成为一个合格的、道德品质优良的社会主义建设者而努力。

📑 参考文献

［1］杨政.核心素养导向下初中学生物理科学思维素养培养的策略研究
［D］.扬州：扬州大学，2019.

［2］褚法军.初中物理学科核心素养的内涵与培养策略［J］.教学管理与教
育研究，2017（22）：18-19.

［3］袁泽旺.初中物理学科核心素养视角下的德育渗透［J］.新课程（中
学），2018（3）：230.

注：本文在广东省教育学会2021论文评比中获得三等奖

巧用生活情境，提高物理课堂教学效率

广东省阳江市江城区教师发展中心　谭健明

随着新时代对人才培养不断提出新的要求，特别是近年来在国家层面上提出减负提质的要求后，提高课堂的学习效率就成了每一位教师都不得不考虑的课题。著名的教育家杜威提出过"教育是为了生活""教育是为了生长"，教育也为"生活的经验改造"，说明教育应来源于生活也服务于生活。因此在初中物理课堂中设置适当教学生活化的氛围，可以让学生利用对生活情境中的物理现象的认知来理解、记忆甚至反推出物理规律，这就让教师和学生摆脱过往在物理课堂教学过程中仅仅依靠数字和公式来推导出物理规律，学生通过记忆来单调地记住物理规律和物理现象。这样一个主动掌握知识的过程可以很好地引起学生探索物理知识的好奇心，而这种好奇心会转化为学生自我探索、自我学习的动力，进而推动学生更加自主地学习。因此在物理课堂和课外作业中适当合理地进行生活化的教学，可以使我们的物理课堂教学效率事半功倍，更好地完成双减背景下的课堂提质的要求。我觉得应该从以下几个方面来入手。

一、在课堂教学中合理地引用生活化的问题

很多学生反映物理难学，主要原因还是物理教学内容枯燥乏味，物理公式推导单调，但是在课堂教学过程中融入一些生活问题就可以调节课堂气氛，但是这些生活问题必须是学生在日常生活中经常会遇到的，一些看似简单但是容易引起大部分学生共鸣的现象，让学生有一种恍然大悟的感觉。这些情景的引入可以增加学生的生活经验，从而解决学生在实际生活中遇到的问题。比如在

讲解浮力时，很多学生在了解浮力产生的原理后，只会对浮力公式简单地进行应用。这时教师可以提出一个生活中常见的问题：为什么煮熟的肉丸会浮出水面呢？这个问题在我们日常生活中会经常碰到。教师在讲解的过程中就可以利用浮力的原理进行解释。原来煮熟后肉丸体积会变大，虽然质量不变，但是体积变大了，所以排开水的体积也变大了，受到的浮力也变大。从而引导学生思考生活中另外的问题：饺子是不是同样的原理呢？为什么轮船是钢铁做的也可以浮起来？通过这些生活中的事例，学生在反向推导影响浮力产生的因素，从而更加清楚地推理和记忆浮力的公式。就是这样一个简单的问题，可以使学生反推出物理规律，从而使规律更加容易记忆。

除了利用生活现象来反推物理规律，利用物理规律来解决实际的生活问题也可以加深学生对物理规律的理解。教师只要合理化地设置生活化问题，就可以很好地调节课堂气氛，激发学生们的兴趣，让学生们在研究生活中的实际问题时加深对物理知识的理解和记忆。例如：讲解"机械效率"的课堂教学中，对于总功、有用功和额外功的概念讲解，除了课本上列举的例子外，教师可以在课堂上预设一下学生常见的生活场景，进而抛出以下问题：二楼的花需要浇水，怎么将1升的水送到二楼呢？学生根据对生活的理解可以提出很多解决方案，比如用铁桶将水提上二楼或者将水管接上二楼等，这时候教师在教学中就可以通过学生的猜想来抓住课堂的主要知识点进行讲授有用功、额外功、总功和机械效率等概念。通过这个事例，学生总结出将1升的水送到二楼所做的功就是有用功，而通过任何机械来运送水都要克服摩擦和机械自身重力做功，这部分并非我们需要但又不得不做的功就是额外功。两者之和就是将这1升水提到二楼所需要的总功，学生可以理解，有用功是不变的，影响总功的因素是额外功，那么通过不同的运送方式对比我们就可以得出机械效率的概念，整个知识结构就很清晰地展现在学生的面前。在讲授"区分声音"的时候，我们也可以利用常见的模拟乐器发音，通过不同的发音方式来反推出音调、音色、响度等区分声音的方式，这样学生就可以通过一些生活中听到的声音素材来对这些因素进行验证和区分，从而达到学习的目的。所以在课堂上设置一系列贴近学生生活的问题，可以促使学生对物理现象有直观的认识，而不是空洞的想象，学生学习起来既不枯燥又非常感兴趣。

二、加强实验教学，发挥学生动手能力作用，使物理教学更加贴近生活

蒙台梭利有个教育理论在科学教育领域中很有实践价值："我听过了，我就忘了；我看见了，我就记住了；我做过了，我就理解了。"让学生动手，在实验中体验物理学习的乐趣，同时也让学生开动脑子思考其中的原理，尽可能动用多种感官器官直接体会实验结果，从而加强学生的动手操作能力和解决实际生活问题的能力，进而对物理的规律和公式能有更加深刻的理解。

1. 演示实验可以变为分组实验

各个版本的物理教科书中都安排了很多演示实验，但是在实际的课堂教学中，教师作为演示实验的主导者，往往掌控了整个实验过程的操作和分析，反而更应该作为学习主体的学生往往作为旁观者，如同看电影一样，教师按照演示实验的操作步骤和要求，演示了一遍，对于实验过程和结果，学生往往由于没有对过程的参与和对概念的建立以及规律的形成等各个方面进行深入的思考和探索，处于一知半解的状态，更有甚者，由于个别教师的操作不规范，往往实验结果和概念、规律要求的不一样，反而容易造成学生的误解。因此教师在物理课堂教学过程中，要探索一些实验结果不太明显，不利于学生直观地得到实验结果的演示实验改设为学生可以动手操作的小实验。如在"探究光的折射规律"的课堂教学中，有一个演示活动就是利用水槽和激光笔来探索折射规律。教师在课堂讲解的时候，这个演示实验由于实验现象不明显，往往学生对于实验结果不理解，反而对于光折射规律理解起到一个反作用。如果把这个实验变成分组实验，课堂教学的效果将会更加明显。教师把3~4名学生分为一组，利用简单的玻璃杯和激光笔、量角器等器材对实验现象进行操作和探索，各组学生分工合作，共同参与实验步骤，在近距离可以很清楚地看见光的折射现象，从而激发学生探索规律的热情，也锻炼了学生的操作能力，达到了预期的教学效果，也使学生能利用光的折射来解决实际的问题。

2. 利用生活中常见的现象加强分组实验的探究性

学生的分组实验是物理课堂教学的重要组成部分，近年来对学生的实验操作能力的考查越来越重视，特别是学生的实验操作能力考查，将于2023年纳

入中考总分。这就对学生的分组实验提出了更高的要求，因此，要有效地利用生活中的情景对学生分组实验进行有效的拓展，让学生在分组实验中向物理现象和规律的深处进行探究，更加有效地完成分组实验的目的。比如在八年级上册的学生分组实验"探究凸透镜成像的规律"教学中，学生根据教师的提示和实验手册的要求做好了准备，并且得出了凸透镜成像的规律，完成了对实验现象的总结后，教师可以适时提出一个问题的思考：假设一组同学在实验中不小心将凸透镜摔在地上，一下子摔成两半，那么这个实验中还可以出现蜡烛的像吗？是完整的像还是一半的像？和完整的凸透镜相比，它成的像有什么不一样？怎么去操作和验证你的猜想呢？在这样根据实际情况提出一系列问题后，学生的兴趣一下子就调动起来了，各种猜想结果纷纷被提了出来。这时候教师根据学生谈论的结果，引导学生用一张白纸挡住凸透镜的一半，再根据实验步骤进行操作，很快就得出了答案，原来蜡烛还是形成了完整的像，只是白纸遮挡的部分越多，蜡烛的像就越暗。教师可以再结合光路图对结果进行验证，让学生对凸透镜成像的规律有了更深刻的理解，让对光路图的画法有了更直观的看法，对于生活中出现的一些光学问题更有兴趣去思考和探索，这样学生的兴趣就会很快地提升上去。所以在学生动手实验的过程中适当选择合适的生活情境，可以激发学生自我学习的热情，让学生主动参与探索，非常有效地掌握了操作技能和物理规律。

三、开放教学手段，拓展课外教学方法

在新的时代背景下，特别是在互联网和移动通信等新的生活模式的冲击下，创新教学方法已经成为教师在课堂教学以及对课外学生自我学习的引导中需要考虑的一个问题。传统的课堂依然有效，但是教师还是要与时俱进，注重教学思路的进一步开放，让学生在不同的途径中去接受知识，有效地拓宽学生的知识面，提高学生的物理核心素养。

1. 拓展思路，充分发挥互联网+教学的作用

受到疫情的影响，线上教学已经成为一种常态教学，也成了师生教学的另外一个主阵地。在线上教学的过程中，教师要充分利用互联网上丰富的生活素材，引导学生从网络上获取知识的同时，加深对物理现象的直观认识，让互联

网有效地为教学服务，让网络辅助教学。例如教师在讲授九年级"奥斯特的发现"内容时，课本上给出的探究活动很多而且很抽象，在传统的教学模式下，这些操作很难展示出来。但是教师可以引导学生利用互联网的内容对一些电磁现象进行直观地观察，特别是右手螺旋定则的现象可以很直观地演示出来。网络知识的应用对于一些比较难以演示的实验现象可以很直观地表现出来，因此在新的时代背景下，利用互联网手段可以很好地对传统教学方式进行补充。

2. 布置适当的课外作业，让学生利用课外的生活场景对物理规律进行深刻的理解

没有对生活现象的实践操作，学生对于理解物理结论、领会物理规律的难度会大大增加。因此在物理课堂教学中，我们除了在课堂内加强生活情境的教学外，在课后也应多布置一些与现实生活有关的作业。通过这些作业和活动，让学生在实践中体验物理知识，从而加深对物理规律的理解。如学习光学的时候我们可以安排学生到户外去，用阳光照射三棱镜，通过对三棱镜成的像结合光路图来解释光的色散现象。通过去树林里观察树荫下的光斑的形状，来了解小孔成像的原理，得出不论孔的形状如何，得到的像都是圆的，因为通过小孔得到的是太阳的像，与孔的形状无关，这样学生对小孔成像的原理就可以有很深刻的理解。比如学习电路设计时，教师要求学生观察自己家里的电路设计，对不同的家用电器的开关方式进行思考，并根据所学的内容画出电路图，加深电路知识，特别是加强对串并联电路的理解。也可以测算在不同的家用电器开关时，电表的转动情况，对学习电功率进行深刻地理解。还可以利用电冰箱的冷冻功能，通过用不同的液体自制冰淇淋来观察不同液体的凝固点等。通过完成这些生活化的作业，学生之间将所得的实验结果相互交流，大大地培养了学生的科学素养和动手能力。

因此，充分利用生活情景教学，结合课本上的规律和知识，可以充分调动学生自我学习的主动性，培养学生自我思考、自我探索的能力，以及加深学生对物理知识的应用能力。新课程标准下，物理课程教学的目的并不仅仅是提高学生的应试分数，更重要的是让学生具备自我学习的能力，充分提升学生的科学素养，使学生能够在实际生活中利用物理知识去分析和解决问题。因此物理教师在教学时选择不同的生活场景，既可以使物理课堂教学贴近生活，也可以充分调动学生自我学习的能力，降低了学习难度，还能培养学生在实际生活中运用物理知识的能力，让学生的物理学习不再困难。

参考文献

［1］连武，汤金波.学生自主创新实验让物理学科核心素养落地生根——以初中课堂教学中用好学生自主创新实验为例［J］.中学物理，2018，36（8）：8-11.

［2］施小琴.基于核心素养，初中物理实验教学有效性的研究［J］.数理化学习（教研版），2018（6）：53-54.

［3］汤军琳.核心素养下"初中物理学生实验活动设计和实施"的研究［J］.物理教学，2020，42（6）：51-56

如何利用生活中的素材提高初中学生
物理学习的能力

广东省阳江市江城区教师发展中心　谭健明

随着新一轮义务教育课程改革的深入发展，学生核心素养的养成已经成为当前物理课堂教学的首要任务，物理来源于生活，作为教师，我们应该挖掘围绕着学生身边的各种情景和素材，为学生设置一个处处皆可学的场景，充分调动各方面的积极因素，激发学生学习物理和动手操作的兴趣，从而积极参与到课堂教学中，实现物理课堂教学的目标，下面就生活情境中的资源利用和创设初中物理教学的技巧谈一些做法。

一、课堂环境资源的利用

课堂的主阵地还是在教室，所以在教学过程中，对教室中的一些资源和学生身边的文具，我们稍加挖掘和利用，就可以运用到课堂教学中，而且学生对身边的情景资源可以实际观察到，极大地提高了学生学习物理的兴趣。

1. 教室固定的资源的利用

（1）可以用日光灯的控制引导学生对电路的知识进行理解。在讲解电路的设置的时候，日光灯的开关控制就成了很好的素材。我们可以设置问题，为什么教室里面的8盏灯可以用2个开关来控制呢？然后在讲解串并联电路的时候引导学生如何用学过的电路知识来画出日光灯的控制电路，是并联还是串联，在学生根据自己的理解画出电路图后，教师可以根据模拟的实验操作对学生的电路图进行分析，那么对于直观的实验结果学生就很容易理解串并联电路的基本知识，从而对生活中的一些电路知识举一反三，教师可以进一步提出问题，比如插座是以什么方式连接的，进一步加强学生对电路知识的巩固，这样直观的教学场景的设置就可以使课堂的效率大大提高了。

（2）可以利用风扇的降温原理引导学生对蒸发快慢的因素进行理解：在教师讲解"影响蒸发快慢的因素"时，课本上提到影响蒸发的因素有很多，比如温度、湿度、液体的表面积，液表面上方的空气流动速度等，我们就可以利用风扇的降温原理来对影响蒸发快慢的因素进行讲解。风扇转得越快，产生的风力就越大，所以蒸发得就快，吸收人体的热量就越多，所以我们就感到凉快。通过这样直观的例子，学生对影响蒸发快慢的因素原理就可以很容易地理解。

（3）利用门把手的设置来讲解杠杆原理：在教师讲解杠杆原理时，门把手就成了最好的素材。教师可以让学生感受在门的不同位置推门。从而从力的三要素入手对杠杆原理进行讲解，学生就很容易理解无论用哪种方式都是打开门，做的功都是一样，但是费力杠杆和省力杠杆有区别，使学生很好地理解了为什么要把门把手装在离门轴最远的地方。

2. 学生的文具用品的利用

（1）在学习压强时利用矿泉水瓶和书包的直观体现，可以引导学生对影响压强的大小进行有效地学习。影响压强的因素是作用力和受力面积，教师可以选择不同宽度的书包带让学生感受同一重量的书包带来的不同体验，就很容易得出结论：同一作用力下，受力面积越大而压强越小。学生对压强的因素能很容易地理解。在讲解水的压强时，我们可以在矿泉水瓶上打几个不同高度的孔，然后装满水，让学生观察实验结果。实验结果很直观地给出结论：开口越低的孔水喷得越远，所以液体的压强和深度有关。有了这样直观的实验结果后，学生对影响压强因素的学习就很容易了，而教学效果也能进一步提升。

（2）利用橡皮和直尺讲解压力和摩擦力。在重力和压力的教学过程中，学生经常会直观地认为重力就是压力，学习两者区别的时候，就是对压力的方向不太理解，这往往在考试中就成了一个易错点。而直尺就可以很直观地避开这个误区，使学生很明白地分清楚压力和重力的区别。教师在教学中用直尺和书本搭成斜面，用手放在直尺上施加压力，直尺的弯曲方向可以清楚显示手对直尺的压力的方向是垂直于接触面指向被压物体的,而重力的方向是始终向下的。这样直观的教学方法,使学生对于压力和重力的区别可以很容易地分析出来,这个考试中的易错点还可以被学生反复地验证,从而可以很轻松地被学生在体验中理解。

二、课外环境里的物理知识挖掘

除了在课堂上寻找物理知识应用的小知识外,我们要引导学生把眼光看向课外,通过一些生活中常见的知识来印证所学的物理知识,从而加深对物理知识的理解。下面我们通过一些生活中常见的也比较容易获得的器材或者场景来引导学生对物理知识的思考。

(1)易拉罐:易拉罐是生活中随手可得的小物品,但是如果我们稍加改造的话,易拉罐就可以作为很好的实验器材。比如将两个易拉罐用棉线连在一起,就做成了一个土电话,就可以在课堂上展示,用来说明固体可以传递声音;在讲解大气压强的时候,教师将空易拉罐在酒精灯火焰上烤一烤,易拉罐冷却后能听到罐变瘪的声音,说明大气压强是存在的。在讲解浮力的因素时,将空易拉罐放在水里会浮起来,但是将其卷成一团却会沉下去,我们可以提出问题:同一重力条件下为什么会有不同的结果?然后引导学生根据两个不同的形状进行分析,就得出重力的大小还与排开水的体积有关。易拉罐还可以在演示小孔成像、研究声调的变化、研究液体压强等方面起到很好的作用,这样一个生活中常见的物品,只要我们多想办法,它就可以成为很好的实验器材。

(2)纸:纸和笔是学生最常用的文具,特别是纸,学生身边随处可见。我们把纸运用好了,它也是一种很好的实验器材。比如在演示小孔成像的实验中,教师可以引导学生在纸上挖出不同形状的小孔,然后将其放在阳光下,适当调整纸张和地面的距离,就可以看见一个圆形的光斑。这时我们就可以通过讲解告诉学生光斑是太阳的像,同时让学生感受到小孔成的像与小孔的形状无关;在讲解物体的形态变化的时候,我们用普通的纸做成一个纸锅,没有放水的情况下放到酒精灯上去烧,纸锅很快就着了火,但是如果在纸锅里加入适量的水,同样放在酒精灯上加热,过一段时间后学生可以观察到水沸腾了,但是纸锅没有被烧坏，这样直观的现象很好地说明了水在沸腾的时候虽然吸热，但是温度却保持在沸点不变，所以没有达到纸燃点，所以纸锅才不会被烧坏；我们还可以在讲解惯性的时候，用到纸作为道具。把纸条压在一个重物下，然后快速抽动小纸条，重物仍在原地不动，这个演示就可以很好地说明惯性的存在。另外在光的直线传播、物体的受力分析中，小小的一张纸也可以起到了很好的作用。

（3）吸管：日常生活中我们会经常使用到各种吸管，这些吸管有粗有细，或直或弯，一般我们用完了就会随意丢弃，但是这些塑料吸管用好了就可以做成很多物理实验，下面就可以列举。在讲解静电的时候，除了课本上列举出来的静电可以吸引轻小物体的实验外，吸管也是一个很好的道具。教师可以提出问题：如何让两根吸管不接触就可以用一根使另外一根动起来呢？带着这个问题，学生给出了很多的猜想。教师就可以把其中一根放在一个瓶盖上，然后将另外一根吸管和头发激烈摩擦，摩擦后靠近另外一根，这时两根吸管就会相互靠近从而运动起来，这就很好地解释了静电可以吸引轻且小的物体的原理；在讲解连通器的原理的时候，吸管也可以发挥很大的作用，教师可以准备两个容器，其中一个装满水，然后把吸管装满水后用手堵住吸管的两端，把吸管的一端放在另一个空的容器里面，这时学生就会发现水从吸管流到空的容器里面，直到两边的水面相平，这就很好地解释了连通器原理。如果改变容器的高度，结果发现两边的水面还是一样平，这也解释了液体的压强和液体的高度有关，很好地解释了液体的压强和连通器的原理。通过改造后，吸管还可以应用到光的折射、光的直线传播等知识点的教学中，这些生活中常见的小东西往往能激起学生极大的兴趣，从而使学生产生动手去做的兴趣。

除了上述器材外，教室内外很多的物品都可以被我们拿来所用，比如眼镜就是很好的凸透镜或者凹透镜成像原理的器材，哨子很好地解释了声音是由振动发生的，燃烧的蜡烛可以很好地演示大气压强的存在，这些实验素材在我们的生活中丰富多彩，文中提到的只是常用的一部分。只要师生共同挖掘身边的现象，并通过学习物理知识来解释这些现象，就能使我们的物理课堂更加生动有趣，学生学习物理的兴趣也会大大地提高，我们的课堂就更加有趣、更加有效率。平时我们也可以发动学生积极参与到挖掘实验素材、开发物理资源的活动中去，培养学生动手实践能力和不断创新的能力，让学生爱上实验，让学生喜欢物理！

参考文献

［1］夏良英.从知识重现到知识重演促进学生科学思维发展［J］.物理教学探讨，2017（10）：77–79.

［2］毛永成.利用综合实践活动拓展初中物理实验教学［J］.数理化解题研究，2017（6）：67–68.

在初中物理实验教学中培养学生的科学思维

广东省阳江市江城区教师发展中心　谭健明

《义务教育物理课程标准（2011年版）》指出，初中物理的课程基本理念之一是"面向全体学生，提高学生科学素养"。这与物理学科核心素养中"培养学生的科学思维"的要求一致，都旨在让学生对科学有正确的认知，积累科学知识，习得科学研究方法，具备科学精神。初中物理实验教学是物理教学的重要组成部分，由于物理本身就是科学知识，因此物理实验教学中也蕴含着丰富的科学知识，有利于培养学生的科学思维。这指引着教师借助物理实验培养学生的科学思维，既是物理学科的本质要求也是学生发展的需要。

一、物理核心素养与科学思维

物理学科的核心素养是指学生在接受物理教育过程中逐渐形成适应个人终身发展和社会发展需要的必备品格和关键能力，是学生通过物理学习内化的带有物理学科性质的品质。有学者结合初中物理的特点以及学生的身心发展特点提出了初中物理学科的核心素养包括形成物理观念、科学思维、科学探究、科学态度与责任。由此可见，物理核心素养与科学密切相关，其中的四项内容有三项带有"科学"，其中科学思维是重要的内容之一。既然物理学科本身就是科学，那么物理实验就是科学的实验，其在操作过程中必然设计科学的方法与理念，必然蕴含科学思维。"科学思维"主要包括模型建构、科学推理、科学论证、质疑创新等要素，发展学生的科学思维能力是重要的教学目标之一。科学思维的形成需要土壤，对初中生进行科学思维的培养离不开科学学科的教学，物理学科是科学学科重要的载体。在初中物理实验教学中培养学生的科学思维就是物理实验的本质要求，同时，物理实验也是科学思维得以体现和培养的有效途径。

二、物理实验中科学思维的体现

实验是可行研究方法之一，实验需要实验设计、精密的实验过程、对实验结果进行分析与总结，其中不仅需要专业知识的支撑，还需要严密的逻辑和推理论证。这一实验的过程中科学思维无处不在，让学生经历一次完整的实验过程，就是对其进行科学思维训练的过程。首先，物理实验设计需要缜密地布局和安排，这就是科学思维中模型建构的思想。在实验设计阶段学生需要做各种实验准备，为实验的过程设计步骤，预想实验中的不利因素等，还需要统筹布局实验的环节和人员，这一过程如同建构模型，需要缜密的科学思维。其次，在物理实验中，学生通过实验得出一定的数据，他们需要在分析数据的基础上得出结论，这一过程就是推理论证的过程，符合科学思维的科学推理和科学论证的要求。实验中的因素和数据是推论、论证的基础，然而推论也需要基于一定的认知，需要具有科学性。最后，学生在实验的过程中如果遇到实验结果与预想的不同情况，就需要进行大胆质疑，并重新设计实验，进行新的验证，这本身就是创新的过程，体现的是质疑和创新的精神，即科学思维中的质疑创新。总之，物理实验就是科学实验，其中的科学思维值得学生在实验中不断学习与实践。

三、在初中物理实验中培养学生科学思维的方法

（一）全程参与，调动实验的自主性

让学生经历实验的整个过程，可以使其明白实验的始末，在这一过程中进行思维的升级与改造。调动学生实验的自主性意味着让学生主动地参与实验的一系列环节，亲自设计、准备、动手操作、总结分析等，从而经历科学思维的整个过程。全程参与物理实验也意味着要拓展物理实验，让物理实验不仅仅局限于实验室，还能在教室、校园、家中等场所随时随地地展开，这样才有助于学生的全程参与。学生自主地、全身心投入地参与实验的全程需要教师的引导

与帮助，发挥学生在学习中的主体地位。例如，在教学浮力这一节内容时，笔者让学生做了如何让鸡蛋和橡皮泥漂浮在水面上的实验。在实验前，学生需要掌握有关浮力的知识，准备做实验的材料和工具，设计实验环节。在实验中，笔者让学生自己动手实验，感受浮力的存在及其大小。由于这一实验非常有趣，学生参与的自主性比较高。他们自己做好了一切准备，只差动手操作了，因此在操作的过程中他们全身心地积极参与。在实验后，笔者让学生说一说让物体漂浮起来的原理以及方法，学生通过实验验证了浮力与密度和面积等因素相关，并能够从这些原理性的知识中得到浮力大小的启示。全程的实验参与让学生经历了整个科学过程，思维也随着实验的进行而逐渐推进，得到了锻炼。

（二）观察过程，引导学生深入挖掘

观察过程要求教师在学生实验的过程中作为观察者看到学生的进步与困惑，在恰当的时机对学生进行引导，让其深入挖掘实验内容，尤其是让学生在最近发展区内不断提升。这涉及学生在实验中进行探究的问题，教师需要在观察中发现新的探究问题，让学生在实验中根据生成的探究问题进行深入研究。学习是一个自主建构的过程，学生在学习中只有不断地解决自己遇到的问题，才能建构起属于自己的知识。例如，在教学浮力这一节内容时，学生要做的实验是让鸡蛋和橡皮泥漂浮起来，然而，在实验中学生发现：给盛鸡蛋的容器中加盐，水的密度变大，鸡蛋能够漂浮起来；用同样的方法，在盛橡皮泥的容器中加入盐，无论加多少，橡皮泥还是漂浮不起来。这是为什么呢？这一问题就是学生在实验的过程中生成的问题，教师在观察的过程中发现了这一问题就要引导学生想办法解释问题、解决问题。在本案例中，笔者顺着学生的思路，让学生思考与浮力有关的因素，有浸入液体的体积、浸入液体的深度、液体的密度。学生在思考了这些因素后，笔者逐渐引导学生从这三个因素出发找一找橡皮泥不能漂浮的原因，是跟体积、深度、密度哪个因素有关。有学生经过思考后说明了这一现象的原因，由于橡皮泥的密度比水的密度大得多，往水里加再多盐也不能改变多少，因此加盐不能让橡皮泥漂浮起来。而我们可以改变橡皮泥的体积，如排成片状或做成小船，这样，橡皮泥就可以漂浮起来了。这位学生的分析非常到位，不仅解释了问题还给出了解决问题的方法，其中渗透了有关浮力的物理知识。这一过程是学生进行问题解决的过程，也是利用科学思维推理的过程，有助于培养学生的科学思维。

（三）利用结果，通过活动训练思维

实验结果是教师可利用的训练学生科学思维的重要材料，无论实验是成功还是失败，实验的结果都可以是学生学习的动力。教师可以让学生通过实验结果讲一讲实验的过程，这一结果得出的历程，在学生讲的过程中引导学生的思维，让其通过科学的解释和导向讲述问题，进而能够更深入地思考问题。教师还可以通过结果验证法，让学生重复实验，引导学生在再一次的实验中思考与总结。例如，在教学压强这一节内容时，笔者让学生做了筷子提米的实验，实验结果是学生可以用一根筷子提起装满米的杯子。利用这一结果，笔者先让做实验的学生讲一讲自己的实验过程和思考。有学生不仅说出了其中的原理还讲述了自己在做实验过程中不顺利的情况，这给了他更多的思考。如，筷子之所以能提起装满米的杯子是因为米压得比较实，导致杯子里的压力小于杯子外的压力，但是怎么才能把米压得实实在在，挤出杯子里的空气呢？这引发了学生新的思考。然后，笔者引领学生在教室里重复了这一实验，学生在动手的过程中思考方法，解决问题，提升了科学思维的能力。因此，合理地利用实验结果训练学生的科学思维能力，让学生通过结果再思考，是可行且有效的科学思维训练的方法。

总之，在初中物理实验中训练学生的科学思维能力是实验教学的要求，也是学生思维发展的要求，更是学生物理核心素养养成的要求。当然，这需要得到教师的重视，让学生充分地参与实验并在实验中进行科学思维的引导与训练。

参考文献

[1] 中华人民共和国教育部. 义务教育物理课程标准（2011年版）[M].北京：北京师范大学出版社，2012：10.

[2] 张恩德. 物理观念的内涵解读与意义生成[J]. 课程·教材·教法，2021（8）：111–117.

［3］林辉庆，蔡铁权. 从核心问题的探究中发展学生科学思维——以"万有引力定律"教学为例［J］. 物理教学探讨，2020（12）：11-15，23.

注：本文撰写于2021年，原文发表在《教育管理》2021年10月总第818期。

核心素养视角下乡镇学校物理实验
教学情况调查

广东省阳江市城郊学校　程海华

全国部分省市陆续开始了中考实验操作测试。根据广东省阳江市教育局《关于印发〈阳江市初中学业水平考试物理、化学、生物学实验操作考试实施方案（试行）〉的通知》，阳江市将从2023届初中毕业开始，初中毕业水平测试将对物理、化学、生物学科实验操作评价，计入物理、化学、生物学科成绩总分。基于以上新中考背景，本文通过对我区两所具有代表性的乡镇学校的物理实验教学现状进行观察，思考作为教学资源相对贫乏、学生素质相对不高的乡镇学校的师生该如何应对这一中考新规，通过收集的资料思考基于核心素养下的物理实验教学模式。

一、乡镇学校物理实验教学现状

（一）教师角度

本文主要从四个方面对两所学校的教师进行了调查，一是实验条件的调查。二是教师开展物理实验教学的现状调查。三是调查教师的实验教学能力。四是了解教师的基本看法。

1. 学校实验条件

两所学校实验室演示实验器材配备情况调查数据显示，教师认为实验器材配备充足的只占18.18%，基本满足的占63.64%，不足的占18.18%。即两校的实验室演示实验器材配备还是能基本满足实验课教学的，演示实验器材配置充足是物理实验教学能正常开展的保证，也是让学生独立操作实验时的重要示范。但对实验仪器是否满足学生分组实验用的调查，不足的占72.73%，基本满足的也只有27.27%，满足的是0，这结果表明我们乡镇学校的学生分组实验仪器严重不足，可以说由于仪器的匮乏已经完全无法让学生分组实验正常进行，这必将严重影响学生的学习兴趣及学习成绩，更谈不上培养学生的探索精神、团队协作能力以及创新意识等核心素养。如此种情况得不到有效的改善，可以预见的是即将到来的物理学生实验操作考试乡镇的学生肯定会处于劣势。在调查学校是否有专职实验员情况时，只有一所学校有一个专职实验员。作为物理教师大家都很清楚如果没有实验员的协助，教师开展实验教学的材料全部由教师本人准备，是没有足够的时间来准备合适的器材的，这可能会令教师在没有准备好实验材料的情况下进行物理教学，在进行实验时也很难及时指导学生规范操作，这就在一定程度上限制了乡镇学校实验教学的开展。

2. 教师开展实验教学情况

在调查教师完成演示实验情况时，能完成20个以内的占63.64%，10个以内的占27.27%，3个以内的占9.09%，众所周知演示实验在物理教学中具有非常重要的地位，可以让学生在那些感到抽象、接受困难、容易混淆的地方，通过教师直观的演示实验进行解决。由调查数据可看到，对于演示实验教学，大部分教师还是能正常进行的，只有部分教师可能对演示实验的重视程度不足或者演示实验仪器缺少致使演示实验没法正常开展。还调查了上学期完成的学生操作实验情况，可看出学生操作实验开展是完全不达标的，有27.27%还没有开展，完成三个以内的占36.36%，5个以内的占36.36%，学生操作实验能使学生学到实验的基本知识、基本技能和基本方法，也可以发展学生的动手能力、协作能力，是实现新课标三维要求中"培养良好的素养"的重要手段，这一课标要求只有在实验过程中才能完成，是单纯的理论教学无法代替的。乡镇学校的学生在这方面没有获得足够的训练，谈何提高学生的综合素质。

3. 教师实验教学能力情况

在调查教师完成演示或学生操作实验使用仪器的情况时，100%的教师都是完全使用实验室现有仪器，63.64%的教师没有对仪器进行改进或自制，有

27.27%的教师稍微改进，没有自制仪器，次数也只是在3次以内，有9.09%的教师会改进仪器，没有自制仪器，次数在5次以上。教师能根据教学要求、学生情况对实验仪器进行改进或自制在一定程度上反映了该教师的专业能力，也反映了教师对教学的热情，但上面的数据表明乡镇学校的教师在这方面的欠缺。

"教师上实验课和演示实验时的方式"的调查数据显示，有100%的教师都选择先讲实验原理和实验要领及操作技巧等，再让学生动手操作。其中有18.18%的教师选择从不做实验，只用播放多媒体课件来代替实验。只是偶尔做分组实验，从不做演示实验的竟占9.09%。可见学校教师在处理实验时多数教师会自己讲一部分，再让学生动手完成一部分，或者用计算机软件模拟实验或播放实验视频代替实验，这些方式都很难让学生有机会体验完整的实验探究过程，这些情况必会使乡镇学校的学生在操作薄弱方面更是雪上加霜。

4. 教师对物理实验教学重要性的基本看法

调查数据表明，81.82%的教师认为"实验教学是为了让学生掌握并巩固基础知识"，90.91%的教师认为实验教学对学生学习素养（如学习兴趣、创新精神等）有很大帮助，81.82%的教师不同意"学生花时间做实验还不如多做一些练习题好"，这些数据都表明两所学校教师对于"物理实验重要性"的看法都比较一致。但有45.45%的教师认为实验教学占用了本来就少的教学时间，可见要想提高学生的实验操作能力，物理课时要相应增加才合理。

（二）学生角度

1. 对物理实验的兴趣

调查显示乡镇学校的学生认为教材实验有趣的只占16.85%，比较有趣的占39.57%，可以说乡镇学校的学生对教材的认可度不高，对物理的实验并不是很感兴趣。而学生对物理实验感觉一般或不喜欢的原因：有49.27%的学生认为学校仪器破旧，有47.50%的学生认为压力大没时间做。乡镇学生由于地域或见识原因很多学生对物理现象或实验兴趣都不大，如何提高学生对物理的兴趣还有待学校、教师的不懈努力。

2. 对物理实验重要性的看法

调查显示学生对物理实验重要性的认识还不够，只有26.44%的学生选"物理实验非常重要"，选"比较重要"的占43.27%。作为物理教师都清楚在学习物理的过程中，感性认识是形成物理概念和认识物理规律的基础，而实践是这种感性认识的唯一来源，可分为学生的生活体验及校内的实验两种形式，而校内的实验更具确定性和典型性，更容易让学生顺利地完成物理规律等的认知。因此要从根本上改变学生对物理实验重要性的看法是刻不容缓的。

3. 物理实验能力

学生在做实验之前能预习和思考的占47.80%，有40.94%同学几乎不预习和思考，还有11.26%的同学是没有预习和思考的，由调查数据可看出学生实验前的准备是完全不足的。调查学生的实验操作能力时，有53.38%的同学只能独立做少部分的实验，46.62%的学生都不能单独完成实验，由此可见乡镇学校学生的实验操作能力普遍薄弱。物理实验是学习物理过程中最直观的实践，学生在实验过程中的学习兴趣普遍高涨、思维也非常活跃，参与意识都比较强，会很迫切地希望进行下一步的探索，这样学习到的物理知识就比较深刻、牢固，由此可见物理实验对提高学生的核心素养有非常重要的意义，但是乡镇中学的学生实验能力非常欠缺。

二、改善乡镇学校物理实验教学现状的对策与思考

综上所述，乡镇学校教师在思想上都认可物理实验教学的重要性，但由于学校实验条件所限，演示实验未能达到教学要求，学生分组实验更是严重不达标。而大部分学生都还未能深刻认识到物理实验的重要性，学生的主动学习能力及动手能力比较弱，由于学校设备仪器的不足，及部分教师教学方式的问题导致学生对物理实验兴趣不大也难以进行分组实验，在此种情况下，2023年的实验操作考试无论学校、教师、学生都很难交出满意的答卷。本文调查所反馈的问题亟待得到妥善的解决，笔者认为针对调查所反映的问题有以下对策。

（1）为了迎接2023年的物理中学实验操作考试，各学校必须要完善物理实验教学条件，教学演示实验仪器及学生分组实验仪器要配备充足；否则必将影响乡镇学校学生的中考成绩，也不利于提高学生的核心素养。

（2）学校要配有专门的实验管理人员，才能提高实验室仪器的完好率、使用率及实验开出率，这是搞好实验教学的保证。因此建立一支稳定精干的实验教学管理人员队伍刻不容缓。

（3）教师物理教学的重心应由原来的知识传授向知识探究转化，让学生能真正参与到实验教学中，亲历实验探究过程，体验实验探究带来的兴趣及成功的喜悦，积极组织学生参与课本中的"课外活动"，经常组织开展小制作、小实验、小创作等活动，培养学生对物理现象的兴趣，使学生明白物理的生活化。

（4）学校应有计划地开展物理实验探究活动，合理安排物理教学课时，让物理教学能有充足的时间让学生进行实验操作。

物理学是一门以实验为基础的学科，通过实验的直观性可以轻松解决学生感到抽象、困难、容易混淆的知识，在实验过程中能很好地锻炼学生的观察能力、动手能力、创新能力、合作能力。没有了实验的物理课是毫无灵性和活力的，也失去了物理教学的意义，更是与现代教育提倡的核心素养观点背道而驰。因此，改善乡镇中学物理实验教学条件，全面提高乡镇教师的物理教学质量和学生的实验能力，让乡镇学校的学生也能从容应对物理实验操作考试，真正地体现物理学科的核心素养价值，这是各级教育行政部门、乡镇中学领导、每位物理教师和实验员义不容辞的责任和义务。

参考文献

［1］程正福，欧忠祥.初中物理实验操作考试失分原因及对策［J］.试题与研究（中考版），2011（4）：1.

［2］曾凡和.试论乡镇中学实验教学现状与对策［J］.长沙理工大学：实验教学与仪器，2006（5）：53.

［3］杨昌权.农村中学物理实验教学现状与改革的研究［J］.软件导刊（教育技术），2010（9）：24.

浅谈现代教育技术在物理教学中的应用

广东省阳江市城郊学校　黄运偏

教学手段现代化是教学改革的必然趋势，充分运用现代教育技术参与学科教学，达到优化教学过程，提高教学质量，促进学生素质的提高，是当前我们教育工作者研究的重要课题。就此，下面浅谈一下自己的见解。

一、利用多媒体，激发学生学习兴趣

兴趣是最好的教师，兴趣是学生主动学习、积极思考、探索知识的内驱力。要想使学生学好物理，必须使学生喜欢这门科目，对物理产生浓厚兴趣。在教学中，运用录像或多媒体课件，创设与教学内容相吻合的教学情境，使学生有如身临其境，从而激发学生的学习兴趣和求知欲望，引发学生主动探索、主动学习的积极性，使他们的学习变得轻松愉快，进而收到很好的教学效果。比如，在教学"万有引力定律"时，用课件播放人造卫星的发射过程和我国神六的发射录像资料，极大地调动了学生的积极性和学习兴趣，随后在分析卫星的运行情况时学生讨论热烈、气氛活跃，达到了很好的教学效果。

二、应用多媒体技术，有利于提高教学效果

人们认识事物的过程遵循从感性到理性、从具体到抽象、从简单到复杂的认识规律，学生接受知识的过程也是一样。但物理学科对理性要求比较高，利用多媒体技术可以方便地向学生提供充实且具体的材料、变化的场景，使学生的探究活动有了实在的物质基础。如八年级"物态变化"学生往往和自然现

象联系不上，而这些现象又受季节的限制无法直接观察到，所以用多媒体技术来演示春天的冰雪融化和冬天的滴水成冰，夏天的雨和冬天的雪，以及初秋的露水深秋的霜等现象。再如学习"力的作用效果"时，利用多媒体给学生播放了一段踢足球的场面，发球、铲球、顶球、停球，这些动作直观地展示了力的作用效果，丰富了课堂内容，促进了学生的思维。教师还可以通过电教手段把大量信息更集中、更迅速地传递给学生，比如，板书、列式、改错、课堂练习等，既方便又节省书写时间，提高了课堂效率。

三、利用多媒体突破教学难点

中学物理学科有许多概念或过程比较抽象，且难以用实验演示。以往教学中讲者乏味、听者厌烦，教学效果差，往往成为教学的难点。如果运用电教媒体进行模拟演示，将微观世界宏观化或将宏观世界微观化，引导学生由简到繁、由局部到整体、由表及里地去认识物理变化的过程，启迪学生由形象思维过渡到抽象思维，就能够优化物理实验教学的效果。例如：物理《牛顿第一定律》的教学，难点是学生无法观察到物体在没有受力情况下的运动。因此，对《牛顿第一定律》理解起来就比较困难。如果利用教学课件，就可以很好地模拟演示出物体在没有受力情况下的运动来，使学生一目了然。再以"托里拆利实验"为例，因为水银是有毒的，课堂上不能直接做实验，只通过教师讲授，效果不佳，学生很难认识和理解大气压的大小及特性，利用多媒体课件演示托里拆利实验，学生很快就理解了，从而突破了教学难点。又如："物体浮沉条件"中演示物体上浮过程时，由于木块上浮快，学生难以看清木块上浮这一过程，影响学生对浮沉条件的理解。教学中，教师在进行实物演示的基础上，利用多媒体将物体的受力图与物体在力作用下的运动状态紧密地结合起来的投影活动片辅助教学，再现木块在上浮、露出水面和浮在水面等几个过程，大大地减少了学生感知理解的困难。此外，像高压输电过程、气体状态变化过程、原子核衰变过程等，也可通过录像或计算机动画模拟形象化观察，理解物理过程，从而突破教学难点，引导学生找到解决物理问题的关键。

四、利用多媒体创设情景、激发学习兴趣，延伸学生的学习时空

在课堂教学中我们在备课时努力根据学生和教学的实际创设引入知识的情景，激活学生学习的情趣，去激发学生参与学习兴趣。我们通过精心地制作课件、精心地设计演示和学生实验、精心地设计课堂设问，努力创设学习情景，启发学生的思维，努力使学生的态度、情感和价值观潜移默化地受到教材的影响，引导学生主动探索知识的发生、发展过程，不断深入地去发现问题，探索解决问题的方法。新教材的内容不是封闭性的，我们要利用教材的弹性和开放度，在教学之余成立学生研究小组，让学生自己收集、整理信息，制作课件，激发他们对物理的学习兴趣，培养形象思维和逻辑思维的能力，把教学延伸到课堂之外。教材中常有"科学世界""STS"，探究这样一类问题，我们总是放手让学生们在课外自己探讨，学生通过互联网、动手实验、讨论、思维，得到不同的结论，有的对、有的错，有的有道理，有的甚至毫无道理，但没有什么可大惊小怪的。我们认为新教材设计问题的目的不在于得到何种既定答案，而在于鼓励学生去探索、去思考、去发现。教学中把功夫下到课堂之外，既能利用社区、家长等各方面的资源，又在了解和指导学生的过程中加强与社会各界的联系，开发课程资源，实现了新教材的功能。从而不断地激发学生的学习兴趣，激活学生的思维，拓展学生获取知识的空间，强化他们自立学习的意识，并且在学习过程中贯穿着情感熏陶和价值观的培养。

五、利用多媒体使抽象内容形象化

物理学是研究物体运动和变化的科学，在某些方面，用传统教学手段不易表现物理学中"动"和"变"的特点。在物理教学中有很多难理解、很抽象的概念，如电磁学中的电流、磁场概念，热学中的分子热运动，力学中的功和能的概念，光学中的海市蜃楼、眼睛成像、原子结构等，单凭教师语言是不易讲清楚的，这样就影响了教学效果。充分利用物理多媒体课件辅助教学，就可以在屏幕上模拟相应的内容，使抽象看不见的现象清楚地展现出来，学生就能轻松愉快地学习。如电流的产生很复杂又很抽象，用多媒体课件模拟电荷定向移动形成电流，可以轻而易举地达到帮助学生直观而形象地接受知识的目的。在

分析同步卫星的机械运动时,学生经常出错,用多媒体课件让学生观看同步卫星的运动情况后掌握情况就比较好。讲解光电效应时传统教法总觉得效果不理想,用多媒体课件演示光电效应现象,教学效果非常好。

六、利用多媒体弥补实验不足,增强实验演示效果

观察是认识自然的起点,是实验教学的一个重要环节。许多实验,尤其是演示实验,就是创造特定条件显示现象供学生观察其变化和结果,从而寻找其本质和规律的过程。而在众多的物理演示实验中,有许多物理现象发生在水平面上或实验现象细微、可见度小,学生在座位上难以观察清楚,影响其学习情绪。若借助投影仪把水平面上的现象投影到竖直面上,把微小的实物或实验现象投影放大,在银幕上真实地反映出来,可以增强其可见度和清晰度,缩短观察时间,扩大实验效果。例如,运用投影仪进行磁感线演示。在投影仪的载物平台上放置一稍大的平板透明玻璃,随意撒一层铁屑,投影幕上显示的是铁屑杂乱无章的排列状况,然后轻轻地水平托起玻璃,把磁铁放在玻璃板下,再轻轻振动玻璃板,这样铁屑在磁场中由于受到磁场力的作用而有规律地排列起来。全班学生通过投影都清楚地看到教师撒铁屑、放磁铁、铁屑在磁场中形成的显示磁感线分布情况的明晰曲线,给学生以直观、鲜明、深刻的印象。用同样的方法还可以学习游标卡尺,电流表和电压表的原理、使用方法及读数,沙摆的振动曲线等,可达到良好的效果。

总之,在物理教学中,要改变原来的教学模式,充分运用多媒体这一比较先进的教学手段,可以弥补传统教学的不足及突破实验条件的限制,激发学生学习的兴趣,提高学生的求知欲望,促进学生对知识的理解和记忆,拓宽思维,有效地培养学生的各种能力。但是,多媒体并不能完全代替传统教学,更不能代替演示实验;在教学中,不能刻意追求时髦,为用多媒体而用。只有在教学中多尝试、多探索、多实践,才能使多媒体在教学中达到应有的效果。

参考文献

[1]杨淑文.浅谈现代教育技术在教育教学中的作用[D/OL].金锄头文库,2017.

［2］刘国永.试论农村现代教育技术在学科教学中的作用［D/OL］.道客巴巴文库，2014.

［3］杨琳.现代教育技术在教学中的应用［J］.广西大学学报（自然科学版），2002（S1）.

新课改下初中物理趣味教学的思考

广东省阳江市第二中学　程雪云

初中阶段学生刚刚接触物理知识，这一时期学生学习体验感受至关重要，教师要根据学生实际情况，积极构建趣味化的物理教学活动。借助有趣的物理实验激发学生求知欲，满足学生内心的好奇感，从而达到良好的课堂教学效果。

一、初中物理趣味性教学的重要性

初中生对周围事物充满了好奇，有着强烈的求知欲，也具有探索的精神。初中物理是他们初次接触的课程，具有一定的新鲜感和吸引力。学生在启蒙阶段的物理学习，较容易被激发学习兴趣。教师要抓住这一心理特征，应新课程改革的需要，有意识地培养学生的兴趣，充分发挥学生自主学习的能力，对现在及未来的物理学习都有着积极的促进作用。作为初中物理教师，就要充分考虑到初中阶段学生的心理特点，积极转变传统灌输的教学方法，充分体现出初中物理实验的趣味性，以此不断激发学生物理学习的兴趣，使学生感受到物理学习的乐趣，将抽象难懂的物理知识，更为生动形象地展现出来，帮助学生降低学习难度，打造全新的初中物理课堂教学形式。

二、新课改下初中物理趣味教学策略探究

1. 构建魔术色彩激发好奇心

初中物理知识是丰富多彩的，许多知识内容与实验都具有趣味性，教师就

可以抓住物理实验所具有的独特属性，对其进行魔术化的处理。这样一来不仅能够集中学生分散的注意力，还能最大限度调动学生的好奇心，促使学生将好奇心转变为学生学习的求知欲，可谓一举多得。

例如，带领学生学习"蒸发需要吸热"相关知识时，教师就可以设计一个"烧不掉的布"的物理小实验。首先教师将一块布放置在水中浸湿，接着将这块布缠满整个手掌。做完准备工作以后，只见教师又将缠有布的手掌一半浸入少量酒精当中，拿出手后，教师说道："见证奇迹的时刻到啦！"这时同学们全部将注意力投入到教师手掌上。只见教师神情自若地拿出打火机，将缠有布的手掌用打火机点燃，并且不断地挥舞自己的手掌，甚至还做出了各式各样的动作。同学们则神情紧张，非常害怕教师被火焰伤到。待火焰全部熄灭后，教师将布从手上取下，同学们看到手掌与布都完好无损。对此，同学们一脸惊讶，同时又向教师投去了崇拜的目光，教师还邀请同学们进行尝试，一些胆大的同学跃跃欲试，实验结果都与教师一般。这时教师就可以带领学生进入到物理知识的学习当中，学生也会不自主地融入课堂知识学习当中去，通过课堂探究学习寻找魔术的真相。

2. 利用新奇化的实验引入新课

每学习一个新的章节，就需要学生理解掌握新的知识内容，很多情况下学生对于新知识都存在畏难情绪，提不起学习兴趣来。为了有效激发学生学习兴趣，教师就可以转变传统教学模式，设计一些有趣的物理实验来吸引学生眼球，让学生的好奇心充满整个物理学习课堂。

例如，带领学生学习"压强"相关知识内容时，教师可以根据课堂教学内容提前制作设计一个实验小道具。教师事先准备制作了一个钉板，上面密密麻麻地排列着很多铁钉，当学生看到教师准备的物理实验道路时，都感到十分震惊，教师趁热打铁问同学们有没有人愿意站在钉板上，同学们都十分胆小，班级中有胆子大的同学，教师鼓励其进行尝试。在进行正式踏板尝试之后，同学们发现穿的鞋丝毫没有被破坏，有了前面同学的尝试，后面的同学都争先恐后地想要进行尝试。这时教师就可以乘胜追击，让同学们开展思考探究活动，是什么样的原因使得同学们站在钉板上也能完好无损？有了前面的实验演示，同学们都迫不及待地想要知道问题的答案，教师就可以交由学生进行自主探究，每位同学都能积极主动地投入到探究活动当中去，经过共同分析讨论、查询资料得出正确的答案。在如此良好的学习氛围当中，学生会比其他日常课堂学习更加认真专注，相关的物理知识也会记得更牢固。

3. 创设具有童趣的物理实验

初中阶段学生正处于思维活跃的时期，同学们拥有较强的好玩心理，面对一些新鲜事物，同学们都有自己尝试的欲望，并不满足于教师的一味讲解当中。因此在课堂教学中，教师可以创设一些具有童趣的物理实验，向学生展示物理学科的神奇之处。

例如，带领学生学习"光的色散"相关知识时，学生能够联想到彩虹，教师可以问一问同学们，在什么样的情况下能够看到彩虹？在小的时候有没有尝试过自己制作彩虹？彩虹与学生日常生活有着十分密切的关系，学生感觉十分亲切，同学们十分地积极说自己小时候是如何制作彩虹的。在这之后教师就可以让同学们配合，利用相关物理器材将彩虹展示出来，同时细致地观察彩虹的颜色。等待各小组同学制作完成彩虹之后，教师又为各个小组准备了三棱镜。各小组同学可以自由地摆弄三棱镜，在学生摆弄的过程中就能无意间发现，阳光透过三棱镜将光投射到白墙上，就会出现七色的光带，就像是彩虹的颜色一般。顺着这个发现，学生就能获得"光的色散"这一物理知识。学生在相互配合下完成了物理实验，不仅重新体会了儿时的乐趣，还获得相应的物理知识，让物理真正走入学生内心。

三、结束语

总而言之，以兴趣激发为基础的趣味教学法，在初中物理教学过程中具有极其重要的作用，教师应在保证应用有效的基础上，加大对趣味教学的研究，从而更好地实现对学生物理学习兴趣的激发。

参考文献

［1］孙金霞. 谈初中物理趣味教学活动的开展［J］. 中国新通信，2020，22（7）：217.

［2］陈菲.探究趣味物理实验在中学物理教学中的实践运用［J］.科学咨询
　　（教育科研），2018（7）：102.

［3］卢文胜.关于新课改下初中物理趣味教学的几点建议［J］.才智，2016
　　（14）：80.

［4］郭联见.初中物理趣味教学活动的开展［J］.才智，2015（23）：132-133.

注：本文为江城区2020—2021学年度中小学（幼儿园）教育教学论文评选参评论文。

基于标准的初中物理学生实验操作与评价

广东省阳江二中　冯绍儒

新课程教学改革至今，初中物理实验操作教学改革面临诸多困难，主要原因有如下两个：第一，学校缺少与学生物理实验操作适应的评价方法，阻碍了实验操作教学的顺利开展；第二，原来的评价方法很单一，不能较全面评价实验操作。初中物理学生操作考试作为初中新课程重要的教学改革，让每个学生参与进行物理实验操作的教学活动，意在变被动接受实验活动为学生主动的实验活动局面，要实现这一评价目标，必须尽快建立与学生操作教学活动相互适应的评价方法，使得任课教师对初中物理实验操作活动有全面、客观、准确的评价。

一、初中物理实验操作评价包括的内容

1. 基础知识

初中物理实验的基础知识包括常用的测量仪器（如刻度尺、温度计、量筒、天平、弹簧测力计、电流和电压表等）：①正确认识它们的量程和分度值；②明确各种测量仪器的用途；③掌握它们的使用和测量方法等。

2. 物理实验操作技能

实验操作技能主要内容包括掌握物理实验仪器的一些基本技能。例如：①按规定使用实验器材；②按照正规操作，安全处理危险品；③学生实验一般要用36V以下电源；④不用潮湿的手接触用电器；⑤仪器、器材进行清点回收等。

3. 科学探究、创新

实验探究过程的科学评价考核内容主要围绕科学探究的6个环节：提出问题，猜想与假设，制订计划与设计实验，实验与证据收集，分析与论证，评估。以此来判定学生能否按要求对问题展开实验操作活动，以及能否独立完成各项实验准备。

4. 关于科学价值观念和情感态度教育方面

在实验操作活动中，学生的情感态度和科学价值观方面，包括了激发学生独立思考能力，表达自己的实验构思能力，大胆提出自己的实验见解的能力；还有提升自觉爱护自己实验仪器的能力，以及在每次实验完成后及时收拾实验器材的能力，保持整洁。

二、学生实验操作评价特点

学生实验操作教学课的评价内容应当注重反映学生在物理实验操作教学活动过程中的思想态度与人生价值观、对物理实验操作过程的亲身体验和主观感受、实验的应用能力以及实验结果处理等。另外，还要重视学生实验操作评价的多元化。与以往初中物理笔试测试相比较，学生实验操作评价有以下的特征：

（1）初中学生物理实验操作评价是在每个学生实验操作的活动中具体展开的，针对性比较强。

（2）在进行物理实验操作评价时，教师不仅要关注指导学生物理实验操作活动、指导学生相互评价，学生的每一个物理实验实践操作都要被教师纳入教学评价中。

（3）初中物理学生实验操作评价表现方法多样。除了教师对每个学生的评价，还有各个学生的自我评价以及学生间的互评等。

（4）初中物理学生实验操作评价过程，不仅是要对每一个学生的具体每项物理实验操作能力进行评价，还要对每一位学生具体实验操作探究能力进行评价。在初中物理实验操作活动中，包括了激发学生独立思考能力，表达自己的实验构思能力，大胆提出自己的实验见解的能力。

三、初中实验操作教学的主要评价方式

在初中物理实验操作教学中，教师通过整个实验过程表现出来的情况来获取学生的操作能力，并通过学生间的交流、合作活动能力对每个学生实验进行评价，加上实验学生的自我点评和实验学生间的互评，使实验学生对自己实验有一个相对整体的正确认识，知道自己的优点和不足，让每一个实验学生将自己的实验能力得到最大限度的发掘。

1. 学生成长过程评价

在学校教师及他人对每个学生自身发展状况进行评价的同时，更应该重视对学生作为个体的自我评价。学生成长过程评价的主要教学意义也就在于它为每个学生自己提供了一个自我学习的机会，使每个学生自己能够真正学会自己做并判断自己是否进步。

例如：重要的探究活动评价内容，如表1所示。

表1　重要探究活动评价内容

评价指标及权重	自评	小组评价	教师评价
参与程度（40%）			
探究技能（30%）			
合作精神（10%）			
创新实践（10%）			
交流与评价（10%）			

2. 活动表现评价

活动中的表现评价是一种不同于以往传统评价方法的新型评价方法。它是一种用来直接评估学生探究实验活动的过程、结果的评价体系。它将学习与实验教学活动紧密结合在一起，同时对每个学生成绩进行表现预估评价。这种综合评价方法要求通过学生实际行动完成某种教学任务或一系列的实验任务，对学生实验教学探究过程的亲身体验和实际感受，态度上的情感和核心价值观的培养形成，而不是从选择答案来直接分析一个学生的知识掌握情况。

例如：探究压力作用效果探究活动评价记录卡，如表2所示。

表2　探究压力作用效果探究活动评价

班级：八（20）　　　姓名：张明　　　时间：2021年4月20日

评价项目	评价内容	自我评价 等级 ABC	小组评价 等级 ABC	教师评价 等级 ABC	综合评价 等级 ABC	综合评语
提出问题	能发现问题，表述问题	A	B	A	A	
猜想与假设	能提出猜想与假设，并进行推测	B	A	B	B	
制订计划与设计实验	能制订计划，设计实验并选择实验方法与器材	B	B	B	B	
实验与证据收集	能正确观察、收集数据选择资料，正确安全地操作并进行思考	A	A	A	A	在探究过程中认真、细致，富有创新思想
分析与论证	能收集信息数据，推理、归纳科学规律，描述解释探究结果	B	B	B	B	
评估	能注意假设与结论的差异和未解决的矛盾，发现新问题，吸取教训	A	A	A	A	
交流与合作	会写探究报告，表述自己的观点，坚持原则与尊重他人，改进探究方案，具有团队精神	A	A	A	A	

以上主要介绍了两种比较适合学校物理实验操作教学的评价方法。各种评价方法都有其优势与不足，物理探究学习评价不能只依赖其中某一种方法，而是要综合使用各种评价方法。对学生学习评价结果可以采用定性报告与等级记分相结合的方式呈现，充分肯定学生的进步与发展，帮助学生全面地认识自己，明确自身发展方向和需要克服的弱点。

参考文献

[1]孙朝平，等.基于标准的循环差异教学指南［M］.上海：华东师范大学出版社，2014.

［2］刘炳升.义务教育教科书物理［M］.南京：江苏科学技术出版社，
　　2013.

［3］潘世祥，陈坚，郭忠福.中学物理实验操作考试的研究与实践［J］.实
　　验教学与仪器，1998（Z1）.

把 "要我学" 变成 "我要学"

——浅谈兴趣在物理教学中的作用

广东省阳江市田家炳学校 林 翠

俗话说, "兴趣是最好的教师", "兴趣是成功的一半", "兴趣是通向知识宝库的向导"。杨振宁院士也说过: "成功的真正秘诀是兴趣。"物理课程新标准中就明确指出: "在教学中要注重培养学生学习物理的兴趣。"就此可以看出, 提高学习兴趣就能调动学生学习物理的主动性和积极性, 对于学生掌握知识也有着巨大的作用。若学生在学习过程中对所学内容产生浓厚的学习兴趣, 就会把学习视为乐趣和享受, 把 "要我学" 变成 "我要学"。特别是初中物理, 如果学生提不起兴趣, 没有常学常新的感觉, 就会感到物理难学甚至讨厌学物理。既然兴趣在物理教学中这么重要, 作为一名物理教师笔者认为应从以下几点来激发学生的学习兴趣。

一、精心 "引入", 创设教学情境, 激发兴趣

一堂课, 能有一个好的开头, 学生就会立刻进入愉快的学习气氛中, 求知欲望油然而生, 这就需要设计好课前引入, 有意识地创设情境, 充分利用绘声绘色的故事描述或用简单有趣的小实验以及现代化的教学手段, 将学生带入情景, 这样就能抓住学生的好奇心理, 引起他们的注意, 从而能够在学生精力集中的时间内授完教学内容。如讲 "蒸发" 一节时, 课堂上笔者在多媒体大屏幕上播出一条可爱的小狗, 张开嘴巴伸出舌头在跑来跑去, 并提问: "夏日里狗为什么要张开嘴伸出舌头呢?"学生被画面中伸出舌头的小狗吸引住并一下

子安静下来，思考着教师提出的问题，学生强烈的求知欲就被激发出来了。又如：在学习"滑动变阻器"之前，笔者问学生为什么在调节台灯或风扇上的某个旋钮时，台灯会变亮变暗，风扇的转速会变快变慢？虽然这是学生非常熟悉的一些现象，但要解释清楚却有一定难度。学生的求知欲望就这样被激发出来，为了知道原理，他们就会聚精会神地听讲。在备课的过程中，教师要用心地以课本为载体，通过创设诱人的情境，不仅能起到组织教学的作用，还能让学生对物理学产生浓厚的兴趣。又如教授"机械运动"这一知识点，引用法国飞行员在空中抓住敌方子弹的事例；讲光学时，拿出一面平面镜，学生想要知道教师究竟用这面家家都有、人人都用的镜子干什么？教师牢牢地抓住他们的好奇心，从而一堂课下来，就会收到意想不到的效果。

二、利用设疑，提高学习兴趣

古人云"学起于思，思源于疑"，疑问能构成悬念，能引起兴趣。学生有了疑问就能完成思考和创新，而物理教学就是引导学生在一些现象中提出问题、了解问题、解决问题的过程。因此，教师在课堂上应根据教材内容有针对性地设疑，并引导学生提出问题，如在讲授"牛顿第一定律"时，及时提问"板面越来越光滑，光滑……板面越来越长，无限长……小车所受阻力如何，运动距离怎样？"让学生通过思考问题来感知斜面小车在行驶时受阻力越小则运动得越远。问题一提出，立即引起争论，思维推向高潮，在教师的引导下，将实验和思维相结合很快地得出结论，同时发现规律，木板是这样，玻璃是这样……一切物体都是这样，从而顺利地概括出牛顿第一定律。还可以利用悬念设疑，如在讲"摩擦"时，可提一个问题："一个小婴儿能否推动体积比它大千倍万倍的大铁球？一般人都会认为是不可能的，但我说能，你们知道是为什么呢？"学生对此问题感到很好奇，并会尝试解答其原因。但当学生发现利用自己所学的知识无法得到答案时，就会急于从教师身上得到答案，这就极大程度地调动了学生的求知欲望。如在流体的压强与流速的关系的教学中，笔者设计了一扇活动小门，半掩着，准备一个吹风筒，正对小门，吹前提问：打开吹风筒，小门会怎么样呢？学生会毫不犹豫回答：小门被吹开。笔者通过演示实验向学生证明，小门不但没有被吹开，反而关上了，这一结果大大出乎学生意料，这时教师提出流体的压强与流速的关系，这样学生的好奇心就被紧紧抓住，这一现象和知识点就深深地刻在脑中。

三、动手实验，调动学习兴趣

参与知识的形成过程，是学生获取知识的重要途径，手脑并用是发展思维的有效措施，学习兴趣也只有在不断发展的思维中得以深化。物理学就是建立在实验上的一门学科，学生对生动有趣的实验也是最喜欢的。为"投其所好"，也为实现教学目标，笔者根据学校现有的条件，利用好一切必要的器材，加上一些自制的实验器材，在课堂上开展演示实验，而更多的是利用一些易得的器材和学生一起实验。例如用叠起的硬币做惯性实验，用细线、扁平的线和橡皮泥做压强的实验，用纸杯和吹风筒做升力小实验；也可以布置一些课外小制作：如利用洗手液瓶子和铝箔片制作验电器，用硬纸板和平面镜制作潜望镜，用玩具电动车的电动机制作小风扇等，这样的课外小制作既让学生加深学习物理的兴趣，又能培养了学生的动手能力。在每一次实验课上，笔者都观察到几乎每一个学生都动手了，并且都在积极地动脑思考着这样那样的问题，还通过积极地参与收获知识，比一般的讲授课效果更好。如让学生感受存在于我们日常生活中但摸不着的大气压时，先让学生做一个纸片托水的小实验，然后同桌利用吸盘挂钩做马德堡半球实验，这样学生通过自己亲自做的、看到的实验现象，会觉得很神奇，原来我们就生活在大气压中，并且知道大气压的强大，在此认识上再播放托里拆利实验录像，通过和学生分析讨论他们就会由感性认识上升到理性认识，再用理性认识解释和解决生活中的实际问题——大气压的应用，从而使学生在动手实验过程中让学习兴趣得到深化。

四、利用与物理有关的小故事，激发学习兴趣

物理学的历史虽然短，但物理学的快速发展，涌现出大量伟大的科学家，这些科学家们奋斗的事迹和相关的故事，它们有的启迪心灵，有的发人深思，有的激励人心，有的引人入胜。粤沪版物理教材中有些章节会设有"信息浏览"这个内容，介绍一些物理名人及相关故事，还包括一些本章节知识及相关的课外知识。若教师们在运用小故事和"信息浏览"的内容时再结合信息技

术，通过图片、动画等形式图文并茂地演绎小故事，于八九年级的学生来说无疑就是一大乐趣，其教学效果更佳。例如：从"坐井观天"和"凿壁偷光"的故事联系到光的直线传播这一知识点、用科拉顿"跑失良机"的故事引出电磁感应现象来进行学习、讲授静电知识时引用"风筝引电"的故事、学习浮力时引用"曹冲称象"和"皇冠之谜"的故事等。小故事，大作用，这样使得物理课堂更加生动有趣，课堂效率更加高效，学生学习物理的兴趣更加浓厚。

五、通过联系日常生活，提高学习兴趣

物理课程新标准中提到：从生活走向物理，从物理走向社会。这就是说人们在日常生活中很多时候都会用到物理知识，我们教师要将教学联系到实际生活当中，用日常生活中息息相关的事例吸引学生的兴趣，从而达到学习物理的真正意义。例如：拿一个旧的白炽灯泡到课堂上，就可以和学生探讨以下问题：①为什么用钨丝做灯丝？②灯丝为什么做成螺旋状？③用久的白炽灯泡为什么会变黑？……还比如：在讲授压强时，问学生一个问题：沙发和单杠，坐在哪里比较舒服？然后在学生中挑出一个装书较重的书包，让学生用扁而宽的背带试背，然后用一根细绳绑住书包试背，让他谈谈背书包后的感受，那么学生也明白了压力与受力面积大小是有关系的，从而学生就恍然大悟，为什么书包带和一些行李袋提手做得扁而宽、载重汽车为什么装那么多轮子、厨房里的菜刀磨过后为什么会变得锋利等。这样就让学生明白生活中物理知识随处可见，因此学生就会善于观察生活、多开动脑筋，从而在身边挖掘出更多的物理知识，学生也就会从生活走向物理，从物理走向社会。

总之，兴趣是学生探索知识的动力源泉，是燃烧智慧的火花，良好的学习习惯的养成也离不开兴趣；学生对自己感兴趣的事物总是特别重视，特别想要去认识它、研究它，就会把"要我学"变成"我要学"。因此，教师在整个教学过程中，应当把培养学生学习的兴趣作为教学的头等大事，让学生在乐中学，在乐中得到知识。

参考文献

［1］吴效锋.新课程怎样教——教学艺术与实践［M］.沈阳：沈阳出版社，2004.

［2］段金梅、武建时.物理教学心理学［M］.合肥：安徽教育出版社，1988.

［3］中华人民共和国教育部.义务教育物理课程标准（2011年版）［M］.北京：北京师范大学出版社，2011.

初中物理教学中导学案与多媒体教学的整合研究

广东省阳江市田家炳学校　陈茂仿

"导学案"是新课改形势下出现的课堂教学模式之一，伴随着多媒体的教学整合介入，可以创设情境，使导学案瘦身，可以使用微课、动画演示突破教学的重难点部分，获益不浅。作为初中物理科目的教学，更要踏准新课改的节奏，很好地实现导学案与多媒体的整合。

一、导学案

"导学案"是教师为使学生能进行主动学习而编制的有学习目标、学习内容、学习流程等的学习活动方案，是指引学生自主、高效学习的路线图。

二、多媒体教学

多媒体教学是在教学过程中，以教学目标和教学对象的特点为依据，结合教学设计或者导学案，选择和运用合理的现代化教学媒体软硬件，并与传统教学手段相结合，共同参与教学的过程，可以通过文字、图表、动画、声音等多种媒体信息向学生进行展示，进而形成合理的教学模式，从而达到最优的教学效果。

本文研究将导学案与多媒体二者整合起来进行课堂教学，是新时代对教学的要求。

三、整合研究

（一）研究背景

初中物理是物理课程教育的起点，俗话说：教学要赢在起跑线上。学生只有不断接受新的教学模式，才能不断提高自身的学习能力和素养，导学案与多媒体教学的整合，便在此背景下应运而生，成为我们实现双赢的有效策略。

（二）研究目标和思路

1. 研究目标

（1）研究在初中物理教学中如何在课前、课中、课后将导学案与多媒体教学整合。

（2）研究如何高效提升学生物理学科素养的学科教学模式与教育教学评价体制。

2. 研究思路

立足于初中物理教学中导学案与多媒体教学的整合研究，结合实践研究法、文献法、逻辑归纳法等研究方法，在教学中多实践，深入课堂，在课前、课中、课后等阶段灵活运用导学案与多媒体教学的整合进行教学，努力提升学生综合素养，形成科学的教育教学评价体系。

（三）研究成果

1. 利用多媒体教学改善了教学模式，使学生提高了学习兴趣、提升了学习效率和学习素养

在传统的初中物理教学中，很多教师都是采取灌输式的教学方式，学生听着听着就产生了疲劳，根本就提不起学习的兴趣，长此以往，学生对教师产生依赖性会越来越强，就会很难提升学生的学习效率。

而多媒体教学，可以通过教师事先备课准备好的文本、图表、声音、动画以及强大的交互功能，不用劳烦教师苦口婆心地引导，便能轻易地使学生集中全部注意力，引起学生的浓厚兴趣和求知欲，进而切实提升了学习效率和学习素养，加快了师生间的信息传递和知识交流，从而获得良好的教学效果。

2. 课前预习，发展了学生主动学习能力

课前预习是学好知识的基础。要教会学生养成良好的课前预习习惯，将课前预习抓到位，力求每位学生都能按要求进行预习。首先，在课程开展前，教师可以将事先编制好的导学案与多媒体微课的整合性资料发放给学生，要求学生在课下展开有效的预习并记名。前期是比较辛苦的，长期坚持下去，当习惯成为自然之后，就能拓宽学生的视野，并发展学生的主动学习能力。

3. 课中点拨，增强了学生学习效果

在课前，学生进行了整合性的基础预习。但这样的预习过程并不是学生的学习全过程，教师还需要在课堂教学过程中对学生在有关预习内容遇到的问题进行讲解和点拨，增强学生的学习效果。在此教学过程中，教师可通过导学案与多媒体整合的交互性进行师生互动及生生互动两种模式展开教学探究。

4. 课后评价，完善了学生学习方式与方法

课堂教学评价是导学案与多媒体微课教学模式有机整合的后期阶段，也是最为关键的教学环节。

初中物理教学中的课后评价可以由以下两个方面展开：

（1）学生之间的互评

教师要做好功课，在学生互评之前，教师要按照教学需要先分好评价小组，选好评价组长，以生为本引导并鼓励小组成员大胆地、公平公正地进行互相评价，让小组成员针对彼此在教学中遇到的问题开展热烈且充分的讨论与交流，发表对于每个成员课前预习、课中学习、课后复习的成效以及课堂学习效果的看法，明确其存在的问题以及要改进的方面并通过多媒体的交互性形成评价结论展示在学生面前。这样的学生互评模式最具客观性，能让学生从他人观点明确自己的问题所在。

（2）教师的多元化专业性评价

教师需要结合学生的预习、上课、复习成效以及在小组合作探究模式中的学习表现进行多元化专业性评价，给予学生专业性的改进意见，全面完善学生的学习方式与方法，并通过多媒体的交互性形成评价结论展示在学生面前，使学生一眼就明确其在学习方式与方法方面存在的问题，从而加以改正，并在之后的教学过程中加强对学生的针对性培养，避免同样的问题重犯，提升整体教学效率。

（四）存在的主要问题

初中物理教学中导学案与多媒体教学的整合研究评价体系还未形成体系，评价手段还不够丰富，有时初中物理教学中导学案与多媒体教学的整合研究还不能保障全面地实施。在此，笔者大声呼吁适应新形势的评价体系的出台，为保障初中物理教学中导学案与多媒体教学的整合研究提供全面落实的保驾护航措施。

（五）未来的工作方向

所谓"教无定法"，在漫长的教学过程中，许多教学思想家都提出了自己的教学方法，但谁也不可能创造出一套适合所有学科教学的"包治百病"的整合方法，因此，初中物理教学中导学案与多媒体教学的整合研究，还有待我们去不断地探究和摸索，从而找到更合理的整合方案。导学案和多媒体教学是学科教学中的一个工具、一位助手，教育教学评价也只是一种评价教师教与学生学得好与否的手段，但是，只要我们能抓住课程教学的目标，突破教学的重难点部分，结合实际，从学生角度出发，以教师为学习主导，学生为学习主体，不断创新教学整合模式，以最合理、最有效的方式传达出来，达到所需的学习效果，就能使学科教学与多媒体整合更好地为素质教育服务。

参考文献

［1］顺明旻.浅谈初中物理导学案的设计及有效运用［J］.教师，2012（15）.

［2］徐平林.导学案与微课融合下的初中物理教学模式探究［J］.中小学电教（下半月），2017（8）.

［3］邵晓明.导学案与微课融合下的物理教学模式研究［J］.数理化解题研究，2016（29）：80.

［4］葛余常.微课导学案的应用探索及思考［J］.中国教育信息化，2017（6）：44.

［5］居树山.浅谈初中物理导学案的设计与运用［J］.文理导航（中旬），2011（1）.

［6］李瑞.学案导学在中学物理教学中的实践研究［D］.天津：天津师范大学，2012.

［7］郭翔东，郭相成.学案导学在中学物理课堂探究教学模式的理论与实践研究［J］.中国校外教育，2015（16）：64-64.

［8］范增民：学案导学教学模式研究［D］.曲阜：曲阜师范大学，2003.

［9］张博，吕建民.多媒体教学的实践与思考［J］.长春师范学院学报（自然科学版），2005（24）：3.

［10］郭增平，朱纯义.多媒体教学存在的问题与思考［J］.教育与职业，2007（24）.

注：江城区2020—2021学年度中小学（幼儿园）教育教学论文评选参评论文

初中物理课堂生活化教学模式的构建

广东省阳江市田家炳学校 李志好

在新课程教学改革下，情景教学法在初中物理课堂教学中的应用越来越广泛，而课堂上进行物理生活化的情景教学法，可以激发学生学习物理的兴趣和提升学生应用物理的意识。初中的学生已有一定的生活经验，当教师将生活中的物理情景引入课堂，学生对熟悉但又不明白其中奥秘的物理现象往往特别好奇和感兴趣，课堂上学生会积极与教师互动。在互动的课堂气氛中教师要引导学生去观察物理现象，然后教师将相关的物理知识与现象衔接起来，学生就容易接受知识，也了解原来课本学的知识与我们生活息息相关。教师在平时的教学过程中要善于挖掘和积累生活中的物理教学资源，课堂上通过创设相应的教学情景，激发学生课堂的学习兴趣和提高课堂学习效率，达到我们课堂上教学的最终目的是引导学生会自主发现、思考、解决问题的能力。

一、利用多媒体技术创设生活情境，调动学习兴趣

物理对于很多学生而言是一个十分枯燥的课程，随着内容的丰富，以及课程难度的提高，很多学生对物理的学习会产生抵触情绪。面对这些情况，教师也需要改变教学方式。例如利用多媒体技术给学生创造生动、趣味性的生活化情境，从而调动学生对学习物理的兴趣，激发学生思考问题的能力。例如：教师在讲授八年级物理学"奇怪的声现象"一课时，教师使用多媒体展现可爱的戈阳奎非谷所发现的回音现象，同学们聚精会神，就发现回音现象很奇妙了。教师们此时就可以从中提出问题："根据刚才听到的声音，你会提出哪些问题

呢？"学生说道："回声是如何形成的？""如何才会产生回声？""为什么平时很难听到回声？"教师就可以顺利进入课题，学生在愉快的情景中轻松接受新知识。在学习了光的反射和折射这课时，笔者利用多媒体播放了沙漠的海市蜃楼片段，学生看了这一奇景后纷纷向我追问："太神奇了，沙漠为什么会有海市蜃楼现象，它跟我们这一节课学的折射和反射知识有关系吗？"笔者并没有马上解释学生的问题，而是让学生课后查找有关资料，了解沙漠发生海市蜃楼的原因。

二、通过实验创设生活化情景，深化知识的理解

物理属于自然科学，但对于中学生来说，其理解许多物理学基础知识还存在着一定的困难，而且有些物理概念和物理学规律也常常还没有被学习者所完全掌握。教师在教学过程中将面临很多问题，例如，学生觉得物理课枯燥无味，学习兴趣降低等。但是通过物理实验创设生活化情景，学习者可以将枯燥的理论和内容与现实紧密地结合在一起，并运用他们所熟悉的生活经验诠释物理知识理论，以便更好地掌握知识。在初中物理教材中，涉及生活化的内容很多，教师应该积极寻找物理教材中与现实生活中相关联的知识，在课堂上展示出现，将学生带入熟悉的生活场景中。比如，人教版初二物理上册的《杠杆》，在讲杠杆的平衡条件时，笔者创设情景：你们平时有去市场购物吗？有没有受骗的经历？你们了解市场上个别黑心的小商贩是怎么缺斤短两去骗人的吗？这时，课堂气氛突然变得活跃起来，同学们叽叽喳喳议论开了。课堂上我亲自为学生做了这个演示实验，分别用两个质量不同的秤砣去称同一物体的质量，让学生观察秤上的读数并让他们得出结论：质量小的秤砣称量出的物体质量大，质量大的秤砣称量出的物体质量反而小。学生们顿时明白了小商贩缺斤短两的道理。又例如：教学眼睛成像原理时，用水袋模拟晶状体的调节作用。让学生通过改变水袋的厚度去观察书上的字，以此来让学生明白晶状体的调节对人观察物体的作用，同时也引导学生理解眼睛近视和远视的成因。

三、开展课外实践活动，提升应用意识

在以往的物理教学过程中，学生运用物理知识问题的意识比较差，总觉

得物理学基础知识和实际生活中相距甚远，这样就会造成学生为了考高分重视物理理论的学习而轻视物理知识的运用。根据这些具体情况，教师还可结合学校实际情况给学生布置开放性任务，从而真正使学生把所学的理论知识进行实际运用。例如：学习了摩擦力的知识后，针对学生上学走路很容易"打滑"，指导学生设计并制作一双防滑鞋，学生设计好鞋子后再通过比赛方式选出谁的鞋子最防滑。学习了浮力的知识，针对学生对"鸡尾酒"只知其名不知其为何物，引导学生课后用不同密度的液体尝试制作"鸡尾酒"，让学生尝试自己亲手调制的"鸡尾酒"并思考其中道理。学完了初中的全部课程后，学生已掌握了一些物理知识，笔者在所教的班中进行了一次"厨房里的物理知识大赛"实践活动。笔者就给学生布置了一项任务：你平时有煮饭、做菜的经历吗？请好好体会一次煮饭、做菜的全过程，认真观察家里厨房的燃料、炊具，你会看到哪些有关的物理现象，请利用我们学过的物理知识解释这些现象。

　　总之，在进行新课程下的中学物理教育教学过程中，教师要主动创造生活情境，充分把学生作为学习的主体，使学生在完成形式丰富多样的学习任务的同时，还可以使学生找到学习物理的兴趣和自信。最终，达到增强了学生对应用物理意识的目的，并有效地推动了中学物理课堂教学的构建。

参考文献

［1］苏伟锋.关于初中物理生活化教学策略的初探［J］.课程教育研究，2018（36）.

［2］罗朝武.试论初中物理教学中的生活化教学策略［J］.课程教育研究，2018（30）.

物理模块评价与学分认定

广东省阳江市江城区田家炳学校　苏春燕

高中物理新课程的改革当中，课程评价是每位教师都非常关心的一个问题。在普通高中课程方案中指出要实行学生专业成绩与成长记录相结合的综合评价方式。学校应根据目标多元、方式多样、注重过程的评价原则，综合运用观察、交流、测验、实验操作、作品展示、自评与互评等多种方式，为学生建立综合动态的成长记录手册，全面反映学生的成长历程。学分制管理是评价体系的一个重要环节，也是体现高中物理新课程评价改革的具体方式之一，实行学分制管理就是通过学分描述学生的课程修习状况，学生每学年在每个学习领域都必须获得一定的学分。

一、制定评价体系时需注意的内容

按照国家和广东省教育厅的要求，从2004年秋季入学的高一新生开始实行新课程改革。学生学业采用学分管理，认定的主体是学校。评价应该落实课程标准的目标和理念，在制定评价体系时要注意以下几个方面：

（1）强调评价在促进学生发展方面的作用，不强调评价的甄别与选拔功能；

（2）重视学习过程的评价，不以考试的结果作为唯一的评价依据；

（3）把学生在活动、实验、制作、探究等方面的表现纳入评价范围，不以书面考试为唯一的评价方式；

（4）倡导客观记录学生学习过程的具体事实，不过分强调评价的标准化；

（5）教师要转变在学生学习评价中的裁判员角色，要成为学生学习的促进者、合作者，对学生的评价要多元化；

（6）学生要参与学习过程的评价，进行自我评价和同学之间的互评。

评价的目的是提高学生的科学水平，为学校实施素质教育提供保障。充分发挥评价的促进功能，使评价的过程成为促进教学发展和提高的过程。

另外，评价内容要多元化，要为学生有个性、有特色地发展提供空间。评价中，应该关注学生对概念、原理、规律的理解和应用，提高物理实验的基本技能，对物理学基本思想和观点的了解等；应重视评价学生的科学探究能力、实验能力、分析和解决问题的能力，以及在科学探究与学习过程中，应用物理学研究方法、数学工具的能力。

以下是笔者依据教育部制定的《普通高中物理课程标准（实验）》，在保证学分认定的真实性、严肃性，促进学生全面、主动发展的前提下，制订方案。

学分认定根据学生学习过程表现及模块结业成绩进行综合评价，二者按照4∶6的比例对学生实行综合评价认定学分。每个模块按照100分计，各项目之间的权重分配比例及具体要求如下。

1. 学习过程表现

学习过程表现性评价内容占比40%，包括以下四个项目，如表1所示。

表1　学习表现评价表

项目		分值	评价标准	操作方法
修习时间		8	修习时间要达到课程标准要求的5/6以上。因病、因事未能达到规定学习时间的，在课余时间通过补课达到要求的给予认定。修习时间未能达到要求的不予认定学分。该项目以满分10分计入综合评价，每旷课一节扣1分	由科代表记录，科任教师监督
课堂表现	平时上课	5	课堂表现包括学生的学习情感态度、对课堂的参与程度、提出问题和解决问题的数量和质量等	由科任教师记录本项成绩的一半在教师的指导下由学生自评，成绩的另一半由教师根据课堂教学观察和平时的了解给定
	实验课	10	（一）平时的课堂或实验中，通过观察学生的实验操作动手等能力而进行评价；（二）在模块教学结束前，在该模块知识中选择一些能体现新课程中对实验能力和知识方面最基本要求的实验内容作为考题，提前公布，考试按抽签选考其中一道题，在规定时间内现场独立操作完成。	

项目		分值	评价标准	操作方法
课堂表现	实验课	10	按优秀（9~10分）、良好（7~8分）、合格（5~6分）、不合格（1~4分）四个等级评定，对操作规范、结论正确、实验报告的表达等方面综合评定再给出一个分数	
作业		4	作业包括作业是否完成（缺交、迟交等），缺交一次扣1分、迟交一次扣0.5分	由科代表记录，定时公布，学生监督
		3	完成的质量（是否抄作业应付，正确率达到90%，错误有更正等），抄作业发现一次扣1分	由科任教师记录，定时公布，学生监督
平时测验		10	在各个模块中，每一单元结束后，对学生进行单元测验，题目由该年级备课组统一命题。取该模块中各单元测验成绩的平均值，按10%进行折算，即为单元测验的最后评定得分	科任教师监督

奖励学分（最多10%）：对学生应用掌握的知识解决生产、生活问题取得的效果予以奖励。可以是相应的制作产品、论文、报告等，也可以是参加市级或市级以上的相应的学科竞赛并获奖。可在总分中直接加3分、5分、10分不等，并把相关的论文、报告、奖状复印件保存在成长记录档案中。

2. 模块结业成绩（60%）

在考试命题中要特别注意以下几个方面：

（1）注重选择具有真实情境的综合性、开放性的问题，不宜孤立对基础知识和基本技能进行考查。

（2）少出偏题、难题、怪题，以期对日常的教学产生积极的导向、诊断的作用。特别是必修模块的考试，更应以基本知识与基本技能为主。

（3）重点放在对基本概念及基本原理以及化学、技术与社会的相互关系的认识和理解上，不宜放在对知识的记忆和重现上。

由学校教师根据物理课程标准统一命制题目（满分100分），如果试题偏难或偏易，由学分认定委员会提出修正办法。该部分成绩取60%计入综合评价。

3. 成绩汇总

把1、2两项得分相加，凡综合评价成绩在60分以上（含60分）的学生给予学分认定，未达到60分的不予认定。

二、学分认定的程序步骤

1. 学生申请

每个模块的学习结束后（举行完模块结业考试），由学生按照学校要求向学校提出学分认定申请。

2. 签署意见

学分认定有关人员根据学分认定有关规定，由任课教师提出认定初步意见，并上报学校学分认定委员会。

3. 审定赋分

学校学分认定委员会召开会议对任课教师和班主任提出的初步意见与学生相关资料进行复核，确定审批结果，认定委员会主任签署认定意见。

4. 学分公示

学校学分认定委员会审批结束后，由年级分管主任负责对所认定的学分对学生进行公示，对不能获得相应学分的，以书面的形式通知学生家长。

5. 补考

对于未获得学分认定的，可申请参加补考，补考通过后再次申请学分认定，进行第二次认定。

三、学分认定的有关说明

（1）在每个模块结束后，学校和教师对学生就以上评价内容进行评价，学业总评成绩达到60分，而且过程表现合格的给予该模块的学分。

（2）未经学校批准，课程模块的实际修习时间低于该模块规定学时数的六分之五，不能获得该模块的学分。

（3）模块总分不合格者，若为必修模块，学生可书面申请，补考一次；补考一次仍不过关者，或不参加补考者，必须重修该模块；若为选修模块，同上，可补考或者重修，也可以改选物理学科中的其他选修。

新课程初中物理模块评价及学分认定是一次新的尝试，做法是很不完善的，请大家多多指教。

以下是一些记录表格（包括课堂表现评价表、上课考勤表、作业考勤表）：

表2 （××）班物理科课堂表现评价表

学号	姓名	课堂表现		
		课堂表现 （积极思考、回答问题）	课堂练习 （是否认真完成）	实验过程表现
1				
2				
3				
4				
5				
6				
7				
8				
9				
10				
11				
12				
13				
14				
15				
16				
17				
18				
19				
20				
21				
22				

课堂表现包括课堂的纪律（睡觉用"S"，不动手做练习用"B"）；课堂练习包括课堂的作业（没有完成用"△"）；实验（不能完成实验的目标用"F"），好的用"G"等级，差的用"B"等级。

表3 （××）班物理科上课考勤表

学号	姓名	缺课日期								
1										
2										
3										
4										
5										
6										
7										
8										
9										
10										
11										
12										
13										
14										
15										
16										
17										
18										
19										
20										
21										
22										

此表附表4。

表4：由科代表填写，大家共同监督，不得涂改，凡缺课的在相应的栏填上缺课的日期。

表4 （××）班物理科作业考勤表

学号	姓名	是否完成	完成质量
1			
2			
3			
4			
5			
6			
7			
8			
9			
10			
11			
12			
13			
14			
15			
16			
17			
18			
19			
20			
21			
22			

此表由科任教师登记，没有完成一次用一个"△"符号表示，完成的质量不好（抄作业应付等）用"B"表示，完成很好的用"G"表示。

参考文献

［1］中华人民共和国教育部.普通高中物理课程标准（实验）［M］.北京：人民教育出版社，2004.

［2］廖伯琴.高中物理课程标准解读［M］.武汉：湖北教育出版社，2004.

如何培养中学生的自制力

广东省阳江市田家炳学校   林 翠

自制力是一种自控能力，自制力强的人，能自觉控制自己的情绪排除各种干扰，很好地协调自己的言行举止；而自制力差的人则容易受外界的干扰，不能很好地控制和驾驭自己的各种情绪和行为。多年的从教经验让笔者深刻认识到培养学生的自制力的重要性。正处于心理和生理发展高潮阶段的青少年，他们的生活丰富多彩，情绪变化大，处于情绪不稳定时期，他们的言行容易受感情支配，即使思想上认识到那样做是不对的，但也控制不住自己。因此教师应把培养学生的自制力作为一项头等大事来抓。那么应该怎样培养学生的自制力呢？

一、小事引导，培养学生的自制力

如果把一个人的自制力比作一座大厦，那么必须经过千百次的自我控制，才能构建成这座大厦。若自己能排除干扰，抵制外来的各种诱惑，就等于为这座大厦添砖加瓦；反之，如果对外界的干扰毫无抵抗就相当于拆毁大厦。大厦是靠一块块砖垒起来的，自制力也要靠日积月累从一件件小事培养起来。因此，从平时的日常学习生活入手，就可以很好地锻炼磨砺学生的自制力。例如，把班级卫生、不准穿拖鞋和一定要穿校服作为切入点。具体做法是：利用班会课、墙报等不断加大宣传力度，提倡搞好个人卫生，教室内每个座位的前后左右的卫生作为观察考核每个同学的硬指标，值日生搞好当天的班级卫生和学校公区卫生，并把学校行政检查结果作为考查学生的一种参考。提倡学生要穿校服、不准穿拖鞋进教室，把这些工作放在班内搞评比，因为它代表学生、班级和学校的形象。为了使这些行为转化为学生自己的意识以达到真正的自制，还在班上开展了"中学生应具有怎样的形象"的大讨论，并举行了辩论比赛。通过讨论和辩论使所有的学生意识到搞好卫生和穿校服不仅是维护学校形象，而且是我们每个人应具有的最起码的常识，同时也是中学生良好形象的体现。俗语说："千里之行，始于足下。"自制力的培养是长期的，我们不仅要从小事做起，还要从现在做起，生活、学习中的点点滴滴都是培养自制力的机会。班主任还可以常读一些劝人修身养性的名言警句给学生听，也让他们抄写自己喜欢的并把它作为座右铭，以便时刻参照修炼。如：如果有拖延习惯的，那就应把"今日事，今日做"作为座右铭，强迫自己当天的事情当天做，克服自己的惰性行为；如果因贪玩耽误学习，那就给自己规定玩的时间，时间过后应立刻投入学习，如此等等来培养学生的自制力。能够培养良好的自制力，对学生未来的发展也会起到重大的作用。

二、用疏导的方法，让学生在自己的行动中掌握好情绪爆发的"度"

疏导的目的在于避免和消除学生因情感失控造成冲动、滋事等不良行为。就像做事情适可而止一样，合乎情理，我们要教育学生会用疏导的方法把握好自己的情绪。其中疏导的方法有很多，例如：①自我暗示法。即以自我暗示调节、转移情绪，使不该发泄的情绪得到节制。林则徐到广东禁烟时，面对腐败官吏的阻拦，常常怒不可遏，但是他知道，暴怒无济于事，于是他在墙上写了"制怒"两字告诫自己，每到发怒时就注视墙上的这两个字将怒气压下去，这对禁烟起到了很好的作用。②运动消气法。即用体育运动来释放人体里的积余热量，消耗富余精力，起到锻炼身体与意志的作用，据有关资料证明人体经历了一次高强度体力活动后，三天内都会比较心平气和。③爱心熔解法。即教师要对那些心理有硬"疙瘩"的学生多些关心，关心他们的身体、学习、生活、人际关系，多听他们倾诉，同时也要鼓励其他学生多与他们亲近，理解他们，和他们一起学习一起玩耍，同学之间互相关爱，使他们少生"火暴"。

三、加强意志的锻炼是培养自制力的重要途径

坚强的意志，是指人们为了达到某种目的而不屈不挠地克服困难、战胜困难的过程。有着坚强意志的人，能不受外界的干扰，坚定自己的信念，克服重重的困难，达到自己预定的目标；而意志薄弱的人，往往受种种因素的干扰，做任何事情都摇摆不定，方向不明确。双目失明、身体瘫痪的奥斯特洛夫斯基，用三年的时间创作了《钢铁是怎样炼成的》这部传世励志的佳作，书中所宣扬的坚强意志，励志的精神就是激励着我们奋进的动力。自制力的培养离不开坚强的意志，没有坚强的意志，自制力的培养是怎么也培养不起来的。培养学生的意志力在班主任工作中通过以下方法会收到很好的效果。①借助严格的制度和纪律进行训练。这种方法根据学校的规章制度，再根据学生的实际具体情况来制定有效的班规，然后教师以身示范，班干部带头，严格要求学生遵守并不时地提醒和监督。学生在适应学校、班级生活的过程中，尽管会不断忍受一些心理上、肉体上的不舒服，但是都会慢慢地消除心理上的障碍，从而增强自己意志的坚强性。还可以通过印制班级纪律记分卡，按照定下的标准，给予学生加分或扣分，达到鼓励或监督的作用，这样学生的自制力就会明显增强。②利用体育锻炼来进行训练。体育锻炼是考验和锻炼意志的极好方法，如经常鼓励学生多参加1000米长跑体育运动，或者在班中举行跳绳比赛，这样既锻炼学生的身体，又能发挥学生的潜能，也能提高学生的意志。③通过教学过程进行训练。教师在课堂上根据实际情况有针对性地设置一些问题，让学生在通过独自思考及解决问题的过程中，培养了学生自学的能力，锻炼他们的思维和意志。④适时创造失败情景进行训练。这一方法是针对那些成绩一直较好的学生，请家长配合有意识、有计划地创设失败情景，让他们感受到失败的痛苦，从中明白人生没有永远的一帆风顺。这种时候，教师也应给予学生正确的引导，让他们从挫折中走出来，从而磨炼他们坚强的意志并使之奋发向上。

学生自制力的培养，是一项艰巨的工程，作为教师应把这作为提高学生自身素质的一个重要环节。我相信，只要重视培养学生的自制力，提高学生自制力，这样就能够让他们更加理性地思考问题、处理问题，对学生的成长和未来事业的发展一定会起到积极的作用！

参考文献

［1］苏霍姆林斯基.给教师的建议［M］.北京：教育科学出版社，1984.

［2］邵宗杰，裴文敏，卢真金.教育学［M］.长春：华东师范大学出版社，2006.

注：本文为江城区2016年中小学（幼儿园）教师优秀教育教学论文评选参评论文。

谈谈初中物理教学中的新课引入

广东省阳江市田家炳学校　关钰仙

新课引入作为教学的第一部分，是备课工作中的首要一环，引入是否得当、对新课的过渡是否自然顺接，直接关系着教学质量的好坏。我们都知道旧的教学方法存在满堂灌的弊端，学生困于枯燥、机械的学习模式，对学习失去兴趣，无法真正沉浸到知识的海洋中，更谈不上主动去探索原理、规律，这种教学方法泯灭了学生自我学习的能力，达不到素质教育的要求。为消除传统的教学方法造成的不良影响，我们应该尊重学生的认知规律，创设适合大部分学生的不同的教学情境，想方设法把握好这一环，为新知识的到来铺桥搭路，协助学生顺利登堂入室。

初中的学生刚接触物理，感觉是新奇的，物理的知识与生活息息相关，学到的物理规律能够用来指导生活中的实践活动，有趣又实用，但物理毕竟是理科，它是一门结构严谨、具有较强逻辑性的科学系统，在授课过程中，稍不小心，就会让学生觉得乏味，掉进难以理解的困境中。因此，初中的物理教学更要重视新课的引入，根据教材内容和学生的实际设计不同的导入方式，保持着学生探求物体奥秘的兴趣，引领学生实现从具体到抽象的过渡，以达到理想的教学效果。下面就笔者的个人见解来谈谈初中物理教学中的新课引入。

一、生活现象引入

物理规律取之生活、用之生活，无论是什么样的生活现象都蕴含着一定的物理知识，利用简单、常见的生活现象引入新课，分析和揭示事物的一般规律，有着与其他方式无可比拟的优越性。这种导入方法形象具体，易于操作，学生能够直观地获得感性认识，只要加以点拨，便很容易上升到理性认识进而获取现象背后的本质和规律。例如，夏天从冰箱里拿出的饮料瓶不一会儿会出"汗"，这些"汗"是饮料瓶漏水跑到外面来的吗？学生肯定会予以否认，那它究竟从哪里来的呢？学生便陷入思考并提出各种猜想从而顺利进入液化这一节的教学。在尝到这种跳一跳能摘到果子的甜头后，学生会对生活现象加以留意并学会对现象进行及时地思考，有利于培养学生的观察能力和抽象思维能力，增强学习物理的兴趣。

二、古诗、成语、谚语引入

初中的学生已经接触了相当多的诗句，以古诗来引入，亲切自然，在学习中融入学科的渗透，既加深了诗句的印象，又切入了物理课堂的主题。通俗易懂的成语、谚语是多年广泛流传下来的，浓缩了广大劳动人民的生活实践经验，蕴含着深刻的道理，用它去揭示授课的主题，幽默风趣，朗朗上口，会让学生觉得趣味无穷，唤起学生对已有生活经验或细节的回忆，主动进入思考探索的轨道，达到理想的教学效果。例如成语"隔墙有耳"，先让学生说出对这个成语的理解，再从物理的角度去分析声音是怎么传到墙壁那边去的，这样的引入让学生饶有兴趣。

三、实验引入

众所周知，物理是一门以实验为基础的学科，研究的是大自然最基本的原理、规律，新课导入若以实验方式引入，最为贴合本学科的特点。初中学生的心理特点对直观事物比较感兴趣，围绕教学目标精心设计、仔细操作的演示实验，能最大限度吸引学生的注意力，活跃课堂气氛。例如在"研究物体的浮沉条件"时，采用经典的"使鸡蛋浮起来"的演示实验，调节盐水的浓度可以实现鸡蛋的浮沉，让学生亲自动手试试，使他们在互动地参与中加深感性认识，无形中学生的观察能力、动手能力和对规律的提炼、归纳能力都得到提高。

四、物理学家故事的引入

科学的发明创造造就了我们的现代文明和幸福，但是在历史上，探索科学真理的道路并不是一帆风顺的，有多少科学家为了追求真知在未知领域献出了毕生精力甚至付出生命，像牛顿一生醉心于科学研究，发生过煮怀表、忘吃饭的糗事，哥白尼花了30多年的时间观测天体，布鲁诺为了坚持真理死于火刑等，他们以可歌可泣的献身精神和自我牺牲精神，坚韧不拔地探寻奥秘、揭示真理，推动着人类科技的进步、文明的发展，为后世的重大发现和重要发明铺平了道路。用科学史实引入，把那些典型的物理学家为坚持真理前赴后继，献身科学的故事呈现在学生面前，不仅能顺利引入新课，科学家们那种顽强拼搏的科学精神和高尚情操，还能深深感染学生，激励学生热爱科学，步入自主性学习的轨道。

五、设置"陷阱"引入

由于学生对生活现象和生活细节观察得不够细致深入，未能对生活片段进行梳理，形成的感性印象比较显浅比较表面，储存在他们脑中的生活经验往往是杂乱无章、片面的，一旦把深入一点的问题抛给他们，他们就会处于一种对自己现有经验的质疑和疑惑当中。利用学生的这个弱点，选择生活中经常会作出错误判断的现象，巧妙设置"陷阱"，适时抓住学生的好奇心，领着学生的求知欲，打开学生的思路。比如讲授凝华前先给学生图示冬天北方的窗户上结出的冰花，让学生猜猜冰花是结在窗户里面还是外面，学生多数认为是结在外面，此时再把谜底揭开，学生就会很好奇。让学生带着疑惑，有针对性地去听课，能紧紧扣住学生的注意力，会使整个教学从头到尾井井有条，取得出乎意料的教学效果。这种引入方法新颖有趣，容易让学生产生学习期待，激发学生的学习动机，也调动了学生学习的积极性。

六、承上启下引入

课前先复习旧知识再讲新知识符合学生的认知规律，能打消学生对新知识的陌生和畏惧心理，增强学习的信心。新知识是旧知识的延伸与深化，复习上一课的内容，是承上启下的桥梁，让学生对掌握了的知识进行系统整理，能加深学生对原有内容的理解，促进知识的迁移，使新知识教学更加流畅。

无论是何种的新课引入方法，都要明确教学内容、学习目的，本着体现本课的重点、难点的宗旨，根据学生具体实际和教材的切入点，灵活采用适当的教学方法，因势利导，让学生带着求知欲望在轻松环境中感悟新知，获得学习的乐趣，做到"因材施教"。

参考文献

［1］崔允漷.有效教学：理念与策略（上）［J］.人民教育，2001（6）.

［2］陈刚.新编物理教学论［M］.上海：华东师范大学出版社，2009.

［3］李会利.初中物理教学中问题情境的创设［D］.石家庄：河北师范大学，2005.

初中物理实验教学生活化的探究

广东省阳江市田家炳学校　张丽香

初中物理是一门比较抽象的学科，物理概念和规律比较难理解。物理实验是物理教学的重要组成部分，做好物理实验，可以使学生获得丰富的感性认识，从而帮助学生对物理概念、定理等加深理解。教师要将实验教学与生活结合在一起，充分认识到生活化实验教学的理论基础，明确教学实施的具体原则，开展一系列全新的教学措施，实现实验情境、器材及过程的生活化，提升学生的学习热情，增强实验教学的效果，提高学生对物理知识的掌握，同时提高教师的物理实验教学水平。

一、物理实验教学生活化实施的迫切性

物理实验的过程是研究事物本质以及本质发生变化的一个过程，物理实验在物理教学中发挥了极其重要的作用，它可以让学生更加直观地观察到事物发生的变化，并且理解理论的知识。随着新课程的改革，对物理教学的要求在物理实验中融入生活的元素，丰富实验教学的体系，要求学生善于从生活中发现物理、找寻物理。为落实国家战略部署，2020年，广东省出台了《广东省教育厅关于初中学生学业水平考试物理、化学、生物学等科目实验考试的指导意见》（粤教考〔2020〕7号）。明确提出学生实验操作考试纳入初中毕业生学业水平考试，通过考试的形式促使教师重视物理教学中的实验教学，完善初中物理实验生活化的教学模式，提高教师的物理教学水平。

目前，国内的物理教学研究大多研究的是如何进行物理实验教学，从理论

成果可见一斑。

二、物理实验教学生活化实施应遵循的具体原则

物理实验教学在实施过程中主要采用生活化的理论基础，注重升华实际的实施原则，遵循一定的理论依据，主要采用以下实施原则。

1. 生活化原则

重视学生的课堂教学，主要包含实验、练习及教材，不能脱离生活实际内容，需要紧密联系生活实际情况，创设生活化教学情景模式，让学生利用已有的生活经验，优化实验教学的操作，了解到更多的物理操作过程，掌握到更多的实验知识，激发学生的探索欲望。

2. 科学性的教学原则

教师应遵循物理实验的科学性，进行科学性的教学原则，把科学知识与日常生活实际紧密地结合在一起，采取较为科学的教学手段，从生活中选取具有科学意义的材料，从而保证实验教学的科学性，保障实验知识、理论及操作的准确性。

3. 主体性的原则

在教学过程中，教师积极带领学生参加实验教学操作，引导他们全面认识生活实际对实验教学的重要性，促使学生将生活实际与实验教学结合在一起，全方位地考虑物理实验的操作过程，体现了以学生为主体的教学要求，也更好地提升了他们的学习热情。

三、物理实验教学生活化实施的具体采用策略

1. 实现物理实验器材的生活化

物理实验教学要注重学生生活化的体验，首要任务是提升实验器材的生活化，让学生充分认识到器材的结构、操作及注意事项，从生活中找到与器材类似的物品，增加学生对使用器材的了解，增强物理现象的乐趣。当实验器材具有一定的生活性，学生可以在生活中找到器材，展示他们对器材原理与知识的认识，更容易接受器材创造的实验现象，提高教学的效果和质量。如教师在讲授温度这一节时将温度计作为实验器材，展示热胀冷缩的实验原理，让学生自

主去生活中探寻温度计的变化现象，用肉眼观察到温度计在冷水与热水中现象存在的区别，得出相应的实验结论，从而增强学生对物理知识的理解，提升实验教学的效率。

2. 实现物理实验情境的生活化

随着新课改的实施，教师逐渐将物理实验教学情境生活化，创设生活化的教学模式，将物理知识与生活情境联系起来，让学生感受到生活对物理知识的重要作用，促使实验过程富有真实性和现实性，增强学生的学习动力。如在凸透镜成像实验过程中，教师创设生活化的情境教学模式，指导学生去观看与凸透镜相关的生活物品，了解到眼镜、照相机等凸透镜的形成原理，促进学生对凸透镜成像规律提出疑问，激发学生对物理实验的探索欲望，展现生活实验情境教学的意义。

3. 实现物理实验过程的生活化

初中生还不具有复杂、系统性的物理知识，对实验过程的了解还不够全面。教师要将物理实验过程变得具有生活性，结合学生的学习兴趣，设计出具有生活化的实验操作过程，满足学生的心理发展特点，保障学生思维能力的创新与发展，提升他们对实验过程的理解和掌握，保证实验顺利地开展。如在学习声音的特性时，学生已经通过生活经验对声音形成一定的了解，掌握到音调、音色等相关知识。教师利用学生已经掌握的声音知识，在物理实验过程中进行进一步的扩充，拓展出众多与声音响度相关的因素，促进学生对物理知识的掌握，提升实验教学的效果。

物理实验是当前比较热门的教育学科，备受学校、教师及学生的关注，成了当前教育的重点内容。教师要将物理实验教学与生活紧密地结合在一起，实现生活化的实验教学过程，积极利用生活性、科学性、主体性的教学原则，促使实验器材、情境、过程富有生活性，从而增强学生的物理思维能力，提升他们的综合素养，提高实验教学的质量。

参考文献

［1］王陆芳.初中物理实验教学生活化的实践研究［D］.长春：东北师范大学，2011.

［2］蒋玉英.生活化的初中物理实验教学与研究［J］.中学物理教学参考，2015（2）.

［3］赵巧生.初中物理实验教学生活化的实践探究［J］.西部素质教育，2018（8）.

［4］李春密.中学物理实验教学研究［J］.北京：北京师范大学，2018.

计算机网络安全的主要隐患及管理措施分析

广东省阳江市江城区教师发展中心　　曾志国

随着计算机科学技术的日益发展，中国已逐渐步入信息化时期，计算机科学已有效地运用到各行各业。因此，工作人员必须重视电脑安全隐患。一旦得不到有效管理，计算机就将导致人们产生巨大的经济损失，将逐步被社会淘汰。所以，电脑安全隐患不容忽视。

一、计算机网络安全的主要隐患

所指的是各种计算机的威胁。如果存在计算机的重大安全隐患，基本信息和重要计算文件就可能被盗，也会造成计算机病毒传染，并导致计算机用户的所有基本数据文件受到严重破坏，也可能荡然无存，从而给人们带来巨大的损失。

1. 存在网络漏洞

网络漏洞严重损害电脑的安全性，易于遭到黑客的入侵。如果网络安全技术和管理技术人员的意识较弱，容易造成网络安全漏洞频出，导致网络系统中出现缺陷，电脑安全防护系统就会缺失。如果长期没有修补，电脑就会相当于没有防护系统，黑客会毫不费力地进入有缺陷的电脑，产生潜在的网络安全隐患。

2. 网络黑客入侵

一般网络黑客都有很高的电脑技术，每个人都经过严格的训练。假如电脑在黑客进入前没有好的安全技术，黑客可能在电脑进出后盗取机密文件。黑客首先会通过先进软件技术寻找他们希望进入的电脑的位置数据，然后再进行初始速度检测。一旦计算机不容易被进入，黑客就会暂时退出，接着再回去研究完整的进入流程，以盗取用户密码、隐私信息和重要数据。当黑客入侵计算机时，他们还可以释放计算机中的病毒，导致计算机出现各种异常情况或数据被破坏，并在以后使用计算机时运行速度变慢甚至系统崩溃。

3. 网络病毒入侵

如果计算机在接入网络时不能对病毒进行有效防护，就会导致电脑中进入危险病毒，严重时可能威胁计算机安全，也可能导致信息泄露及计算机运行速度降低甚至崩溃。网络病毒是一种能够在电脑中自动复制的程序。它一般出现在各种游戏软件以及办公软件中。当计算机用户使用该软件时，它将病毒逐渐蔓延到网络中的所有计算机中，最严重时，甚至将造成整个计算机网络的崩溃。同时病毒还会监控着整个计算机网络，并自动地进行着一些不为人知的操作，例如盗取用户重要数据文件或发布一些非法的宣传广告，这将给人们造成麻烦。

二、计算机安全管理措施

为有效提升计算机系统的安全，各管理部门和学校应当采取相应的先进科技，充分防范可能产生计算机系统风险的问题，剔除电脑中不常见的软件，科学掌握电脑的上网程序，针对不可避免的电脑风险，建立紧急措施，及时采取措施，尽力挽回损失。

1. 计算机防火墙的应用

计算机防火墙是可以阻挡他人非法进入计算机最安全的保护系统。它不仅可以保护计算机的内部网络，还可以监控外部网络。它具有一定的防御性，限制外部用户未经允许访问内部资料，防止黑客和不法分子的非法入侵，同时管理内部用户访问外界网络的权限，形成一道安全的屏障。因此，加强运用防火墙技术，保证能够减少计算机病毒和黑客入侵，防止资料外泄，保障计算机正常运行，大大增强了计算机网络的安全性。

2. 计算机信息加密和访问控制

计算机在信息传递和存储过程中如果使用信息加密技术，那么即使信息受到攻击或截获，对方也无法了解信息的内容，这样就有效地保护了信息的安全。加密技术现在主要有签名识别、数字验证和密钥技术等。

计算机访问控制是能够控制用户对网络资源访问的输入与输出，从而确保网络系统的安全性。在实际实施过程中，需要遵循以下两个原则：第一，最小特权，指的是完成任务需要得到最基本的权限。第二，靠近对象，让访问权限对所有网络层都能够进行控制。

3. 计算机网络病毒防范

病毒是影响计算机网络安全的一个重要因素，网络传播具有速度快、范围广、多样化的特点，因此，病毒一旦在网络中扩散往往会造成大范围的破坏，这时依靠单机的杀毒软件通常很难起到作用，因此，必须有针对网络的全方位的病毒防范技术。全方位的病毒防范技术可以对网络中可能被病毒攻击的点设置防护措施，实时监控网络安全，并通过定期升级来应对不断变化的网络病毒，一旦发现网络病毒可以第一时间采取应对措施，减小扩散范围，降低损害程度，保护网络安全。

4. 网络信息备份和还原

要保证计算机网络信息安全，数据的备份和还原是发生事故后进行补救的重要手段。由于某些原因如病毒、网络攻击、操作失误、电脑故障等造成个人数据丢失或损坏，数据备份技术可以很好地避免这种情况的发生。数据还原技术则是在数据丢失之后的补救措施，可以及时还原数据，挽回损失。

三、结语

综上所述，计算机网络与人们的生活息息相关，密不可分，人们工作和生活的各方面都要依赖网络，一旦发生网络安全问题造成的损失将不可估量。人们必须进一步查找在电脑安全工作中隐藏的问题，以有效消除这些安全风险，通过设置网络安全防火墙，以增强电脑安全管理意识，建立综合管理体系，优化计算机安全措施，以提升网络的安全品质。

参考文献

张宇.计算机网络安全的隐患及管理分析［J］.科技风，2019（11）.

论美育与初中信息技术课堂的融合

广东省阳江市江城区教师发展中心 陈世光

中共中央办公厅、国务院办公厅印发的《关于全面加强和改进新时代学校美育工作的意见》（2020年）明确提出：全面深化学校美育综合改革，坚持德智体美劳五育并举，加强各学科有机融合，整合美育资源，补齐发展短板，强化实践体验，完善评价机制，全员全过程全方位育人，形成充满活力、多方协作、开放高效的学校美育新格局。信息技术作为当今人们获取信息的重要途径与方法之一，初中信息技术课程在学生的成长阶段中的重要时期进行信息素养中美的品格的塑造既是全面素质教育的需要，也是时代发展的要求。

一、美育概述

美育是审美教育、情操教育、心灵教育，也是丰富想象力和培养创新意识的教育，能提升审美素养、陶冶情操、温润心灵、激发创新创造活力。传统认知中信息技术更多是一门技术课、工具课，比较重视技术的学习与应用，在审美教育、情操教育、心灵教育方面存在不足，现正好响应国家号召，以美育理论为指导，在初中信息技术课堂开展与美育融合的教学。信息技术与美育的融合要注重本身学科特色，要把美育的理论巧妙地糅合到学科知识点中，信息技术教师要有敏锐的洞察力，善于发掘课程中的美育因素，既能利用这些美育的元素提高教学中的趣味性，激发学生学习兴趣，又能促进学生道德素养的提升、人文素养与创新能力的发展。

二、初中信息技术课堂与美育的融合

1. 营造美的环境与氛围

信息技术课堂有其独特性，课程需要在电脑室进行，环境上与传统的课堂有所区别。保持电脑室的干净、整洁，在不影响教学以及电器安全的前提下可在电脑室的开阔角落摆放几盆耐旱且环保的绿植，安排专门的同学进行培育，以确保绿植的生长与电脑的安全，增添相对生冷的电脑室的一丝绿意，让环境更加温馨，同时也培养学生爱护电脑、爱护植物、爱护环境的观念。根据当前热门科技事件在电脑室布置相应主题的画报，例如：新冠防疫中大数据的力量、天宫课堂等，通过感官刺激以激发学生学习热情，同时增强学生的民族自豪感与社会责任感。

2. 挖掘教材中美的因素

信息技术教材看似生硬的介绍与操作的背后，仍然还是能够挖掘出很多美的因素。例如七年级的信息技术（广东教育出版社）里面蕴含有"岭南文化""岭南佳果""粤剧一代宗师"等具有广府文化的内容，教师应该就此去挖掘、提炼美育点，从教材中的广府文化出发，让学生把目光转回到自己的身边，看看日常生活中有哪些与教材上同类型的更加贴近我们生活的鼍城文化，从学生日常看得见、摸得着的事物出发，让学生在学习掌握信息技术基础知识和基本技能的同时，能环顾自己的生活，感受生活烟火，进而陶冶情操，培养热爱家乡的情怀。

3. 创造美的情境

在新课导入阶段创造美的情境，学生对于美好事物的认识和了解，都是从感知开始，而感知是审美的开始。因此，在新课导入阶段，信息技术教师在充分分析教材的基础上，设计并找寻相关的集成有美的因素的素材，为学生创造一个美的情境，让学生更好、更快地进入学习的姿态。比如在认识计算机操作系统的教学中，可以通过播放曾在网络上热播的《Windows发展史》视频，通过2分钟的视频，吸引学生的注意力并且通过生动的描述，让学生对Windows系统的发展历程有一个初步的了解，以此实现教学导入的美化，同时学生在欣赏的过程中，也产生了对于操作系统知识进一步探究的欲望。

4. 教学内容美

美育具有形象性、情感性、潜移默化、寓教于乐和个人创造性等特点，力求在初中信息技术课堂教学过程中实现美育教育的潜移默化。这就要求信息技术教师根据不同的教学内容，从不同的角度去挖掘美的元素，以便使教学内容呈现美感，用以激发学生创造美的积极性，促进学生创新能力的发展。

例如在七年级下册的"综合活动：岭南佳果"教学中，需要学生利用WPS文字制作一个四联小册子，教师可以根据不同班级，或者同班级不同能力学生的特点进行多样化的课堂设计。对于前者，可以让学生自由地上网找寻需要素材，甚至是由学生在课外自行通过采集图像、介绍文字等更高层次的信息技术运用（过程中信息技术提供引导）。对于后者，可以由教师提供相应支持与素材资源，不因知识与技能操作成为拦路虎。让学生在小组协作中，促使学生创作出富有特色、审美价值和创造性的作品。

在作品的创作过程中，教师结合本地特色，鼓励学生将教材中涉及本地的以及本地比较广泛受欢迎而教材中没有的创作进去，让学生在创作中融入对家乡美的认知，促进对家乡的热爱之情。

5. 评价个性美

在评价方法上采用多元化的形式，注重个性化和多样化，自评、他评、互评相结合，过程性评价与终结性评价相对结合，以过程性评价为主，充分关注学生的点滴进步。根据学生的特点，在课堂上组织学生参与评价，引导学生在互评、自评中发现并能用自己的语言描述出作品中美的地方，既提升了审美能力又锻炼了语言表达能力。同时，教师也认真聆听学生的创作思路以及学生间的评价，给予充分的肯定，对比较独到的作品或思维给予赞扬，对于因知识与技能掌握不够娴熟而没能将思维表达出来的给予指导与鼓励。将审美评价融入点评标准中，让学生认识到美的重要性，同时在他人的分享中丰富自己创造美的经验。

创作是美的源泉，鼓励与激发学生不断创作美的动力来源于评价环节。通过在课堂上或者班级内、学校校内展示学生的作品，增加了师生间、生生间的互动交流，以及学生们对于成功的喜悦，为自己创作的作品充满自豪感，从而产生新的学习与创作的动力，同时，亦会将审美导向在学生间扩延开来。

　　要做到信息技术课堂与美育的融合，信息技术教师就必须要先丰富自己的美育理论知识以及提高审美能力，练就一身在美育理论的指导下善于用发现的眼光去捕捉教材上、上课过程中的美的闪光点，并将这些美的元素加以展现的本领，引导学生去发现美、欣赏美、感悟美、创造美，让学生在信息技术环境下获得美的享受与体验，从而达到提高学生的审美能力与创造力。

参考文献

[1] 冷兰君.基于美育理论的初中信息技术课堂教学模式探究［J］.中学教学参考，2019（15）：33–34.

[2] 程建国.让信息技术课"美"起来［J］.创新时代.2016（7）：70–71.

中 篇

教学经验总结

江城区教研基地项目建设实施方案

广东省阳江市江城区教师发展中心　彭崇生

一、项目建设背景

江城区教师发展中心成立于2019年12月，现有编制39人，在岗36人。因江城区目前没有高中学校，按义务教育阶段学科设置要求，需有28名专职教研员，江城区教师发展中心按学科要求，已安排28名专职教研员。

习近平总书记指出："实现中华民族伟大复兴的中国梦，归根结底靠人才、靠教育。""强国必先强师"，一个地区的发展，教育为根本；教育的发展，教师为根本。

江城区在教师队伍建设，教师人才培养政策、培养路径和方法，教学教研等多个方面，都与珠三角等教育发达地区存在较大差距。教师培训缺乏政策经费保障，教师培训形式单一，往往以听讲座为主，研训分离，为培训而培训，教师参训机会偏少，培训内容缺乏针对性和实效性。由于教研经费缺乏，与外地先进地区学校优秀教师学习交流少，区内自身教研活动形式单一，课堂教学模式创新、研究力度不够；学校教研组、备课组开展的教研活动，集体备课大多流于形式，主题不明确；教师课堂教学以应付式完成教学任务为主，没有充分考虑学情和学生的主体作用，课堂教学效率低。

本项目将充分结合江城区实际，在区内选取龙头学校（幼儿园）与薄弱学校（幼儿园），城区学校（幼儿园）与乡镇学校（幼儿园）相结合原则，围绕如何通过加强中小学教师培训，探索教师人才培养的新路径、新方法。以项目基地学校（幼儿园）为实验学校，利用江城区学科中心教研组为载体，开展教研多形式活动。研训合一，以此带动江城区的教师人才培养新模式，着力提升江城区教师教育水平，推进江城区基础教育学校教育教学质量的提高。

二、项目建设目标

本项目是在新时代全力推进教师队伍建设、阳江加快教师发展中心建设的背景下，结合江城区现阶段教师培训和人才培养的实际，重点对教师培养路径、方式、内容、取向进行分析，研究加强教师教研和培养合一的有效对策及建议，通过培养一批"种子"教师，建设一支培训者队伍，建立本土造血机制，使他们在推进县区素质教育和教师教研及培养方面发挥示范引领作用，从而提高江城区教育教学质量，推动阳江市教育高质量发展。

通过本项目研究，加强教育教学管理，在深化教研机制创新、推动教研体系建设、推进课程教学改革和育人方式变革、整体提升基础教育质量等方面发挥示范带动作用，充分发挥教研基地在全省教育教学改革中的示范、引领和辐射作用，为办好人民满意的教育作出应有的贡献。

（一）总体目标

改变传统低效的教研培训形式，思考和探索江城区教师人才培养的策略与模式，从而更好地提升教师专业素养，促进教师专业发展，培养一支师德、业务、研究能力等全面发展的教师队伍，进一步提高教育教学质量。

（二）具体目标

（1）通过培养一批"种子"教师，建设一支培训者队伍，使他们在教育教研及培训方面发挥示范引领作用，辐射全区教师的专业成长。

（2）通过学科教师的全员培训，积极探索校本培训的有效路径，促进教师队伍整体素质的全面提升。

（3）创新教师专业发展机制及培养方式，探索"教坛新秀—骨干教师—名师"的人才培养新路径，构建教师专业发展新模式，全面提升江城区教师的专业素养。

（三）研究思路

本项目从教师人才发展视角出发，以教师专业发展为根本，以提升教师专业素养为目的，以"以研促教、研训合一"为切入口，以更科学的评价机制，构建"教师发展中心（教研室）—学科中心教研组—教研基地学校—学校学科教研组"四级教研网络管理工作体系，制定保障教师梯级成长的系列政策，撬动经费投入教师队伍建设，构建区域教师专业发展模式，促进全区教师专业发展。

三、项目建设内容

（一）拟解决的关键问题

（1）拟突破的重点：建立"梯级成长"的教师专业发展新模式，充分发挥"教师发展中心（教研室）—学科中心教研组—教研基地学校—学校学科教研组"四级教研网络管理的合力作用。

（2）拟解决的关键问题：在全区营造教研的浓厚氛围，遵循教师专业发展的梯级成长规律，开展青蓝工程、骨干工程和名师工程，实施开展校级、镇街和区级教坛新秀、骨干教师、名师评选和培训培养，实现全区中小学教师可以依照梯级成长路径，让老中青不同年龄和不同发展阶段的教师有荣誉激励、有学习平台、有任务驱动、有专业晋升空间，形成"名师带骨干、骨干带青蓝"的教师结对培养机制。

（二）建设任务与具体举措

1. 项目任务

本项目以习近平新时代中国特色社会主义思想为指导，全面贯彻党的教育方针，落实立德树人根本任务，以"教师专业发展机制及培养方式研究与实践"为研究主题，旨在掌握当前江城区在职中小学教师教学教研与专业发展方面的总体情况，找出与省内教育先进地区的差距，进而重点借鉴国内外教师教学教研及专业发展、人才培养的先进做法和经验，思考和探索江城区教师人才培养的途径与策略，创新教师专业发展机制及培养方式，搭建学科研究和教师成长的平台，打造区域科研教研共同体，营造健康良好的教学科研、教师培训氛围，促进教师专业发展，全面提升江城区教育教学质量。为各县区教师发展中心教研室及学校提供可借鉴的教师专业发展及培养的方式方法。

2. 具体措施

本项目的具体实施以"教师发展中心（教研室）—学科中心教研组—教

研基地学校—学校学科教研组"四级教研网络管理来构建区域教师专业发展模式，实行全区教研机构统筹规划、统一管理，形成上下贯通、相互协作的教研工作运行机制，全面提升全区教研能力，充分发挥优秀骨干教师的示范引领作用，有效开展教学研究，推进教学改革，全面提高教育教学质量。

（1）剖析本地区中小学教师发展与培养的现状及影响因素，把脉全区教师情况，对学科教师教研及专题培训提出合理化构想，作出切实可行的统筹组织安排。

（2）进行教研基地学校建设，充分发挥教师教研基地学校和校本研训的主体作用，对学科教师进行全员培训，以研训合一的模式开展教学科研和教师培训工程。

（3）进一步建设和完善现有的学科中心教研组，组织开展各类教学科研活动，以研促训，带动和培养一批骨干教师，充分利用江城区优秀教师资源，大大增强教育科研的实力。建立互动、交流、分享的工作机制，研究解决区内课程改革中的实际问题，努力提高本地区中小学学科建设和教学质量。

（4）鉴于本区没有高中学校，选择区内初中、小学及幼儿园各2所学校共6所学校作为基地学校，其中3所为城区学校（幼儿园），3所为乡镇或薄弱学校。努力将3所城区教研基地学校（幼儿园）建设成为全区学科课程改革实验中心、学科课程资源中心、学科教学交流中心和学科教师研修中心，以"结对帮扶"的形式重点帮扶另外3所乡镇或薄弱学校（幼儿园）。

（5）结合本地区实际，基于教师专业发展的宗旨，形成由教研室、区学科中心教研组、教研基地学校、学校学科教研组构成的教研共同体，构建四级教研网络教师专业发展模式，经过实践研究后，在各县区进行交流、推广和验证。

（三）创新之处

江城区教师发展中心是在阳江市率先成立并投入运作的机构，本项目研究由江城区教师发展中心牵头，充分发挥教师发展中心教科研指导室的主导作用、学科中心教研组的纽带作用以及教研基地学校和学校学科教研组的主体作用，以项目基地学校为突破口，辐射区内其他学校的校本教研培训，以研促教，研训合一，探索教师培养的有效路径和策略。

四、项目建设进度安排

本项目研究将用三年时间来实施，分三个阶段完成，进度安排如下：

（一）统筹准备阶段（2022年1月至2022年7月）

1. 确定基地，挂牌宣示

多方考察，根据学校（幼儿园）对基地建设的态度、学校（幼儿园）硬件设施达标情况、学科教学质量情况、学科教师团队能力、学科教师教研能力等方面综合研究考虑，确定6所基地学校（幼儿园），在发展中心教研室统筹引领下形成上下联动、运行高效、研训合一的教师培养机制。

2. 组建机构，计划先行

各基地学校（幼儿园）成立以校长（园长）为组长的基地工作领导小组，组员有学校（幼儿园）相关领导、学科骨干教师和区学科中心教研组成员。基地统筹发展规划，制定和完善工作制度、方案计划，计划纳入教育局、教师发展中心研训计划及学校（幼儿园）工作计划。

3. 摸查问题，靶向教研

基地学校（幼儿园）以当前本区、本校（幼儿园）的教育教学热点问题为研究对象，通过课题研究、集体研讨、课例研究、赛课评课、成果评选等方式研究新时代下的学校建设、教师发展、学生成长、德育、课堂教学等事关学校发展的实际问题，及时发现问题分析成因，不断改进教育教学措施；探索素质教育和学科核心素养的落实途径，为区域教育教学改革提供经验和借鉴。

（二）组织实施阶段（2022年8月至2024年7月）

1. 创新培训机制，提高培训实效

以全员培训为基础，以网络培训为支撑，以集中面授为重点，以骨干和专项培训为突破，以专题讲座、学科教学诊断、教学案例分析、网络学习、实践操作、互动、研讨、观摩、考核等为主要形式，以解决教学实际问题、教师需求为切入点，开展教师培训活动。如骨干教师培训、乡村教师能力提升培训、新教师领雁工程项目培训以及中小学教研员教学指导能力提升培训等。

2. 聚焦"双减"，搞活教研

基地学校（幼儿园）与区教师发展中心教研室、区学科中心教研组沟通合作，共同做好在基地举办的学科教研活动。江城区教师发展中心定期邀请省内外一线名师到基地学校（幼儿园）上示范课，开展教学研讨活动，保证基地学校（幼儿园）每学科每学期至少举办一次全区性的学科交流活动，同学段同学科全体教师参加，实现学科教师全员培训。计划每学期举办"江城区中小学学科教研大讲坛"，每周一讲，邀请专家、教研员、中心教研组骨干就教学热点开讲，突出发挥我区名优教师的辐射带动作用。努力打造高效课堂，计划每年举办"江城区中小学学科精品评比大赛"及"精品课观摩研讨活动"。

（三）总结考核推广阶段（2024年8月至2024年12月）

1. 广泛宣传，推广辐射

以微信群、公众号为依托，定期发布教研活动简报、教学研究成果，定期开展网上论坛、互动答疑等活动，做好经验推广。基地学科教研组每年总结出一定的阶段性研究成果或成功经验并推广；基地学科教研组每学期要准备至少2个完整的教学案例或课例供专题教研使用。要充分发挥示范带动作用，体现两个"辐射"——以学科教研实践为切入点，积累经验，辐射到其他学科；以开展校本教研为重点，辐射到其他学校（幼儿园）。

2. 完善对学科中心教研组和教研基地学校的管理制度，加强考核和评价

考核采取量化评定和工作实效、业绩考查相结合的方式，内容主要包括中心教研组和教研基地学校管理制度、工作计划与总结、工作运行过程、开展的专题研讨活动、教师培训成效等。考核由区教育局和教师发展中心统一部署、统一组织实施。考核既要重视定量定性考评，更要注重评价反馈，及时提炼经验和发现问题，并提出针对性意见和建议。

3. 学习交流，助推发展

在区教研室的引领下，学科中心教研组和教研基地学校（幼儿园）要加强与其他县（市、区）及外地先进市、县、学校的学习交流活动，借鉴先进经验，不断丰富内涵，促进自身发展。

4. 收集资料，分析总结

完成项目实验材料以及论文集、教学设计集、课例集等成果集的分类整理和编辑。回顾整个项目实施阶段，总结归纳，提炼，完成总结报告。优化提高，在区内外进行经验交流和推广。

五、项目组人员分工

表1　项目组人员分工明细

序号	姓名	学科学段	工作单位和职务	项目分工安排，挂点学校
1	冯全丰	初中综合实践活动	阳江市江城区教师发展中心主任	项目规划、管理，初中综合实践研究。全部学校
2	彭崇生	初中物理	阳江市江城区教师发展中心副主任	项目规划、管理，物理教学教研。全部学校
3	张雪映	初中历史	阳江市江城区教师发展中心办公室副主任	项目管理与协调、撰写报告，历史教学研究。全部学校
4	冯活	初中语文	阳江市江城区教师发展中心，教科研指导室主任	中学教育教学研究，中学语文教学管理。二中、四中
5	邓梅	小学语文	阳江市江城区教师发展中心，教科研指导室副主任	小学教育教学研究，小学语文教学管理。十三小、金郊小学
6	陈时星	初中道德与法治	阳江市江城区教师发展中心，初中小学道德与法治教研员	初中道德与法治教学研究。二中、四中
7	肖美华	小学英语	阳江市江城区教师发展中心培训室主任	教师培训，小学英语教学研究。十三小、金郊小学
8	敖进忠	初中英语	阳江市江城区教师发展中心，初中英语教研员	中学英语教学研究。二中、四中
9	许家健	初中数学	阳江市江城区教师发展中心，初中数学教研员	中学数学教学研究。二中、四中
10	张杰衡	小学数学	阳江市江城区教师发展中心	小学数学教学研究。十三小、金郊小学
11	岑自富	初中化学	阳江市江城区教师发展中心，初中化学教研员	初中化学教学研究。二中、四中
12	林良兵	初中信息技术	江城区教师发展中心，初中物理教研员	物理、信息技术教学研究。二中、四中
13	冼萍	初中生物	阳江市江城区教师发展中心，教研员	初中生物教学研究。二中、四中

序号	姓名	学科学段	工作单位和职务	项目分工安排，挂点学校
14	何燕姣	小学科学	阳江市江城区教师发展中心，教研员	小学科学教学研究。十三小、金郊小学
15	谭健明	小学体育与健康	阳江市江城区教师发展中心，教研员	小学体育与健康教学研究。十三小、金郊小学
16	王远明	初中体育与健康	阳江市江城区教师发展中心，教研员	初中体育与健康教研。二中、四中。会务安排、拍摄
17	赵 薇	中小学心理	阳江市江城区教师发展中心，教研员	中小学心理教学研究。全部学校
18	陈世光	小学综合实践活动	阳江市江城区教师发展中心，教研员	初中信息技术教学研究。二中、四中
19	敖晓红	学前教育	阳江市江城区教师发展中心，教研员	学前教育教学研究。江城幼儿园、双捷幼儿园
20	蓝 天	初中美术	阳江市江城区教师发展中心，教研员	美术教学研究。十三小、金郊小学
21	曾志国	小学信息技术	阳江市江城区教师发展中心，教研员	小学信息技术教学研究。十三小、金郊小学
22	颜廷干	小学道法	阳江市江城区教师发展中心，教研员	小学道法教学研究。十三小、金郊小学
23	雷明杨	特殊教育	阳江市江城区教师发展中心，教研员	特殊教育教学研究。全部学校
24	梁业飞	劳动技术	阳江市江城区教师发展中心，教研员	劳动技术教学研究。全部学校
25	莫心义	初中地理	阳江市江城区教师发展中心，教研员	初中地理教学研究。二中、四中
26	赖定英	小学音乐	阳江市江城区教师发展中心，教研员	小学音乐教学研究。十三小、金郊小学
27	梁意兴	初中音乐	阳江市江城区教师发展中心，教研员	中学音乐教学研究。二中、四中
28	刘雪冰	小学美术	阳江市江城区教师发展中心，教研员	小学美术教学研究。十三小、金郊小学
29	林宝盛	初中化学	阳江市岗列学校，兼职教研员	初中化学教学研究。二中、四中

序号	姓名	学科学段	工作单位和职务	项目分工安排，挂点学校
30	蔡业开	初中生物	阳江市城郊学校，兼职教研员	初中生物教学研究。二中、四中
31	谭论旺	初中地理	阳江市同心中学，兼职教研员	初中地理教学研究。二中、四中
32	洪锦柯	初中历史	阳江市同心中学，兼职教研员	初中历史教学研究。二中、四中
33	张霭妹	初中道法	阳江市第二中学副校长	学校项目规划、管理，初中道法教学研究
34	林健良	初中数学	阳江市第二中学教务副主任	学校项目措施工作，初中数学
35	陈凤英	中学政治	阳江市第四中学校长	学校项目规划、管理，初中道法教学研究
36	黄贵明	中学语文	阳江市第四中学教务主任、教研组长	学校项目措施工作，中学语文教学研究
37	雷月香	小学道法	阳江市江城第十三小学校长	学校项目规划、管理，小学道法教学研究
38	黎国琴	小学语文	阳江市江城第十三小学副校长	学校项目措施工作，小学语文教学研究
39	曾铁岩	小学教育	阳江市江城金郊小学校长	学校项目规划、管理，小学音乐教学研究
40	曾广容	小学数学	阳江市江城金郊小学教导主任	学校项目措施工作，小学数学教学研究
41	黄树娜	小学语文	阳江市江城金郊小学语文教师	学校项目措施工作，小学语文教学研究
42	林美瑞	学前教育	江城区幼儿园	幼儿园项目规划、管理，幼儿教育教学研究
43	姚　静	学前教育	江城区幼儿园	幼儿园项目措施工作，幼儿教育教学研究
44	黎成军	小学教育	双捷镇中心小学	幼儿园项目措施工作，幼儿教育教学研究
45	李月琴	学前教育	双捷镇中心幼儿园	幼儿园项目措施工作，幼儿教育教学研究

六、项目建设成效

经过为期三年的项目建设，拟达成如下预期建设成果：一是摸清本地区中小学教师专业发展的现状，形成调查报告《江城区教师专业发展现状调查》，完成《江城区教师专业发展机制建设及培养方式研究》报告。

二是探索出符合本地区中小学教师专业发展的机制，实现机制的创新，构建促进教师专业发展的良好生态。

三是构建"教师发展中心（教研室）—学科中心教研组—教研基地学校—学校教研组"四级教研网络共同促进教师专业发展的培养模式。

四是推进学科中心教研组、教研基地学校建设。

五是在教师中形成浓厚的学习、研究氛围，激发蓬勃向上的专业发展追求精神。

六是促进区域内教师个体专业素质、水平不断提高；各学段、学科培育出一定数量的教学名师、学科带头人、教学能手、教坛新秀。

七是建设一支教育观念新、改革意识强、师德高尚、有较高水平和较强实践能力、数量充足、结构合理、专兼结合的培训师队伍，使之成为学科"种子"教师，发挥辐射作用。

八是整理和编辑关于项目研究的论文集、教学设计集、课例集等成果集，建设一批教师专业发展的精品培养课程及教育网络资源库。

七、项目建设保障条件

（1）上级教研部门全力支持。阳江市教师发展中心现有3名正高级教师、2名特级教师，现正招聘各学科各学段教研员，能对本区教研指导提供有力保障。

（2）本项目负责人彭崇生，现为阳江市江城区教师发展中心副主任，分管教研室。广东省特级教师，中学物理高级教师，先后被评为全国优秀教师、全国优秀教研员、南粤优秀教师、阳江市优秀教师、江城区优秀教师，主持3项省级课题，并获得广东省基础教育教学成果二等奖一项，有较强的教研、组织、协调能力，能很好地组织开展课题研究工作。

（3）参与研究的成员有发展中心正副主任，教研室正副主任和骨干人员，能够很好地带领教研员开展相关的研究工作。

（4）参与研究的核心骨干成员是有着丰富的课题研究经验的教研员，主持和参与过多次省级的课题研究并获得优秀等次。

（5）项目实验学校阳江市第二中学、江城区第十三小学、江城区幼儿园校长或参与研究人员主持过区级以上课题研究，有着丰富的课题研究经验，学校（幼儿园）教师教研氛围浓，勤学爱教，能胜任项目研究工作。

（6）本课题研究的内容和发展中心的工作职能息息相关，本单位在工作安排以及经费保障上都能够给予很大的支持。

（7）区委、区政府和区教育局重视教育，每年能预算、安排教研经费，为项目的开展提供有力的保障。

《探究光的折射规律》课例研究报告

广东省阳江市江城区教师发展中心　彭崇生

一、研究背景

中学物理教学中培养学生的核心素养，应充分了解物理核心素养的内涵和重要性，便于教师有的放矢地落实教学改革。结合物理学科的特点与教学要求，物理核心素养的内涵包括物理观念、科学探究、科学思维、科学态度和责任。通过分析物理学科核心素养的内涵发现，中学物理教学除了传授基本理论知识以外，更要加强对学生知识运用能力的培养，注重引导学生"学以致用"，让他们体会学习物理的乐趣与重要性，从被动学习变成主动学习，加深对物理知识的理解与应用。另外，核心素养与物理能力二者相辅相成，一方面只有提高学生的物理核心素养，才能真正增强学生的物理思维与物理能力；另一方面，学生的核心素养离不开物理学科知识的支持。因此，培养核心素养符合物理教学改革需要，也是落实物理教学目标的重要手段。

二、选定研究课题的依据和过程

"探究光的折射规律"是初中物理光学的核心内容之一，是"光的直线传播"的引申，也是实施"探究式"教学的有效阵地。本节课内容集物理现象、物理概念、物理规律于一身，学生通过本节课的学习，经历提出问题、猜想与假设、制订计划、设计实验、进行实验与收集证据、分析论证、交流与评估这一完整的科学探究过程，可以使学生科学探究能力得到充分锻炼。

三、研究过程

（一）教学目标

1. 知识与技能

（1）通过对常见的有关折射现象的观察，认识光在两种介质中传播时会产生不再沿直线传播的现象；

（2）通过体会对光的折射规律探究全过程的体验，总结出"光的折射规律"。

2. 过程与方法

（1）再次体验科学探究的全过程，理解科学探究的内涵；

（2）逐渐形成设计实验方法、交流讨论及总结归纳的能力；

（3）体会演绎、归纳在科学探究过程中的作用。

3. 情感、态度与价值观

（1）通过自主学习与合作探究体会科学探究的乐趣，激发学生的求知欲和探索激情；

（2）使学生能积极与本小组及其他小组同学交流，能客观分析和评价他人的观点，培养学生善于与人交流、合作互助的良好素养；

（3）能根据探究学习的成果去分析和解决相关实际问题。养成热爱科学、勇于探索、严谨治学的良好品质。

（二）重点与难点

本节课的重点是用科学探究的方法得出光的折射规律及折射的可逆性。本节课的难点是用光的折射规律解释一些简单现象。

（三）教学过程

1. 课前预习

（1）将一双筷子斜插入空的、盛水的玻璃杯中，分别观察现象；

（2）学生用激光笔斜着从空气射入含有少量墨水的水中，观察现象；

（3）分析产生以上两种现象的原因；

（4）参照光的反射规律及探究其规律的实验，猜想光的折射规律并设计探究其规律的实验。

2. 课堂教学片段

师问：同学们在课前做过把筷子斜插入水中的实验了吗？

学生：做过了。

师问：直接看筷子和通过水看筷子是否一样？

让学生重复筷子斜插入杯中水的实验，观察并回答问题。

师问：同学们观察得很仔细，回答得也很好，请你们猜想一下，造成这些现象的原因可能是什么呢？

生答：可能是光由水进入空气中发生了偏折。

师问：同学们的猜想到底对不对？用什么来检验？

生答：用实验！

师问：对！用什么实验呢？请同学们设计一下实验方案。

生答：让一束光斜射入水中，观察光的传播方向，为了便于观察，应该用透明的器皿来装水，并在水中加少量墨水。

师问：在你们的桌子上，已经摆放着教师为你们准备好的光学仪器盒，教师先把实验装置介绍、演示一下，然后同学们就可以动手做实验。

师问：通过实验，同学们得出什么结论？

生甲：光从空气斜射入水中，传播方向发生改变。

生乙：光从一种介质进入另一种介质，传播方向发生改变。

师问：回答得很好！光从一种介质斜射入另一种介质时，传播方向一般会发生改变，这种现象叫作光的折射，这就是我们这节课要学习的主要内容。

师问：上节物理课我们学习了光的反射，请同学们回顾一下，光在反射时遵循什么规律？

生：①反射光线、入射光线与法线在同一平面内；②反射光线和入射光线分居于法线两侧；③反射角等于入射角。

师：根据刚才的实验类比于光的反射定律，你能否猜测一下，光是怎样折射的？可能遵循哪些规律？

生甲：折射光线、入射光线和法线在同一平面内。

生乙：折射光线和入射光线分居于法线两侧。

生丙：折射角等于入射角。

生丁：折射角不等于入射角。

生戊：折射角小于入射角。

生乙：折射角大于入射角。

师：同学们说得都很好，都有一定的道理，那么，光的折射现象是否遵循同学们所说的规律呢？带着这个问题，现在，人人都来当一回科学家，利用桌上的光学仪器盒来探究光在折射中遵循什么样的规律。我们还要看看哪一组发现的现象多，归纳的结论更准确、更完整。

（学生分组实验，教师巡查、指导、答疑，并时而指点操作不正确的学生，时而参与到学生的实验操作之中。大约10分钟后，许多学生画出了光路图，并整理出实验结论，学生实验操作基本完毕。）

师：通过实验，同学们得出了哪些结论？（指定一个小组）请你们小组汇报一下。

生：我们小组得出的结论是：

（1）折射光线、入射光线和法线在同一平面内；

（2）折射光线和入射光线分居于法线两侧。

师：其他小组是否也得到这两条结论？如果是，请举手。

师：还有其他结论要补充吗？

生：有，我们小组还发现，光从一种介质进入另一种介质时，传播方向也可能不发生改变，比如在垂直入射的情况下。

师：完全正确。同学们还有其他意见吗？比如说关于折射角和入射角的关系，你们的猜想如何？实验的结果又是如何？

生：我原先猜想折射角应当等于入射角，理由是与光的反射定律类比。通过实验发现，折射角一般不等于入射角。

师：这说明什么呢？要得出正确的结论，还得通过实验来检验。这位同学就是这么做的，首先，他敢于大胆猜想，然后，他能利用实验来检验这种猜想，这种做法值得我们学习。

四、教学反思与评析

（一）课堂教学评析

本堂课是根据新课程理念而设计的一节规律探究课。在本课设计时，本人将演示实验改成学生探究，让学生经历探究过程，真正成为课堂的主人，真正参与到学习中。本人通过引导和学生的异质互补，使学生学会自主学习、探究学习和合作学习。本课改变了以往物理课教师过分强调知识的传承的倾向，让学生经历探究过程，主动学习探究方法，培养探究精神和实践能力。在这节课中还注重学生的创新思维品质的培养，让学生提出问题，培养他们收集、整理分析信息进而解决问题的能力。同时，这节课还能关注每一个学生的情感，师生共同营造和谐民主的学习氛围。本人从生活中的自然现象中引出与之有关的物理问题，引起了学生的兴趣；通过将筷子斜插入水中的实验，引导学生对有关光的传播作出大胆的猜想，集中了学生的注意力，产生探索动机；然后通过分组实验，学生两人一组，边做边记录，教师巡视，注意学生的实验操作是否合理，做个别辅导。学生在教师的指导下自觉、主动和教师、同学间交流，思维不断活跃，在开放发散中探索，既有异又有序。在实验探究过程中，当小组总结出规律时，教师再顺势层层追问，引出新的问题，并引导学生进一步思考，这种探究活动有利于培养学生思维的深刻性和批判性。

在教学中，教师要为学生的学习提供足够的时间和空间，适当布置课外小制作、小实验、探索实验等，以增强学生的思维能力、动手能力、设计能力、与人合作能力、处理数据能力、创新能力等，从而培养学生的科学素养。课堂为学生提供充足的自主学习和与同学合作交流的时间，让学生能够平等地参与教学，克服心理障碍，大胆质疑。允许学生有不同的观点，允许学生发生失误和错误，鼓励学生创新，开拓学生的知识领域，学生才能更容易发现各知识之间的联系，受到启示，触发联想，产生迁移和连接，形成新的观点和新的理论，达到认识上的飞跃。拓宽知识面也是培养学生科学素养的重要途径，发展学生的创造性思维、培养学生的科学素养必须重视牢固的基础知识和基本技能的掌握，因此，在物理教学中，教师要讲得精，要让学生学得透、练得巧。教师只有有意识地将科学方法和科学态度当作教学目标，才能巧妙地发掘、发展科学探究实验这一载体，使之成为培养学生物理核心素养的有效手段。

（二）教学反思

在本节课的整个教学过程中突出了以下几个特点：

（1）重视物理规律的发现过程，让学生在自主性研究学习中体验科学研究的方法。所有结论的得出并不是由教师讲授，而是由学生在实验中发现总结得出，体现了学生学习的自主性；

（2）充分调动了学生的积极性，课堂气氛活跃，使学生乐于学习，主动探究；

（3）教师在教学过程中，表现出对学生的欣赏和鼓励，这种平等和谐的师生关系是新课程所追求的。

演示实验教学是教师经常运用的一种实验教学方式，演示实验做得好，学生在探究过程中会变得事半功倍，这就要求教师除按照实验要求进行规范操作外，还需要注意以下细节：

（1）操作前要向学生详细介绍实验的目的和原理，以提高教学实验的有效性；

（2）实验过程中要引导学生把注意力集中到要观察的对象和环节上，以提高实验教学的目的性；

（3）演示仪器的位置要适宜，应尽可能在学生都能观察到的范围内，注意仪器设备安放的角度，提高教学实验的直观性；

（4）演示仪器必须展示的部分应尽量醒目，以提高学生的注意力，减少观察的盲目性；

（5）实验演示过程中应配合适时的讲解和手势，充分启发学生思考，引导学生发现问题，及时将学生的感性认识提高并概括，形成概念和规律；

（6）实验演示结束后应及时把仪器从讲台上移开，以免分散学生的注意力或阻挡学生的视线。

以先进的教学理念进行教学，将传统引入环节变成知识升级环节，不仅能让学生学到科学知识，学到科学研究方法，增强科学能力，养成正确的科学情感、态度和价值观，同时也能让学生正确地认识科学、技术与社会的关系，提升学生的科学素养。教学设计贴近学生的生活，有利于让学生从熟悉的生活现象中探究并认识物理规律，使学生通过将物理知识及科学研究方法与社会实践结合，体会到物理在生活与生产中的实际应用。这不仅可以增强学生学习物理的兴趣，还可以培养学生良好的思维习惯和科学探究能力。在教学中展示教材内容和广阔的信息资源之间的开放性联系，渗透爱国主义教育，可使教材内外、课堂内外、学校内外的物理学习有效结合，提高学生的兴趣及认知水平。

江城区物理实验教学现状调查报告

广东省阳江市江城区教师发展中心　林良兵

《义务教育物理课程标准（2011版）》课程基本理念中明确指出：提倡教学方式多样化，注重科学探究，要求注重采用探究式的教学方法，让学生经历科学探究过程，学习科学方法，培养其探索精神和实践能力。加强初中物理学科实验探究教学、对激发学生学习物理的兴趣和求知欲、提高学生的实验知识和实验能力、培养学生的科学态度和探索精神、提高物理课堂教学效率和学生学习效率具有重要的意义。为了全面了解江城区初中物理实验教学现状，研究解决可能存在的问题，我们课题组于2018年4月在江城区采取网络问卷调查的方式进行了"江城区物理实验教学现状"调查（调查问卷见附件），调查内容主要是了解初中物理实验教学条件和实验教学开展状况以及了解物理教师教学能力及对初中实验教学的一些看法，全区共有13所公办学校41名教学参与了此次网络问卷调查。将问卷调查数据输入SSPS进行可靠性检验为可靠（Cronbach's Alpha系数为0.876）。现将调查有关情况和结果分析报告如下。

一、教师基本情况分析

1. 本教学专业分布

参加本次调查的初中共有13所，41名教师，教师的基本专业分布情况统计分析如表1所示，其中物理专业教师占样本总人数的97.56%，非物理专业教师占2.44%。

表1 本教学专业分布情况

专业教师	是	否	合计
人数	40	1	41
百分比	97.56%	2.44%	100%

2. 本教师区域分布

样本教师区域分布如表2所示，其中城区教师占60.98%，乡镇教师占39.02%。

表2 本教师区域分布情况

区域	城区	乡镇	合计
人数	25	16	41
百分比	60.98%	39.02%	100%

3. 本教师职称、教龄及学历分布

样本教师职称分布如表3所示，其中专职实验员为0，中学二级（以下）占12.20%，中学一级占68.29%，中学高级占19.51%。教师教龄分布情况如表4所示，5年内教龄段的教师为零，5～15年教龄段的教师相对少些，教龄段15年以上相对集中，占75.61%。教师学历分布如表5所示，教师学历主要以大学本科为主，占90.24%，大专及大专以下占9.76%。

表3 本教师职称分布情况

教师职称	专职实验员	中学二级	中学一级	中学高级	合计
人数	0	5	28	8	41
百分比	0	12.20%	68.29%	19.51%	100%

表4 本教师教龄分布情况

教师教龄	5年以内	5～15年	15年以上	退休返聘	合计
人数	0	10	31	0	41
百分比	0	24.39%	75.61%	0	100%

表5　本教师学历分布情况

教师学历	大专以下	大学专科	大学本科	硕士以上	合计
人数	1	3	37	0	41
百分比	2.44%	7.32%	90.24%	0	100%

二、学校领导对初中物理实验教学的重视情况

1. 本教师所在学校领导对其教学的重视程度

如表6所示，相对应的柱形图如图1所示。从图表中可看出，58.54%的样本教师认为学校领导对物理实验教学重视和特别重视，39.02%的教师认为学校重视程度一般，有2.44%的教师表示学校领导对物理实验教学不重视。

表6　本教师所在学校领导对其教学的重视程度相关数据

重视程度	特别重视	重视	一般	不重视	特别不重视	合计
人数	4	20	16	1	0	41
百分比	9.76%	48.78%	39.02%	2.44%	0	100%

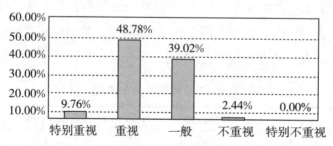

图1　本教师所在学校领导对其教学的重视程度柱形图对比

不同区域所在学校对物理实验教学的重视程度如图2所示，68.75%的乡镇教师认为学校重视（特别重视+重视），52.00%的城区教师认为学校重视（特别重视+重视），可见乡镇学校比城区学校更重视物理实验的教学情况。但是有6.25%的乡镇教师表示学校不重视物理实验的教学。学校领导对物理实验教学的重视程度会影响物理教师对物理实验教学开展的积极性，特别是在实验经费投入少、硬件设备不完善、实验仪器不足的情况下，更是影响了物理实验教学的正常开展。

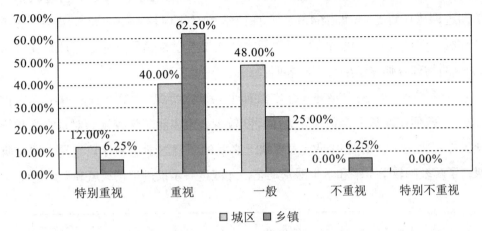

图2　城区、乡镇学校对其教学的重视程度柱形图对此

2. 学期学校领导听样本个人教师上课次数

一学期学校领导听样本个人教师上课次数如表7所示，相对应的柱形图如图3所示，可见有68.29%的物理教师表示一学期领导听课的次数在1～2次，有9.76%的物理教师表示一学期从没有领导到课堂听课。

表7　听课人数及占比

听课次数	0次	1～2次	3～4次	5～6次	7次以上	合计
人数	4	28	5	4	0	41
百分比	9.76%	68.29%	12.20%	9.76%	0	100%

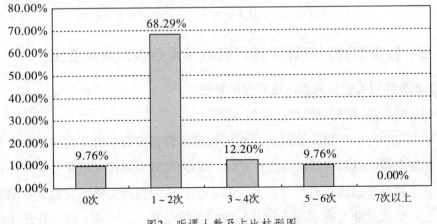

图3　听课人数及占比柱形图

不同地区领导听课的次数如图4所示，可见城区学校领导对物理教师一学期进课堂听课1～2次占64.00%，乡镇学校对物理教师一学期听课1～2次占75.00%，但城区有12.00%的物理教师本学期没有学校领导进课堂听课，比乡镇6.25%的物理教师本学期没有领导听课略高。

一学期来，学校领导进入样本教师个人课堂听课1～2次占68.29%，0次占9.76%，教师在课堂上得到领导关注程度较少，也表明了学校领导对日常教学管理工作不太重视，对师生课堂表现缺乏必要的了解。学校领导只有深入课堂听课，了解教师教学水平和学生课堂动态，才能进一步推进学校教风和学风建设。

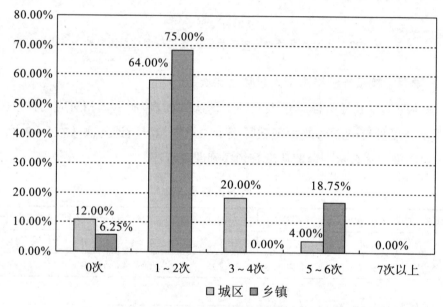

图4　学校领导进入样本教师个人课堂听课情况柱形图

三、样本教师对物理实验探究教学重要性的基本看法

1.本教师对实验探究教学重要性的看法

如表8所示，相对应的柱形图如图5所示。

从图表中可以看出，物理教师对于物理实验探究教学对落实三维教学目标认为非常有帮助或较有帮助的共计100%，认为物理实验探究教学对学生考试能力提升非常有帮助或较有帮助的共计92.69%，认为物理实验探究教学对培养初中学生科学素质非常有帮助或较有帮助的共计82.93%，可见大家对物理实验探

究教学重要性持有基本一致的、正确的看法，认为物理实验探究教学对落实三维教学目标、学生考试能力提升和培养初中学生科学素质有帮助。

表8　实验教学重要性数据分析

实验教学重要性	物理实验探究教学对落实三维教学目标		物理实验探究教学对学生考试能力提升		物理实验探究教学对培养初中学生科学素质	
	人数	百分比	人数	百分比	人数	百分比
非常有帮助	23	56.10%	23	56.10%	25	60.98%
较有帮助	18	43.90%	15	36.59%	9	21.95%
一般	0	0.00%	3	7.32%	6	14.63%
较少	0	0.00%	0	0.00%	1	2.44%
几乎没有帮助	0	0.00%	0	0.00%	0	0.00%

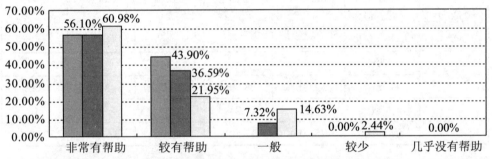

图5　实验教学重要性数据分析柱形图

如表9所示，相对应的折线图如图6所示。不同地区（城区和乡镇）教师认可实验探究教学的重要性，城区和乡镇100%的教师认为物理实验探究教学对落实三维教学目标有帮助，城区88%的教师认为物理实验探究教学对学生考试能力提升有帮助，城区80%的教师认为物理实验探究教学对培养初中学生科学素质有帮助；乡镇100%的教师认为物理实验探究教学对学生考试能力提升有帮助，乡镇87.50%的教师认为物理实验探究教学对培养初中学生科学素质有帮助。从表中可以看出，乡镇学校教师对探究实验教学的重要性更加看重，认为"非常有帮助"比例比城区更高，城区与乡镇对探究实验教学的重要性认可有一定的差异性。

表9 城区、乡镇物理实验探究教学分析

物理实验探究教学对落实三维教学目标有帮助		非常有帮助	较有帮助	一般	较少	几乎没有帮助
城区	人数	11	14	0	0	0
	百分比	44.00%	56.00%	0.00%	0.00%	0.00%
乡镇	人数	12	4	0	0	0
	百分比	75.00%	25.00%	0.00%	0.00%	0.00%
物理实验探究教学对学生考试能力提升有帮助		非常有帮助	较有帮助	一般	较少	几乎没有帮助
城区	人数	12	10	3	0	0
	百分比	48.00%	40.00%	12.00%	0.00%	0.00%
乡镇	人数	12	4	0	0	0
	百分比	68.75%	31.25%	0.00%	0.00%	0.00%
物理实验探究教学对培养初中学生科学素质有帮助		非常有帮助	较有帮助	一般	较少	几乎没有帮助
城区	人数	13	4	4	1	0
	百分比	52.00%	28.00%	16.00%	4.00%	0.00%
乡镇	人数	12	2	2	0	0
	百分比	75.00%	12.50%	12.50%	0.00%	0.00%

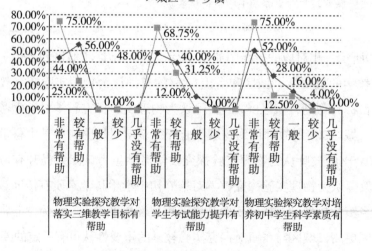

图6 城区、乡镇物理实验探究教学分析柱形图

2. 物理实验探究教学在物理教学中的地位

物理实验探究教学在物理教学中的地位如表10所示，对应的柱形图如图7所示。全区90.24%的教师认为物理实验探究教学在物理教学中的地位比较重要，9.76%的教师认为有点重要，可见其中100%的乡镇教师认为物理实验探究教学在物理教学中的地位很重要，有81.25%的乡镇教师认为非常重要。可见物理作为一门以观察和实验为基础的科学，物理教师都认同实验探究在教学中占有很重要的地位，看法基本是一致认可的，其中乡镇教师比城区教师更认可物理实验探究教学在物理教学中的重要性地位。

表10　全区、城区、乡镇物理实验探究教学在物理教学中的地位分析

物理实验探究教学在物理教学中的地位		非常重要	比较重要	有点重要	可有可无	不重要
全区	人数	26	11	4	0	0
	百分比	63.41%	26.83%	9.76%	0.00%	0.00%
城区	人数	13	8	4	0	0
	百分比	52.00%	32.00%	16.00%	0.00%	0.00%
乡镇	人数	13	3	0	0	0
	百分比	81.25%	18.75%	0.00%	0.00%	0.00%

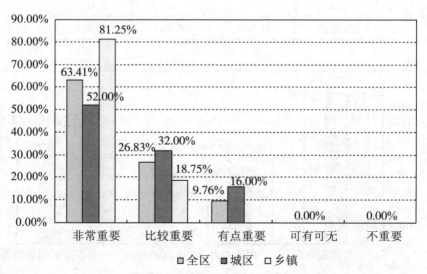

图7　全区、城区、乡镇物理实验探究教学在物理教学中的地位分析柱形图

3. 阶段教学主要培养学生能力

现阶段教学主要培养学生能力如表11所示,相对应的柱形图如图8所示,由图表中可见,现阶段教学主要培养学生的解题能力(占41.46%)和解决实际问题能力(占34.15%),其次是探究能力的培养(占24.3%),而创新能力的培养最少(占0.00%)。从表中可以看出,不同地区教师培养学生能力差异较小。在一些学校、教师看来,现阶段教学以应对升学考试为主要目标,集中精力去培养学生的解题能力及解决问题能力,希望在以后的中考中取得更好的成绩排名。在这种应试背景下,尤其是现阶段实验卷面考试方式下,物理教师还存在着"做实验不如讲实验,讲实验不如背实验"的"应试实验"教学理念,很少考虑学生实际的探究能力,创新能力培养更是被直接忽略掉。

表11 全区、城区、乡镇学生能力培养目标分析

现阶段教学主要培养学生能力		解题能力	探究能力	创新能力	解决实际问题能力
全区	人数	17	10	0	14
	百分比	41.46%	24.30%	0.00%	34.15%
城区	人数	10	7	0	8
	百分比	43.75%	18.75%	0.00%	37.50%
乡镇	人数	7	3	0	6
	百分比	41.46%	24.39%	0.00%	34.15%

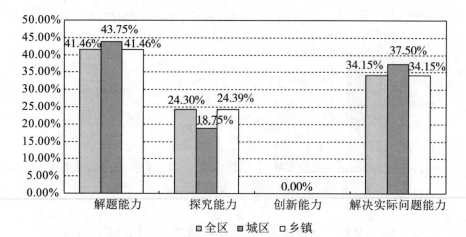

图8 全区、城区、乡镇学生能力培养目标分析柱形图

四、样本教师学校实验条件

1. 学校实验室学生实验器材配备情况

如表12所示，相对应的柱形图如图9，由图表可见，教师普遍认为实验器材配备充足的占12.50%，要求做的实验都有占24.39%，要求做的实验大多数有的占29.27%，只有少数要求做的实验器材占34.15%，城区和乡镇之间并没有明显的差异。从图中可见，本区实验室学生实验器材配备情况不容乐观，超过34.15%的教师表示只有少数要求做的实验器材，学生实验器材不足直接影响学生探究实验正常开展。

表12　城区、乡镇、全区学生实验器材配备情况分析

学校实验室学生实验器材配备		实验器材配备充足	要求做的实验都有	要求做的实验大多数有	只有少数要求做的实验器材	几乎没有
城区	人数	3	4	10	8	0
	百分比	12.00%	16.00%	40.00%	32.00%	0.00%
乡镇	人数	2	6	2	6	0
	百分比	12.50%	37.50%	12.50%	37.50%	0.00%
全区	人数	5	10	12	14	0
	百分比	12.50%	24.39%	29.27%	34.15%	0.00%

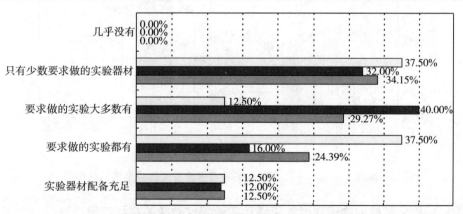

图9　城区、乡镇、全区学生实验器材配备情况分析柱形图

2. 学校的实验仪器设备更新补充情况

如表13所示，相对应的柱形图如图10所示。由图表中可知，学校实验仪器设备更新补充只有7.32%的教师认为非常及时，17.07%的教师认为补充及时，46.34%的教师认为不能及时补充，2.44%的教师认为基本不补充。城区52.00%的教师认为不能及时补充。从图表中可知，超过46.34%的教师认为实验仪器不能及时补充，情况并不乐观，实验仪器不能及时补充，对于一些消耗性材料及仪器将直接影响学生实验的正常开展。

表13　城区、乡镇、全区学校的实验仪器设备更新补充情况

学校的实验仪器设备更新补充		非常及时	及时	还可以	不及时	基本不补充
城区	人数	1	6	5	13	0
	百分比	4.00%	24.00%	20.00%	52.00%	0.00%
乡镇	人数	2	1	6	6	1
	百分比	12.50%	6.25%	37.50%	37.50%	6.25%
全区	人数	3	7	11	19	1
	百分比	7.32%	17.07%	26.83%	46.34%	2.44%

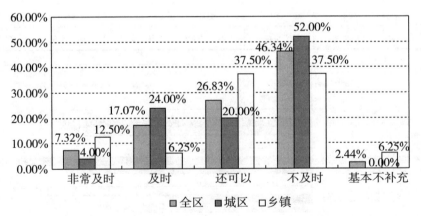

图10　城区、乡镇、全区学校的实验仪器设备更新补充情况柱形图

3. 现阶段学校的物理课时能否满足实验探究教学的需要情况

物理课时能否满足实验探究教学的需要情况如表14所示，相对应的柱形图如图11所示。从图表中可得出，12.20%的教师认为现阶段学校物理课时非常满

足开展实验探究教学需要，19.51%的教师认为较满足，48.78%的教师认为不满足或根本不满足。这反映了大部分学校没能投入足够的时间按照课程标准开展实验教学，现有的课时不利于实验探究教学的开展。他们认为按照课程标准开展探究教学时间较多，往往一节课能够完成的教学过程若以实验探究教学进行则需要更多的时间，并且学校学生实验器材不足，更难达到要求的教学目标，不能适应现行的应试需要。

表14　城区、乡镇、全区物理课上开展实验探究教学情况

现在学校的物理课时能满足开展实验探究教学		非常满足	较满足	满足	不满足	根本不满足
城区	人数	2	6	4	11	2
	百分比	8.00%	24.00%	16.00%	44.00%	8.00%
乡镇	人数	3	2	4	7	0
	百分比	18.75%	12.50%	25.00%	43.75%	0.00%
全区	人数	5	8	8	18	2
	百分比	12.20%	19.51%	19.51%	43.90%	4.88%

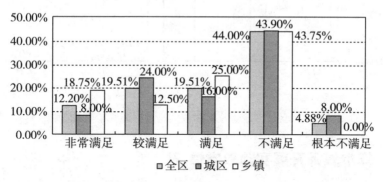

图11　城区、乡镇、全区物理课上开展实验探究教学情况柱形图

4. 每一节课实验材料备妥情况

每一节课实验材料备妥情况如表15所示，相对应的柱形图如图12所示。从图表中可以看出，每节课实验材料总是能够准备妥当的教师占19.51%，经常能够准备妥当的教师加上总是能够准备妥当的教师为60.97%，由调查可得知，本区物理教师当中并没有配备专职的实验员，教师开展实验教学材料往往是自己准备，没有足够的时间来准备合适的实验器材，这反映了还有一部分教师在没

有准备好实验材料的情况下进行物理教学，这在一定程度上限制了实验探究教学的开展。

表15　城区、乡镇、全区学校实验材料备妥情况

每一节课实验材料备妥情况		总是	经常	一般	很少	没有
城区	人数	5	12	7	1	0
	百分比	20.00%	48.00%	28.00%	4.00%	0.00%
乡镇	人数	3	5	7	1	0
	百分比	18.75%	31.25%	43.75%	6.25%	0.00%
全区	人数	8	17	14	2	0
	百分比	19.51%	41.46%	34.15%	4.88%	0.00%

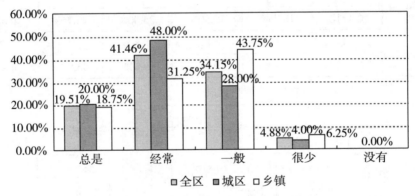

图12　城区、乡镇、全区学校实验材料备妥情况柱形图

五、样本教师开展实验教学情况

1. 演示实验开展情况

演示实验开展情况如表16所示，相对应的柱形图如图13所示。从图表中可以看出，教材课标上要求教师做的演示实验，24.39%的样本教师全做了，58.54%的样本教师大部分做了，还有17.07%的样本教师只是部分做了。不同区域对演示实验的开展有所不同，从图中可知，乡镇学校对演示实验的开展明显比城区学校好。可见样本教师开展演示实验较少，教师在研究教材及教学实践中，对学生在那些感到抽象、接受困难、容易混淆的地方，没有通过直观的演

示实验进行解决。这也反映了大部分样本教师对演示实验的重视程度不足或者演示实验仪器缺少致使演示实验没法正常开展。

表16　城区、乡镇、全区演示实验开展情况

教材上要求的演示实验开展情况		全做了	大部分做了	部分做了	少部分做了	没做过
城区	人数	3	18	4	0	0
	百分比	12.00%	72.00%	16.00%	0.00%	0.00%
乡镇	人数	7	6	3	0	0
	百分比	43.75%	37.50%	18.75%	0.00%	0.00%
全区	人数	10	24	7	0	0
	百分比	24.39%	58.54%	17.07%	0.00%	0.00%

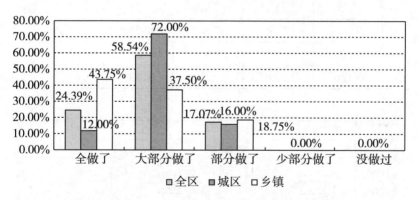

图13　城区、乡镇、全区演示实验开展情况柱形图

2. 组织开展学生实验探究的次数

组织开展学生实验探究的次数如表17所示，相对应的柱形图如图14所示。从图表中可看出，36.59%的样本教师组织学生开展实验探究1～2次，26.83%的样本教师组织学生开展实验探究3～4次，19.51%的样本教师组织学生开展实验探究5～6次，只有12.20%的样本教师组织学生开展7次以上的实验探究，还有4.88%的样本教师没有组织学生开展过实验探究。不同区域中开展次数有所不同，城区学校52.00%的教师只组织学生开展过1～2次实验探究活动，乡镇学校37.50%的教师组织学生开展5～6次探究实验。从图表中可知，乡镇学校比城区学校开展学生实验探究次数多，说明乡镇学校对城区学校更重视学生实验探究

活动，更注重学生动手能力的培养。可见样本教师组织学生开展实验探究的次数较少，而城区学校对学生实验探究不重视，往往放弃部分实验，由实验演示、计算机软件模拟实验或播放实验视频和练习习题代替。教师由于课时、实验器材等各种原因减少了学生探究的机会和条件，学生不能亲身经历物理探究活动，从而缺少在参与过程中的体验和感悟，不利于培养学生的探索精神、实践能力以及创新意识。

表17 城区、乡镇、全区组织学生开展实验探究的次数

开学期组织学生开展实验探究的次数		7次以上	5～6次	3～4次	1～2次	0次
城区	人数	2	2	8	13	0
	百分比	8.00%	8.00%	32.00%	52.00%	0.00%
乡镇	人数	3	6	3	2	2
	百分比	18.75%	37.50%	18.75%	12.50%	12.50%
全区	人数	5	8	11	15	2
	百分比	12.20%	19.51%	26.83%	36.59%	4.88%

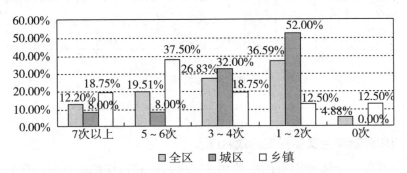

图14 城区、乡镇、全区组织学生开展实验探究的次数柱形图

3. 课本中的"课外活动"开展情况

课本中的"课外活动"开展情况如表18所示，相对应的柱形图如图15所示。由图表可知，26.83%的样本教师没有开展课本中的"课外活动"，36.59%的样本教师只开展过1～2次"课外活动"，开展7次以上的不超过2.44%。从图表中可以看出，不同区域的学校对"课外活动"的开展没有太大的差异，63.42%的教师没有开展课外活动或只开展过1～2次。课本中为师生提供了一些

小实验、小制作等课外活动，引导学生到生活中、自然界去观察、调查、探究等，让学生的才智能力有充分发挥的机会。在一些学校和教师看来，这些活动的开展会给教师带来许多麻烦和困难，一是考虑到"课外活动"会给学校带来许多未知的安全问题，二是教师没有充足的时间为学生进行必要的充分的指导和解答。因此教师只能进行部分活动之间的取舍，节省大量时间来做习题训练，以应对考试，对于学生学习兴趣、实验探究能力培养相对就很少考虑。

表18　城区、乡镇、全区课本中的"课外活动"开展情况

课本中的"课外活动"开展情况		7次以上	5~6次	3~4次	1~2次	0次
城区	人数	1	1	6	10	7
	百分比	4.00%	4.00%	24.00%	40.00%	28.00%
乡镇	人数	0	6	1	5	4
	百分比	0.00%	37.50%	6.25%	31.25%	25.00%
全区	人数	1	7	7	15	11
	百分比	2.44%	17.07%	17.07%	36.59%	26.83%

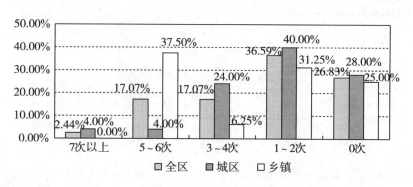

图15　城区、乡镇、全区课本中的"课外活动"开展情况柱形图

4. 学校经常组织开展小制作、小实验、小创作等活动情况

学校经常组织开展小制作、小实验、小创作等活动情况如表19所示，相对应的柱形图如图16所示。从图表中可发现：对于学校经常组织开展小制作、小实验、小创作等活动，34.15%的样本教师认为完全不符合，29.27%的样本教师认为有点符合，认为符合的、较符合和完全符合的总共占36.59%。不同地区城区和乡镇对组织开展小制作、小实验、小创作等活动情况没有明显的差异性，

基本上是很少经常组织开展小制作、小实验、小创作等活动。可见学校和教师对组织开展小制作、小实验、小创作等活动很不重视，或许他们也曾认同开展小制作、小实验、小创作等活动的重要性，但在当今升学考试的大背景下，特别是现在对实验考试的方式，学校和教师不得不节省各种课外活动时间，采取以习题训练代替动手操作的应对方式。

表19　城区、乡镇、全区学校组织开展小制作、小实验、小创作等活动情况

学校经常组织开展小制作、小实验、小创作等活动情况		完全符合	较符合	符合	有点符合	完全不符合
城区	人数	0	2	6	8	9
	百分比	0.00%	8.00%	24.00%	32.00%	36.00%
乡镇	人数	2	2	3	4	5
	百分比	12.50%	12.50%	18.75%	25.00%	31.25%
全区	人数	2	4	9	12	14
	百分比	4.88%	9.76%	21.95%	29.27%	34.15%

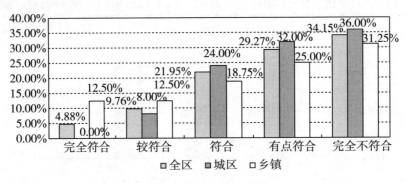

图16　城区、乡镇、全区学校组织开展小制作、小实验、小创作等活动情况柱形图

5. 学校开展物理实验教学的方式

学校开展物理实验教学的方式如表20所示，相对应的柱形图如图17所示。从图表中可以得知，学校教师在开展物理实验教学时9.76%的样本教师会与学生共同探究，34.15%的样本教师会部分时间自己讲、部分时间让学生动手实验，19.51%的样本教师做演示实验，36.59%的样本教师只是计算机软件模拟实验或播放实验视频，没有教师以讲代做、不做实验。可见学校教师在处理实验时很少与学生共同探究，多数用计算机软件模拟实验或播放实验视频，或者教师自

己讲一部分，再让学生动手完成一部分，学生很少有机会体验完整的实验探究过程，尤其是乡镇学校56.25%的教师经常以计算机软件模拟实验或播放实验视频应付学生实验活动。

表20　城区、乡镇、全区学校开展物理实验教学的方式

学校开展物理实验教学的方式		与学生共同探究	部分时间自己讲，部分时间让学生动手实验	教师做演示实验	计算机软件模拟实验或播放实验视频	以讲代做，不做实验
城区	人数	3	9	7	6	0
	百分比	12.00%	36.00%	28.00%	24.00%	0.00%
乡镇	人数	1	5	1	9	0
	百分比	6.25%	31.25%	6.25%	56.25%	0.00%
全区	人数	4	14	8	15	0
	百分比	9.76%	34.15%	19.51%	36.59%	0.00%

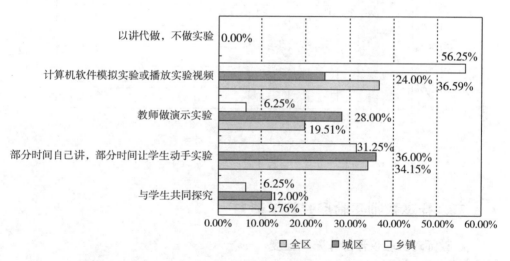

图17　城区、乡镇、全区学校开展物理实验教学的方式柱形图

6. 实验探究活动器材主要来源

实验探究活动器材主要来源如表21所示，相对应的柱形图如图18所示。从图表中可知，学校教师组织开展的实验探究活动所用的器材，90.24%的样本教师认为是由学校和教师准备提供，学生自备的实验器材为零，不同地区的城区和乡镇没有明显的差异。这主要是学校和教师很少组织开展小制作、小实验、

小创作等一些课外活动,学生没有足够的兴趣和信心在生活中、自然界中自行开展观察、调查、探究等活动,学生实验探究活动更多局限于教师组织的实验室内活动,平时很难根据实验探究活动自己准备相应的实验器材。

表21　城区、乡镇、全区实验探究活动器材主要来源准备情况

实验探究活动器材来源准备		学校准备	教师准备	学生自备	都有
城区	人数	14	9	0	2
	百分比	56.00%	36.00%	0.00%	8.00%
乡镇	人数	7	7	0	2
	百分比	43.75%	43.75%	0.00%	12.50%
全区	人数	21	16	0	4
	百分比	51.22%	39.02%	0.00%	9.76%

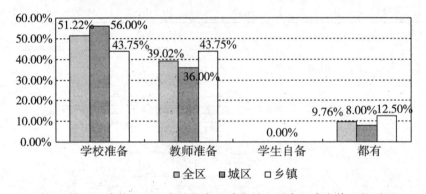

图18　城区、乡镇、全区实验探究活动器材主要来源准备情况柱形图

六、样本教师实验探究教学能力

1. 教师对实验仪器操作熟练程度

教师对实验仪器操作熟练程度如表22所示,相对应的柱形图如图19所示。从图表中可以看出,100%的样本教师认为自己达到符合实验仪器及其操作的熟练程度,其中65.85%的样本教师认为自己达到完全符合实验仪器及其操作的熟练程度,不同区域的教师认为自己对实验仪器及其操作的熟练程度没有明显的差异。

表22　城区、乡镇、全区教师对仪器和操作的熟悉程度分析

教师对仪器和操作很熟悉		完全符合	较符合	符合	有点符合	完全不符合
城区	人数	17	5	3	0	0
	百分比	68.00%	20.00%	12.00%	0.00%	0.00%
乡镇	人数	10	2	4	0	0
	百分比	62.50%	12.50%	25.00%	0.00%	0.00%
全区	人数	27	7	7	0	0
	百分比	65.85%	17.08%	17.07%	0.00%	0.00%

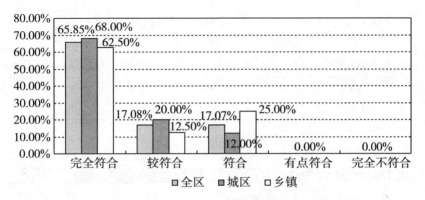

图19　城区、乡镇、全区教师对仪器和操作的熟悉程度分析柱形图

2. 教师教学行为

教师教学行为如表23所示，相对应的柱形图如图20所示。从图表可知，95.12%的样本教师在每次实验教学前经常自己预先操作实验，80.49%的样本教师在课前对实验有详细教案及PPT并能不断修改，70.74%的样本教师能够根据教学内容将生活中的趣味实验引用到教学中来，68.29%的样本教师能够仔细设计实验问题，根据实验进度引导学生观察，可见大部分教师在上实验教学前准备工作做得还是较为充足的，花费大量时间完成备课。36.59%的样本教师经常尝试对教材中已有的实验进行改进或创新，21.95%的样本教师经常制作一些小实验辅助教学，可见样本教师基本是按照课本教学要求开展实验教学以完成教学任务，很少会对实验进行创新，对于在课堂中增加一些小实验辅助教学则更少。

表23

教学行为	每次实验教学前，自己预先操作实验	课前对实验有详细教案及PPT并能不断修改	尝试对教材中已有的实验进行改进或创新	将生活中的趣味实验引用到教学中来	制作一些小实验辅助教学	设计实验问题，根据实验进度引导学生观察
总是	23（56.10%）	22（53.66%）	3（7.32%）	5（12.2%）	2（4.88%）	6（14.63%）
经常	16（39.02%）	11（26.83%）	12（29.27%）	24（58.54%）	7（17.07%）	22（53.66%）
一般	2（4.88%）	5（12.2%）	20（48.78%）	9（21.95%）	22（53.66%）	13（31.71%）
很少	0（0.00%）	3（7.32%）	6（14.63%）	3（7.32%）	10（24.39%）	0（0%）
没有	0（0.00%）	0（0%）	0（0%）	0（0%）	0（0%）	0（0%）

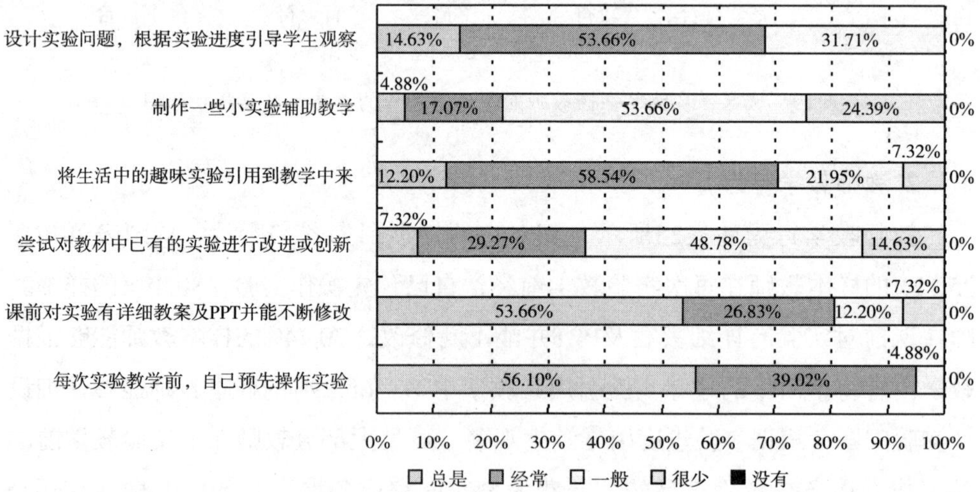

图20

不同区域教师的教学行为看法如表24所示，相应的折线图如图21所示。

从图表可知，不同区域教师对于"每次实验教学前，自己预先操作实验""尝试对教材中已有的实验进行改进或创新""根据教学内容，将生活中的趣味实验引用到教学中来""仔细设计实验问题，根据实验进度引导学生观察"的教学行为基本一致，差异不大；对于"课前对实验有详细教案及PPT并能不断修改""制作一些小实验辅助教学"的教学行为则存在一定的差异。对于"课前对实验有详细教案及PPT并能不断修改"的教学行为，乡镇教师表示总是的较多，而表示一般的较少；在对"制作一些小实验辅助教学"城区教师表示一般的较多。

表24　城区、乡镇教学行为分析

教学行为		总是	经常	一般	很少	没有
每次实验教学前，自己预先操作实验	城区	13（52%）	10（40%）	2（8%）	0（0%）	0（0%）
	乡镇	10（62.5%）	6（37.5%）	0（0%）	0（0%）	0（0%）
课前对实验有详细教案及PPT并能不断修改	城区	11（44%）	9（36%）	5（20%）	0（0%）	0（0%）
	乡镇	11（68.75%）	2（12.5%）	0（0%）	3（18.75%）	0（0%）
尝试对教材中已有的实验进行改进或创新	城区	1（4%）	7（28%）	14（56%）	3（12%）	0（0%）
	乡镇	2（12.5%）	5（31.25%）	6（37.5%）	3（18.75%）	0（0%）
根据教学内容，将生活中的趣味实验引用到教学中来	城区	3（12%）	16（64%）	5（20%）	1（4%）	0（0%）
	乡镇	2（12.5%）	8（50%）	4（25%）	2（12.5%）	0（0%）
制作一些小实验辅助教学	城区	2（8%）	2（8%）	17（68%）	4（16%）	0（0%）
	乡镇	0（0%）	5（31.25%）	5（31.25%）	6（37.5%）	0（0%）
仔细设计实验问题，根据实验进度引导学生观察	城区	3（12%）	14（56%）	8（32%）	0（0%）	0（0%）
	乡镇	3（18.75%）	8（50%）	5（31.25%）	0（0%）	0（0%）

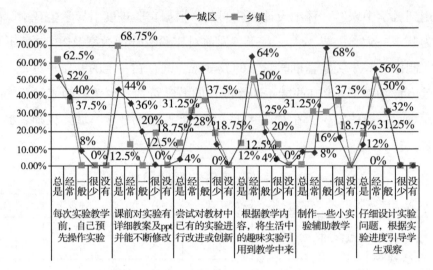

图21　城区、乡镇教学行为分析柱形图

3. 学生在课堂实验教学的配合程度

学生在课堂实验教学的配合程度如表25所示，相应的柱形图如图22所示。从图表可知，12.2%的样本教师认为学生在课堂实验教学中非常配合，46.34%的样本教师认为学生在课堂实验教学中比较配合，36.59%的样本教师认为学生在课堂实验教学中配合，95.12%的教师认为学生在课堂实验教学中配合。可见学生在实验教学中确实具有主动参与探究活动的兴趣，能主动参与到课堂教学过程中，配合课堂实验教学。

表25　城区、乡镇、全区学生在课堂实验教学的配合程度分析

学生在课堂实验教学的配合程度	非常配合	比较配合	配合	比较不配合	完全不配合
城区	2（8%）	12（48%）	10（40%）	1（4%）	0（0%）
乡镇	3（18.75%）	7（43.75%）	5（31.25%）	1（6.25%）	0（0%）
全区	5（12.2%）	19（46.34%）	15（36.59%）	2（4.87%）	0（0%）

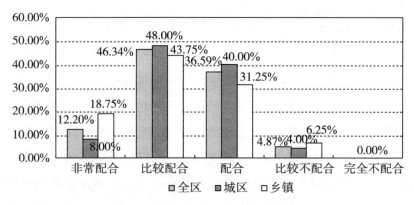

图22　城区、乡镇、全区学生在课堂实验教学的配合程度分析柱形图

七、调查结论与对策、建议

1. 调查结论

（1）学校领导对初中物理实验教学的重视情况。学校领导基本上重视物理实验教学，但重视程度不高，还没有将思想意识上的重视转化到常规的教学管理当中，乡镇学校领导重视程度略高于城区学校领导。48.78%的样本教师认为学校重视，只有9.76%的样本教师认为学校特别重视，还有39.02%的样本教师认为学校重视程度一般。从全区范围来看，乡镇教师比城区教师认为学校领导更加重视物理实验教学。一学期来，68.29%的样本教师表示学校领导到其个人课堂教学听课的次数只有1～2次，还有9.76%的样本教师表示学校领导对到其课堂教学听课的次数为零，乡镇学校领导对每位物理教师听课的次数多于城区学校领导听课次数。

（2）教师对物理实验探究教学重要性的基本看法。物理教师对实验探究教学对落实三维教学目标表示非常有帮助或较有帮助的占100%，可见，物理教师对物理实验探究教学重要性有基本一致的、正确的认识。物理教师对实验探究教学对考试能力提升非常有帮助或较有帮助的占92.69%，可见物理教师认识到实验能力在考试中的重要性，但物理教师对实验探究教学对培养初中学生科学素质表示非常有帮助或较有帮助的占82.93%，由此可见，教师注重课堂知识的传承，强化学生的应试能力，而削弱了义务教育物理课程标准的基本理念。尽管教师在实验探究教学对落实三维教学目标表现出高度认同的一致性，但在实际的教学实践中还是以升学任务为主。

在近年的新课程改革中，教师形成了物理课程改革的基本理念，意识到培养学生的科学素质的重要性并且明确物理实验探究教学在物理教学中的地位"非常重要"。随着近年来中考试题越来越注重实验探究的考核，形式越来越灵活，实验分值比例越来越大，教师同时也认识到物理实验探究教学对学生考试能力的重要性。因此物理教师认为物理实验探究教学重要性和在教学中的地位基本是一致的、正确的看法，认为物理实验探究教学对落实三维教学目标、学生考试能力提升和培养初中学生科学素质有帮助，特别是乡镇学校教师对探究实验教学的重要性和地位更加看重。

（3）在现阶段教师教学主要培养学生的能力方面，首先以培养学生的解题能力（占41.46%），其次是解决实际问题能力（占34.15%），再次是探究能力（占24.3%），最后是创新能力（占0.00%），不同地区教师在培养学生能力方面没有显著性差异。在现阶段，社会和家长对学校的教育评价主要以升学考试为主，关注的重点是学校重点高中的升学率，因此在学校教师眼里，主要集中精力去培养学生的解题能力及解决问题能力，还有教师存在着"做实验不如讲实验，讲实验不如背实验"的"应试实验"教学理念，学生很少亲自动手做实验，不能体会到"发现"和"获得成功"的快乐，创新能力培养更是被直接忽略掉。从上可见，教师虽然在意识上认识到实验探究性的重要性和其教学地位，但在实际的教学评价面前，大部分教师在中考升学这个指挥棒的作用下还是以"应试教育"为主。

（4）学校物理实验条件情况。学校物理实验条件存在问题，超过34%的教师反映学校只有少数要求做的实验器材，不足13%的教师认为实验器材配备充足；46.34%的教师反映实验仪器不能及时补充，不足25%的教师反映实验仪器能及时补充；48.78%的教师反映学校安排的物理课时不满足或根本不满足开展实验探究教学的需要；不足20%的教师反映每节课实验材料总是能够准备妥当，由上可见，学校物理实验条件情况并不乐观，不利于实验探究教学的开展。

（5）学校教师开展实验教学的情况。不足25%的教师全部按照教材课标上的要求做演示实验，超过一半的教师选择做了其中的大部分演示实验；教师组织学生开展实验探究的次数较少，36.59%的教师组织学生开展实验探究1~2

次，26.83%的教师组织学生开展实验探究3~4次；63.41%的教师没有开展课外活动或只开展过1~2次，超过60%的教师基本不组织开展小制作、小实验、小创作等活动；教师开展实验教学方式主要有计算机软件模拟实验或播放实验视频（36.59%），或教师自己讲一部分，再让学生动手完成一部分（34.15%）两种方式。开展探究活动所需的器材51.22%来源于学校准备，39.02%由教师准备，学生自备器材为零。从上可见，学校在开展实验教学过程中基本以教师为主体，学生很少经历完整的实验探究过程。

（6）教师实验探究教学能力情况。100%的教师认为自己符合达到实验仪器及其操作的熟练程度，95.12%的教师在实验教学前经常自己预先操作实验，80.49%的教师在课前对实验有详细教案及PPT并能不断修改，70.74%的教师能够根据教学内容，将生活中的趣味实验引用到教学中来，68.29%的教师能够仔细设计实验问题，根据实验进度引导学生观察，超过95%的教师认为学生在课堂实验教学中是比较配合的。只有36.59%的样本教师经常尝试对教材中已有的实验进行改进或创新，21.95%的样本教师经常制作小实验辅助教学。从上可见，大部分教师认为自己具有开展实验探究教学能力，在实验教学前准备工作做得还是较为充足的，能够根据教学需要开展实验探究教学。但是多数教师限于现有的实验教学条件，只是根据课程的要求进行常规的教学活动，很少对实验进行改进、创新或设计小实验辅助教学，缺乏教学创新精神。

2. 策略、建议

（1）学校领导要加强初中物理实验教学的重视程度，把思想认识转化为自觉行动，明确学校领导对教师课堂了解程度，抓好规范教学常规管理，将物理实验教学的重视转化到实际的常规教学管理当中。只有学校领导深入课堂听课，了解每位教师教学水平及其学生课堂动态，根据实际情况有针对性地对教师实验教学提供必要的支持和督促，进一步推进学校教风和学风建设，才能真正地提高整体的教育教学水平。

（2）加强课程标准学习和培训，进一步理解和接纳新课程标准，用教学实践表达对新课标的理解，在实践中提升教学能力和教学质量。尽管我们教师在实验探究教学对落实三维教学目标表现出高度认同的一致性，但在实际的教学实践中还是有以升学任务为主，在教学过程中注重课堂知识的传承，强化了学生的应试能力，无意中削弱了义务教育物理课程标准的基本理念。因此教师必须改变教学行为，按照新课程标准的理念，确定教学目标，重视学生学习方法的指导，根据学校的实际情况开展更实际的教学活动，让学生在探究学习的过程中真正地掌握物理知识，从而提升教学质量，在学生综合能力培养和中考升学中找到共赢点。

（3）尽快完善学校物理实验教学条件。尽管为了配合创建教学强区，各学校完善了各种功能场室，也配备了物理实验室，但是由于教师教学习惯及实验器材缺乏，学校没能正常开展实验探究教学，所以学校应有计划地向开展实验探活动倾斜，合理安排物理教学课时，及时补充消耗的器材，逐步完善学生配套实验器材，确保实验探究教学的正确开展。同时教师要改变自己的教学方式，由教师讲授式的教学方式变为以学生为主的探究式教学方式，在课堂教学中不断实践，探索出适合本校的物理实验教学方式。

（4）开展多种实验教学形式，让学生真正参与到实验探究教学中，亲身经历探究过程，体验实验探究带来的兴趣及成功的喜悦。对学生在那些感到抽象、接受困难、容易混淆的地方，设法通过直观的演示实验进行解决。课本中安排的学生小组实验不能由教师实验演示、计算机软件模拟实验或播放实验视频来代替。积极组织学生参与课本中的"课外活动"，经常组织开展小制作、小实验、小创作等活动，培养学生对物理现象的兴趣，让学生在生活中开展观察、调查、探究等活动，并且学生的探究活动不要局限于学校课堂之内，要培养学生物理源于生活、生活就是物理的意识，在平时的生活当中自觉进行物理的探究活动并培养解决实际物理问题的能力。

（5）经常开展全区物理教师实验创新、制作比赛活动，为教师展现自我提供平台。多数教师限于现有的实验教学条件，只是根据课程的要求进行常规的教学活动，很少对实验进行改进、创新或设计一些小实验进行辅助教学，缺乏教学创新精神。因此，可以以活动任务驱动，通过使用课本教材，结合课程标准，引领物理教师自觉开展实验创新及实验制作，培养教师的创新精神，进一步满足教育教学需要，提高教学效果和效益。

"新中考背景下初中物理实验操作教学与评价研究"开题报告

广东省阳江市江城区教师发展中心　彭崇生

一、开题活动简况（开题时间、地点、评议专家、参与人员等）

开题时间：2021年11月12日

开题地点：阳江市江城区教师发展中心学术报告厅

评议专家：陶红、梁军磊、薛子永、郑德新、林瑶林

参与人员：彭崇生、林良兵、谭健明、陈健、冯绍儒、林翠、莫观效

二、开题报告要点（题目、内容、方法、组织、进度、经费分配、预期成果等）

项目类别：中小学教师教育科研能力提升计划

学科分类：初中物理

课题名称：新中考背景下初中物理实验操作教学与评价研究（2021YQJK442）

申 请 人：彭崇生

所在单位：阳江市江城区教师发展中心

申报日期：2021年4月25日

（一）研究意义（研究背景、应用价值、学术价值）

1. 研究背景

（1）新时代的要求

近些年来，以美国为首的西方国家对我国以华为为代表的创新企业进行打压，一直没有止步。每一位中华儿女对"国家"的认识无不更进一步！我们已充分认识到21世纪是知识经济时代，知识经济的本质就是创新，创新的基础则是人才。习近平总书记指出："创新是引领发展的第一动力。"我们教育的本质就是培养更多适应新时代要求的创新型个性化人才。而在实验教学中提高学生的探究能力，正是为了培养学生的个性发展，培养学生个性创新能力，促进学生全面发展、可持续发展和终身发展。

（2）课程改革的要求

2019年，教育部发布了《关于加强和改进中小学实验教学的意见》（教基〔2019〕16号）；2020年，广东省出台了《广东省教育厅关于初中学业水平考试物理、化学、生物学等科目实验考试的指导意见》（粤教考〔2020〕7号）。阳江市也相继发文《阳江市初中学生综合素质评价实施意见（试行）的通知》（阳教基〔2020〕13号）、阳江市教育局《关于印发〈阳江市初中学业水平考试物理、化学、生物学实验操作考试实施方案（试行）〉的通知》（阳教招〔2021〕3号）。明确提出："……夯实基础，开齐开足开好国家课程标准规定实验，切实扭转忽视实验教学的倾向；拓展创新，不断将科技前沿知识和最新技术成果融入实验教学，丰富内容，改进方式；注重实效，强化学生实践操作、情境体验、探索求知、亲身感悟和创新创造，着力提升学生的观察能力、动手实践能力、创造性思维能力和团队合作能力，培育学生的兴趣爱好、创新精神、科学素养和意志品质"。实验教学是物理教学中的重要组成部分，教师的实验教学只有从学生出发，以发展学生的实验动手能力为目的，充分发挥学生在学习中的积极性、主动性、创造性，这是我们课题研究的主要目的。

2. 应用价值

物理实验作为物理教学的重要组成部分，做好物理实验，可以使学生获得丰富的感性认识，加深学生对物理概念、原理和定理等的理解。学生亲身经历实验操作过程，可以使学生初步了解物理学的思想方法、研究方法，培养学生实事求是的科学态度和遵守纪律、爱护仪器的优良品质，可以培养学生的观察实验能力、思维能力，发展学生智力。目前，阳江市各县市区初中学校还没有系统地对初中物理学生实验操作教学与评价进行研究，物理实验教学还大多采用传统的课堂演示、学生实验，更多的是为完成任务而教学。本课题的研究，将对现有实验仪器和实验操作进行改进与创新，探究物理学生实验操作教学有效方法，探究物理学生实验操作过程性的评价，探究培养学生动手能力的综合活动，有利于培养学生的实验观察能力、实验操作能力、实验创新能力。通过课题研究实践与反思，进一步提高本区物理教师教育教学水平。

3. 学术价值

为了适应素质教育的需求，培养全面发展的人才，物理教学要体现以学生为主的教学原则，以学生的发展为根本，培养学生的创新精神和实践能力，促进学生素质的全面发展，使物理的社会价值得以体现。对于很多物理基础薄弱的学生来说，仅仅通过理论的学习很难理解物理中的一些概念、原理和规律。物理实验的过程是研究事物本质以及本质发生变化的一个过程，物理实验在物理教学中发挥了极其重要的作用，它可以让学生更加直观地观察到事物发生的变化，并且理解理论的知识。学生实验操作过程中，使学生自己参与到物理实验过程中，可以提高和培养学生的动手能力，为学生自主学习与探究学习打下良好的基础和学习习惯。研究学生实验操作教学与过程性评价，能够为本区初中物理实验教学理论与实践提供参考依据，能加强物理实验教学工作的针对性与科学性，促进本区初中物理实验教学水平的提高。能更全面地培养学生的实验观察能力、实验操作能力、实验创新能力。

（二）本项目的研究现状

1. 国外研究现状

国外对科学（物理、化学、生物）实验教学十分重视，其中以美国等西方国家为典型代表。美国科学促进会（AAAS）和全美科学教师联合会（NSTA）特别强调科学教育要促进学生具备良好的科学本质观，美国中学物理教师的教学目标是将学生学习科学过程、科学探究与对科学概念的理解放到同等重要的地位，强调科学知识的本质和科学探究、科学与社会的联系，关注学生学习科学的兴趣。美国科学教师教育负责人、著名科学教育研究者莱德曼（Norman

G.Lederman）曾提出科学教育应该让学生理解那些达成共识、没有争议的科学本质特性。在课堂教学上，全美科学教师联合会（NSTA）在2003年重新修订的《科学教师教育标准》（旧版为1998年）中明确说明了中学科学课堂教学需要多种探究方式，避免单一的"假设—推理"方式。

1988年英国国家课程的颁布，英国物理教育的发展进入了一个新阶段，开始从多样化向寻求统一性的方向发展。英国中学物理教育继承了纳费尔德时代形成的重视科学实践活动的传统，科学实践已经成为物理课堂教学的一个重要组成部分，中学物理课都是在实验室上，教师和学生都非常重视实验，物理课的大部分时间是学生自己动手做实验或观察教师的演示实验，学生的动手能力强。实验教学中，注重学生自主建构知识。

世界上规模最大、影响最广的跨国教育评估项目——国际学生评估项目（The Programme for International Student Assessment，PISA）。PISA关注的并非单个学生或某个学校的教育状况，而是各国成绩排名，是区域的整体教育水平，其结果被视为衡量各国基础教育水平的窗口，也同时给各个国家的基础教育改革提供参考性建议。英国对学生实验与探究能力的考查采用课程作业和集中考试（GCE）两种形式进行，课程作业由考试中心命题，并提出包含评价考生实验设计、实施、分析证据和得出结论、评估等科学探究能力的标准，考生在教学过程中完成，然后教师评分，并将结果按一定比例计入学生的学业成绩。

2. 国内研究现状

近几年，全国部分省市陆续开始了中考实验操作测试。第一类是在全省进行初中理科实验操作考试，考试列入中考成绩，如河南、山东、山西等省份；第二类是在全省范围内初中理科实验操作考试和考查并存，即有的地市进行考试，有的地市进行考查，如江西省和湖北省；第三类是在全省进行初中理科实验操作考查，考查成绩作为升学或毕业的依据，如江苏省。

广东省广州、深圳、佛山、汕头等地自2019年开始，也将物理、化学、生物实验操作测试计入中考相应学科成绩。

国内现在大多以对物理实验教学研究为主，研究的是如何进行物理实验教学。例如，北京师范大学物理系李春密教授的《中学物理实验教学研究》，东北师范大学安忠教授、南京师范大学刘炳升教授的《中学物理实验教学研究》等，其研究内容主要为指导思想和方法、演示实验、学生实验、学生课外实验的研究与设计以及一些中学物理实验的基本仪器及操作技术。

3. 本地区研究现状

江城区属欠发达地区县级区，尽管如今江城区经济有了长足的发展，但与省内其他先进县市相比，经济仍较落后，受到办学条件相对较差、学校管理还不到位、学校教学资源的整合、教师教学水平有待提高等诸多因素的影响。学校物理实验室还相对缺乏，实验仪器仍较落后，教师对物理实验教学重视不够仍是本地区的现状；学生学习物理的兴趣和积极性受到影响，学校物理实验操作教学困难重重，造成难以高标准完成物理实验教学任务，物理教学质量仍然不高。对学生实验操作教学与评价专项研究还没有进行。

（三）核心概念的界定

1. 新中考背景

（详见研究意义之"课程改革的要求"相关内容）

新中考对学生实验要求：更加强化学生实践操作、情境体验、探索求知、亲身感悟和创新创造，着力提升学生的观察能力、动手实践能力、创造性思维能力和团队合作能力，培育学生的兴趣爱好、创新精神、科学素养和意志品质。

2. 初中物理学生实验操作

根据《义务教育物理课程标准（2011年版）》，要求学生掌握对6个基本测量工具的使用，4个重要物理量的测量（间接测量），10个探究型实验（探究一个因素与多因素有关，探究物理规律、特点）共20个物理学生实验操作，并进行测试评价。

3. 学生实验操作教学与评价

根据课程标准要求，对初中20个物理学生操作实验进行研究，通过改进或创新实验仪器、规范学生实验操作流程、在日常生活中探究物理实验，探索符合本地区特点的初中物理学生实验操作教学模式、评价标准，探索培养学生动手能力的综合实践活动。

4. 新中考背景下初中物理实验操作教学与评价研究

这是指在初中毕业水平测试将对物理、化学、生物学科实验操作评价，计入物理、化学、生物学科成绩总分的情况下，根据课程标准要求，对初中20个物理学生操作实验进行研究，在区内选取优质、中等、薄弱学校开展子课题项目，分别通过改进或创新实验仪器、规范学生实验操作流程、在日常生活中探究物理实验等研究，总结经验，并在实验学校间总结、优化、推广，探索符合本地区特点的初中物理学生实验操作教学模式、评价标准的研究，探索培养学生动手能力的综合实践活动的研究。

（四）本项目的总体框架和基本内容，拟达到的目标（阶段性目标及总体目标）

1. 总体框架

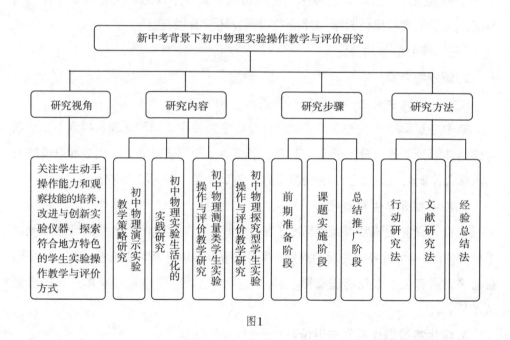

图1

2. 基本内容

根据学校教育教学特色，教师研究专长，将有计划地开展如下专题研究：

（1）初中物理演示实验教学策略研究；

（2）初中物理实验生活化的实践研究；

（3）初中物理测量类学生实验操作与评价教学研究；

（4）初中物理探究型学生实验操作与评价教学研究。

3. 拟达到的目标

（1）总体目标

在江城区实现教育强区，创建广东省教育基本均衡发展的大好形势下，努力使全区初中物理教学切实扭转忽视实验教学的倾向（其他内容详见"课程改革的要求"）。

（2）具体目标

① 根据教材的活动内容，通过对演示实验和活动进行优化，设计导学案，提高演示实验和活动教学效果，引导学生掌握正确的实验方法，激发学生的学习兴趣，培养学生的观察和分析能力，进一步提高学生的实验探究能力。构建演示实验教学模式，充实初中物理实验教学资源。

② 通过观察生活中的物理现象，开展符合本地区初中学生特点的、生活中的物理实验活动，培养学生在生活中学习物理知识及应用物理知识解决生活问题的能力，构建初中物理学生实验生活化的教学实践。

③ 通过对初中物理测量类（含间接测量）学生实验操作教学研究，引导学生熟悉常规仪器的使用和操作，规范学生实验操作流程，构建新中考背景下初中物理测量类学生实验操作与评价标准。

④ 通过对初中物理探究型学生实验操作教学研究，优化探究过程，规范学生实验操作流程，构建新中考背景下初中物理探究型学生实验操作与评价标准。

（五）拟突破的重点、拟解决的关键问题及主要创新之处

（1）拟突破的重点：改变教师实验教学理念，重视学生动手操作能力和观察技能的培养，根据本地区实际，改进与创新实验仪器，培养学生实验操作规范化，探索符合地方特色的学生实验操作教学与评价方式。

（2）拟解决的关键问题：提高教师实验操作教学观念意识，改进与创新实验仪器，探索学生实验操作教学方法，培养学生观察技能、动手操作能力，确实提升物理实验教学水平。

（3）主要创新之处：本项目内容是为适应新中考物理、化学、生物实验操作列入中考评价环境下，根据当前本地区初中物理实验教学重分数，轻实验操作的实际，在本地区选取城区、乡镇、民办学校，教育质量较好、中等、下游相结合的原则作为子课题项目，从不同的侧重点进行研究，总结经验，相互学习、推广，探索符合本地区实际的学生实验操作教学与评价标准模式。

（六）本项目的研究方法和研究手段、研究计划

1. 本项目的研究方法和研究手段

（1）调查研究法：通过项目研究准备阶段、过程中对本地区初中八年级、九年级学生，物理教师进行问卷调查、座谈，了解教师、学生对物理实验教学现状，并对调查搜集到的资料进行分析、综合、比较、归纳，为项目研究提供有力依据。

（2）文献法：搜集和查阅有关文献资料，为本项目研究提供科学的论证资料和研究方法，分析现有物理实验教学案例，必做学生实验的操作步骤流程和评价标准，为课题研究提供参考。

（3）行动研究法：在物理学生实验操作教学和评价标准研究的实践基础上，不断验证、修正教学行为，充实或修正方案，提出新的具体目标，以提高研究的价值。通过结合物理实验教学现状，以典型的物理实验课堂教学、学生实验操作步骤流程评价标准案例为素材，找出存在的问题，研讨分析，在科学的理论指导下寻求解决问题的策略，有步骤地解决问题。

（4）经验总结法：通过对物理学生实验操作教学与评价研究实践，分析整理材料，全面完整地进行归纳、提炼，进行定量和定性分析，得出能揭示项目现象的本质和规律，确定能将初中物理学生实验操作教学与评价标准的，具有普遍意义和推广价值的方法。

2. 本项目研究计划

本项目拟在本区阳江市第二中学、田家炳学校、城西学校和城郊学校等4所城区及乡镇学校开展实施，采取"广泛调研→撰写方案→撰写细则→组织实施→过程记录分析→撰写中期研究报告→调整实施计划→再实施→撰写研究报告"的研究方式，研究计划分为三个研究阶段，具体如下：

第一阶段：课题准备（2021年5月至2021年9月）

成立课题小组，明确分工合作，开展调查问卷、师生座谈，分析调查结果，撰写实践方案，明确研究方向，确定子课题项目，申请课题立项。

第二阶段：课题实施（2021年9月至2022年12月）

组织课题组成员开展实践研究，开展教学研讨分析，交流学习，不断总结实践经验，改进教法和学法，完成课例示范，探索总结初中物理学生实验操作教学与评价标准教学框架。

第三阶段：结题推广（2022年12月至2023年7月）

收集整理资料，总结实践经验，统计阶段性成果，撰写案例和论文，完成研究报告，将实验成果向全区及其他县区推广。

（七）组织成员

表1

总数	高级	中级	初级	博士	硕士	学士
7	4	3	0	0	0	2
姓名	性别	出生年月	学位	职称	研究专长	研究领域
彭崇生	男	1967年6月	理学学士	物理中学高级教师	课堂教学指导	初中物理课堂教学
林良兵	男	1977年1月	—	物理中学一级教师	课堂教学指导	初中物理课堂教学评价
谭健明	男	1981年9月	—	物理中学一级教师	教育教学研究	初中物理学生实验规范化教学
陈健	男	1966年4月	—	物理中学高级教师	课堂教学指导	初中物理学生实验操作评价
冯绍儒	男	1976年1月	理学学士	物理中学高级教师	教育教学研究	初中物理实验改进与创新
林翠	女	1976年10月	—	物理中学高级教师	教育教学研究	初中物理实验"生活化"教学
莫观效	男	1966年4月	—	物理中学一级教师	课堂教学	初中物理课堂实验演示与创新

（八）经费分配表

表2

预算科目	支持经费	备注（计算依据与说明）
1	图书资料费	0.2万元	课题研究参考资料，学习培训资料
2	调研差旅费	1.0万元	外出学习、交流研讨
3	计算机机时费及其辅助设备购置和使用费	0.2万元	资料拍摄、资料存储
4	购置文具费	0.1万元	课题日常开展所需文具
5	小型会议费	0.2万元	课题开题论证会、中期检查、结题验收
6	咨询费	0.2万元	聘请专家指导
7	印刷费	0.3万元	校本教材及资料印刷
8	复印费	0.1万元	研究过程复印资料
9	成果打印费	0.2万元	结题成果打印
10	其他		
合计	2.5万元		
与本项目有关的其他经费来源	其他计划资助经费	1.4万元	
	其他经费资助	1.1万元	
	其他经费合计	2.5万元	

（九）预期成果

表3

	序号	研究阶段（起止时间）	阶段成果名称	成果形式
主要阶段性成果	1	课题准备阶段（2021.05—2021.09）	调查报告，开题报告等	文档
	2	课题实施阶段（2021.09—2022.12）	教学设计、教学课例、实验评价标准、教学反思、论文、中期报告	文档、光盘
	3	结题推广阶段（2022.12—2023.07）	论文、结题报告、实验操作评价方案	光盘、文档

续　表

	完成时间	最终成果名称	成果形式	预计字数
最终成果	2023.07	"新中考背景下初中物理实验操作教学与评价研究"研究报告	文档	8000字
	2023.07	"新中考背景下初中物理实验操作教学与评价研究"优秀课例、教学设计	光盘	10节
	2023.07	"新中考背景下初中物理实验操作教学与评价研究"论文集	文档	20000字
	2023.07	"新中考背景下初中物理实验操作教学与评价研究"实验操作评价方案	文档	15000字

（十）课题研究的保障条件

（1）本项目负责人彭崇生，现为阳江市江城区教师发展中心副主任，中学物理高级教师，广东省特级教师。曾被评为全国优秀教师、全国优秀教研员、南粤优秀教师、阳江市优秀教师、江城区优秀教师，曾主持2项省级课题，科研成果获得广东省基础教育教学成果二等奖一项，有较强的教研、组织、协调能力，能很好地组织开展课题研究工作。

（2）参与研究的核心骨干成员为物理教研员，江城区物理中心教研组成员，学校教研组组长、骨干教师，能够很好地带领子课题教师开展相关的研究工作。

（3）参与研究的核心骨干成员是有着丰富的课题研究经验的教研员，主持和参与过市、区级的课题研究并获得优秀等次。

（4）本课题研究的内容经过前期多次研讨，分析，并进行了深入的师生问卷调查，有很好的前期研究基础，本单位在工作安排以及经费保障上都能够给予很大的支持。

以上这些条件都为顺利完成本课题研究提供了很好的保障。

三、专家评议要点

（1）本课题选题有具体应用意义，对当前本地实验操作教学和规范学生操作具有指导意义；材料结构工整，内容具体合理完善，研究思路清晰，具有可操作性，研究预期成果好。

（2）课题研究基本内容过多，且课题研究经费不够，研究具体目标和内容可以适当整合优化，减少研究内容和经费，确保研究按时完成，达到预期效果。

（3）基本内容中20个学生必做实验操作评价标准实践研究要本地化，突显新中考背景下学生实验操作要求与教学、评价之间的紧密性。

（4）评价内容还不够具体，评价方式和要求要明确，具有可推广性。

评议专家组签名：

年　月　日

2021年11月

注：全国教育科学"十五"规划重点课题《创新教学与创造力培养》含《信息化条件下中小幼儿学生（幼儿）能力培养研究与实验》。

运用信息技术优化教与学活动
实验研究结题报告

广东省阳江市江城区教研室 彭崇生

一、课题的提出

多年以来统治我们各级各类学校的"以教师为中心"的教学进程结构（通常也称作以教师为中心的教学模式），是由教师通过讲授、板书以及教学媒体的辅助，把教学内容传递给学生或者灌输给学生。教师是整个教学过程的主宰，学生则处于被动接受教师灌输的地位。在这种结构下，教师是主动的施教者，学生是被动的外部刺激接受者即灌输对象，媒体是辅助教师向学生灌输的工具，教材则是灌输的内容。它用片面的、孤立静止的观点看待复杂的、运动变化的教学过程，将教师的主导作用绝对化，把教师应在教学过程中的某些阶段起主导作用夸大为应在整个教学过程中起主导作用。

如何发挥学生在学习过程中的主动性、积极性与创造性，使学生在学习过程中真正成为信息加工的主体和知识意义的主动建构者，而不是外部刺激的被动接受器和知识灌输的对象，教师应成为课堂教学的组织者、指导者，学生建构意义的帮助者、促进者，而不是知识的灌输者和课堂的主宰；教材所提供的知识不再是教师灌输的内容，而是学生主动建构意义的对象；媒体也不再是帮助教师传授知识的手段，而是用来创设情境、进行协作学习、讨论交流即作为学生自主学习和协作式探索的认知工具与情感激励工具。

以计算机为核心的信息技术主要指多媒体计算机、教学室网络、校园网和因特网（Internet）等。作为新型的教学媒体，当它们与各学科的课程加以整合，即与各学科的教学进程密切结合时，就能为新型教学结构提供最理想的教学环境。因为多媒体计算机的交互性所提供的多种主动参与的活动，为学生的主动性、积极性的发挥创造了良好的条件，从而使学生能真正体现出学生主体作用。

为了推进本区素质教育，加快区内学校教育现代化建设步伐，我们成立了广东省《创新教学与创造力培养》（含《信息化条件下中小幼儿学生（幼儿）能力培养研究与实验》）子课题《运用信息技术优化教与学活动》课题实验研究组，目的在于探讨中小学教育利用现代化教育技术促进学生学习的主动性、积极性与创造性。

二、实验目标与研究方向

通过现代教育技术资源（CAI、网络资源、网站）开发，教学组织形式和学习方式的革新，以及综合学习活动教学资源的开发与应用等途径，改革中小学教学与活动，最大限度地激发教师教学的创造性和学生学习与活动的自主性，实现信息化条件下教与学最优化，促使各有差异学生潜能的充分开发，高质量地培养学生的学科能力和综合能力。因此我们根据各学校的特点，确立了实验总体目标：

（1）多媒体课件、网络课件制作的研究。研究现代教育信息技术如何与学科教学整合，在学科教学目标与教学活动过程设计时，运用先进的教育理论与教育思想，最大限度地将教学要求以游戏、小品、动画等活动形式，设计出有创意的好脚本，并制作成交互性强、适应性广的电子课件，建立教学信息资源库，有效地运用现代教育信息技术，促进教与学的最优化。

（2）研究学校如何有效地利用网上资源，提高教学质量；如何使学生充分利用网上资源，提高获取信息知识的能力和运用信息的实践能力。

（3）运用信息技术，开展多种形式的学科实践行动，拓展教师和学生的视野，培养学生创造性思维，提高学生获取信息、分析信息、处理信息的能力和适应现代社会的能力。

三、实验对象（学校）

阳江市第二中学（含阳江同心中学）、阳江市第五中学、阳江市江城区岗列中学、阳江市江城区城北中学、阳江市江城第一小学、阳江市实验小学、阳江市介龄小学、江城第四小学。

四、实验结果检测

（1）通过问卷调查、查阅资料等方式，了解学生对信息技术优化教与学的效果认同程度，学生整体发展的效果。

（2）通过问卷调查和座谈会方式，了解学校领导和教师对信息技术优化教与学的效果认同与参与程度。

（3）通过查阅资料和个别访谈的方式了解课题组运用信息技术，优化教与学的投入情况，了解课题研究过程的真实性、连续性、完整性。

（4）通过座谈会的方式，了解家长对学校开展运用信息技术，优化教学的态度以及孩子所受的影响。

（5）通过专家认定的方式对本课题研究成果的科学性、真实性、实用性进行评定。

五、实验阶段安排

主要抓好"动员、组队、实验、建网、建库、总结、推广"七个方面的工作。

1. 2002年3月做好动员工作

组织有关实验学校的学校领导和骨干教师观看优秀的课件和浏览先进教学网页，明确课题的重大意义，使他们在思想和行动上都积极投入子课题的研究中。

2. 2002年4月组织申报子课题，组织研究队伍

（1）根据各校教师的专长确定研究专题。城区小学主要研究多媒体课件与学科整合专题；中学主要研究以学科为主题的网页开发，激发学生学习与活动的自主性和教师教学的创造性子课题。有效利用网上资源，提高教学质量。如何使学生充分利用网上资源，提高获取知识、信息的能力和运用信息的实践能

力。如何使本地学校的教育信息和资料上网，并组织研究队伍，将研究专题任务分配落实到个人。

（2）加强研究队伍信息技术的培训工作。组织实验学校的骨干教师学习多媒体课件制作、网络课件制作和网页制作的技能与技巧，提高研究队伍现代化信息化技术的整体水平。

3. 2002年5月至8月，启动、实验阶段

（1）学习现代化教育教学理论。聘请信息化方面的特级教师或专家给实验教师讲课或学习有关专家的电视录像讲座。

（2）成立子课组，制订研究计划，确定研究实验内容（专题）、确定实验学校、实验班和实验教师。

（3）开展实验研究。

4. 2002年9月至2003年7月实验巩固和发展阶段

实验工作阶段经验交流和阶段成果总结，组织观摩课和经验交流会，验收实验学校课件开发成果及建立教学资源库的情况，浏览教师和学生共同开发以学科为主题研究性学习交流的网站，再扩大实验队伍。

5. 2003年8月至2004年12月总结提升阶段

（1）总结实验学校的经验，组织学术报告会，及时交流推广先进教育教学经验。

（2）对实验学校的工作进行指导，通过课件和网页的开发建立教育教学资源网络，用现代化的手段加强各校之间、学校与学生之间、学校与上级教育部门之间的纵向和横向的连接，达到教育教学资源的共享，加强学科知识与社会生活实际相联系方面的教育教学研究。

6. 2005年1月至12月课题总结验收

集中力量整理课题材料，完成课题实验报告，迎接省总课题组组织的验收。

六、实验研究过程

（1）成立子课题组（实验学校），强化对课题实验研究的管理。

江城区教育科研小组根据本区实际，选取有科研能力的学校组成江城区课题组：阳江市第二中学（含阳江市同心中学）、阳江市第五中学、阳江市江城区岗列中学、阳江市江城区城北中学、阳江市江城第一小学、阳江市实验小学、阳江市介龄小学、江城第四小学。

（2）开展技术培训、讲座，提高教师运用多媒体技术的能力，研究适合本区及校本特色的创新教学与学生创造能力的培养模式。

阳江市第二中学和阳江市江城区城北中学根据实际成立了培训小组，按照教师原有的电脑知识水平，分别开设初级班、中级班和高级班，每周利用两个下午的活动时间，持续培训了一年。通过开设有针对性的专题讲座，讲授多媒体操作技术、课件制作方法等知识，使教师获得信息技术的基本知识和操作技能，大多数教师都能运用多媒体技术开展教学，会从网上搜索和下载有关的教学资料，课题组全体教师学会制作课件。

另外，各课题组根据各自研究情况，还制定、实施了多项研究内容：

城北中学实施了：

（1）多媒体课件辅助化学教学的研究。

（2）信息技术与化学教学整合的研究。

（3）网络环境下，学生项目作业的研究。a.主要依托网络的丰富资源，学生根据自身的爱好和特长，自主选择课题，开展研究性学习。b.由教师确定一个范围，学生和教师在该范围内互相研讨后提出课题，并让学生自主选择课题，开展研究性学习。教师提供物质条件和方法指导。

江城一小实施了：

（1）基于多媒体学习工具的"创设情景—自主学习"的意义建构模式；

（2）基于数字化学习资源的"问题—探究—假设—验证"的探究性模式；

（3）基于网络学习环境的"主题研究—小组协作"的合作式模式。

实验小学实施了：

建构了创新型教学模式，优化课堂效果。在实施课题研究的过程中，我们根据学生的年龄特点、思维现状，课程资源、校本资源等，采用了理论与实验探索相结合，个体研究实验与集体研讨总结相结合的方法开展课题研究，语文、数学实验教师分别确立研究子课题，建构了创新型教学模式："小学参与型'创新作文'教学研究"把阅读教学与作文教学结合起来形成的"阅读—悟情—作文"教学模式；"积累—引导—创新"的口语交际课堂教学模式；"自主探索—交流互动"课堂教学模式。

各教学模式的训练流程如下：

"阅读—悟情—作文"教学模式：

（1）资源整合，挖掘读写结合点。

学生的生活资源丰富多彩，我们在研究过程中，把充分利用学生的生活资源结合课程资源、校本资源进行整合，从中挖掘创新作文教学的读写结合点，强调"实践性""创造性"。根据以上两方面原则设置了如"故事—激趣；活动—求真；画画—创新"（低、中年段）"阅读—悟情—作文"（中、高年段）等的训练，"故事—激趣；活动—求真；画画—创新"的训练，重在整合学生的生活资源与课程资源，从中寻找读写结合点：①以故事激发童趣，乐写童话。童话故事以贴近儿童生活实际的题材为内容，以接近儿童口吻的语言来叙述，赢得学生的深深喜爱。我们抓住这一点，在低年级经常性开展读童话故事、讲童话故事、演童话故事、写童话故事的活动，启动学生的幻想之翼，培养学生的创新思维及表达能力。②在活动中体验真知，学写生活（活动场景）。充分发挥每个学生活泼好动的天性，体现语文课程的实践性，在低年级开展各种寓教于乐的活动，丰富学生的课余生活，从中引导学生把活动的场景写出来，写出自己的真体验、真情感。③在涂涂画画中创新，善写"图话"（看图写话）。大多数孩子都喜欢涂涂画画，抓住这一点，低年级每周开设一节"画画说说写写"课，让学生会画能说乐写。这种训练，不但提高了学生的绘画技巧，说话、写话的能力，而且还培养了学生的观察、想象、表达能力，丰富了他们的创新思维。"阅读—悟情—作文"的训练，把阅读教学与作文教学结合起来，整合教材中的读写结合点，重在一个"情"字。①延伸、升华课文情感的练写。学生读完作者饱蘸深情的文章后，常常引起情感上的共鸣，教师善于捕捉这一"情感高潮"让学生当堂练写"情感的触礁点"，往往能写出"真情感"的创新作文来。②结合课文的想象写话。我们的课文中有不少能让学生放飞想象的练写点，我们在阅读教学中非常注意引导学生去发现文中的想象的"空白点"，让学生去展开想象的翅膀填充"空白点"。写想象作文是学生的最爱，抓住这一点来展开训练，既训练了写作，又丰富了学生的想象。③试写评论人物的读后感。我们的教材中有不少写伟人和英雄的篇章，一个个"血肉丰满"的"高大形象"常常令学生产生深深的敬佩之情。引导学生潜心诵读，感受伟人、英雄的精神力量，让学生试着去写出自己对英雄人物的评论，去抒发对英雄人物的敬佩之情。这样的读写结合，既促进了阅读，又训练了写作，还发展了思维。通过以上两个"模式"的训练，充分激发学生的创作灵感，激活学生的创新思维，学生乐于表达、乐于体验、乐于创新；善于运用多角度、多层次的思维方式去解决生活上、学习上、情感上所遇到的实际问题，善于发表独特的见解、感悟或体验，这样既培养了学生的创新思维，又解决了学生作文"言之有物、言之有情"的问题，最重要的是通过资源整合，扩展学生的知识面，拓展学生的思维空间，开阔学生的视野，从而丰富了学生的语言，升华了学生的情感，张扬了学生的个性，形成了学生的创新品质。

（2）开放环境，培养创新精神。

每个学生都是一个独特的个体，他们都因具有独特的智慧、性格、爱好、兴趣而表现出不同的言行举止，表现出不同的个性特征。我们在实验研究的过程中，非常注重"人本性""个性化"原则，充分"关注学生好奇心理""尊重学生个性发展""鼓励学生参与实践"，这些不仅体现在课堂上，还不断延伸至课外，让学生处于一个充分开放的学习环境中，小心地呵护与重视学生的每一点创新成果，让学生明白"创新既不神秘，也不遥远，它就在我们身边，与我们的生活、学习息息相关"。从而激发学生敢于发表自己的创见、敢于自主探究、敢于质疑、敢于求异、善于发散、勇于合作的创新精神；从而形成善于发现问题、提出问题、解决问题的创新思维品质。

（3）自能作文，形成创新思维。

自能作文训练，是我们课题研究中的重点环节。通过自能作文的训练，不但提高了学生的作文水平，还从中形成了学生的创新思维。

① 引导学生学会自主拟题。在这个训练中，学生不但要对作文课上的每一个环节进行思考、分析、观察，还得从中概括、浓缩、提炼主题思想，溶铸、锤炼、升华情感等才能拟出一个个与众不同的题目来。在这个拟题的过程中，学生的思维能力得到了锻炼与提高。

② 自主作文从坚持写日记开始。写日记的训练从一年级起，全面铺开，低年级以"小组日记"为主，即以一小组为单位，轮流写日记。这样既可以提高

优生的练笔兴趣，通过阅读与借鉴又能为差生提供"示范"，从而激发群体的练笔积极性，效果非常理想。中、高年级学写"主题日记"，让学生学会抓住主要内容来写，避免出现写日记的通病——"流水账"。

"积累—引导—创新"口语交际课堂教学模式：

"积累—引导—创新"教学，是指教师在具体的教学各环节，有意识地对学生进行形式多样的语言训练，使学生积累一定的语感，具备用母语（普通话）进行简单交流的能力。在课堂上，通过各种情境创设，激发学生开展口语交际的兴趣，引导学生在丰富多彩的合作、交流实践中，培养良好的交际意识与能力，构建一个开放而充满活力的课堂。课后，能积极主动地参与或组织各种语言实践活动，把所学的知识能力运用到学习、生活实践中去，体现出语文课程"以人为本""工具性与人文性相统一"的特点。

下面就一年级的口语交际课《我会拼图》为例，谈谈口语交际的实践操作。

（1）积累语感，激活交际。

小学生的思想不像人们常说的是一张白纸，他们存着一定的知识和经验储备，如何开发、利用好这些现存的潜能，并将他们进一步充实、提升，那就需要教师的积极引导和辅助。

在上一年级上册学习口语交际《我会拼图》时，上课前，教师搜集了许多精美、有趣的几何拼图作品，有风景、人物、动物等，以魔术表演为背景制成多媒体课件。在课堂上，学生通过"魔术大师的精彩表演"认识了简单的几何图形，欣赏了那一件件精美的几何拼图作品，课件展示吸引了学生所有的注意力和好奇心。展示完毕，面对意犹未尽的学生，告诉他们魔术表演中隐藏了许多秘密，"谁拥有一双善于发现的眼睛""你会拼图吗"等问题的提出极大地调动了学生学习的积极性，学生纷纷发言，交流自己的发现和拼成的作品，课堂气氛十分活跃。

（2）互动交流，引导交际。

《义务教育语文课程标准》指出，口语交际是听说双方互动的过程，教学活动过程中，要采用灵活的形式进行教学，引导学生学会倾听与交流，不必过多传授口语交际知识。

《我会拼图》这节课，要求学生学会拼图，并能够叙述拼图的过程。教师依据教学目标设计了以下问题："你会拼什么？说说你是怎么拼的？""你想学会拼什么？向教师或同学请教一下。"问题依次提出，学生可以自由选择自己喜欢的问题进行交流，在学生进行交流的过程中，教师有意识地通过表扬、激励来进行引导，如"他说得真有条理！""你听得很专心，学会了吗？""如果有礼貌一些就好了。"……经过自主交流，学生们都注意到，作为说话者时，要注意礼貌，注意语速、语调，并且学会用一些表示顺序的词语，如"先、然后、再、最后"等，这样说起来更有条理、听起来更明白。作为听众时，要耐心、专注。口语交际的技巧在不知不觉中融入了学生的实践活动。

（3）培养个性，创新交际。

语文教育应重视学生在学习过程中的独特体验，鼓励学生选择适合自己的学习方式，沟通课堂内外，开展综合性学习活动，增加学生语文实践活动的机会。

口语交际是极个性化的行为，这种能力的培养和提高，有赖于交际主体之间多方面的合作与交流。学生开展了关于拼图的讨论和交流之后，让学生在电脑上用几何图形创作自己的拼图，并把完成的作品发送到校园网上。最后，召开"拼图精品展览"，教师要求学生在欣赏别人的作品时，适当了解别人拼图的过程，赞美一番或给他提一些建议，也可以主动向别人推荐自己的作品，介绍自己的拼图过程。这个环节再次为学生提供了说话的题材，创造了新的口语交际平台。活动结束后，学生还评选出"最具创意的拼图"和"最佳口才奖"。

（4）多渠道积淀语感，拓宽口语交际的空间。

①语感积累训练的主要途径。

"听"，让学生专心聆听课文的朗读，收听广播，听童话故事等，学会规范使用普通话。

"说"，有计划地开展故事会、演讲、辩论比赛、课本剧表演等，增加口语交际锻炼的机会。

"读"，引导学生大量阅读优秀的文学作品，感受语言文字的奇妙。

"写"，让学生从小养成写日记的习惯，为语感生成打下扎实的基础。

② 口语交际活动的校外延伸。

家庭方面，与家长达成共识，取得家长的配合与支持，在日常生活的许多细节之处，如待人接物、外出购物等，有意识地训练孩子的口头表达能力，为孩子提供表现的空间。

社会方面，结合全国的推普活动，开展形式多样的交流实践活动，让语言的规范使用成为一种时尚，成为公民的公共意识，成为一种公德。

七、课题研究的主要成果

（1）教学观念的更新。经过三年的实践研究，我们形成一个共识：信息技术与学科教学整合，不是把信息技术仅仅作为辅助教或辅助学的工具，而是强调要利用信息技术来营造一种新型的教学环境，该环境应能支持实现情境创设、启发思考、信息获取、资源共享、多重交互、自主探究、协作交流等多方面要求的教学方式与学习方式。也就是实现一种既能发挥教师主导作用又能充分体现学生主体地位的以"自主、探究、合作"为特征的教与学方式，让学生的积极性、主动性、创造性较充分地发挥出来，使学生成为课堂教学的主人，真正培养学生的创新精神和实践能力。

（2）课题实验学校教师信息技术水平大有提高，制作出大批优秀的CAI课件，建立教育教学资源库。通过参与这次课题实验，使本区实验学校一大批教学科研骨干教师得到了锻炼和提高，极大地激发了教师学习使用多媒体技术、探索制作教学课件的热情，教师队伍中个体素质明显提高，并积累了开展教学科研的宝贵经验和大量资料。一批中青年教师在实验中得到成长，初步形成了一支能指导、能制作、能带动全校教师开展信息技术教学的科研骨干队伍，并在全区营造出人人参与、运用现代信息技术开展教学的良好氛围。经过三年的努力，实验学校超过80%的教师已经能够熟练运用现代信息技术开展教学，超过40%的教师能够熟练使用PowerPoint、Flash或《几何画板》等软件制作课件。制作的课件参加阳江市的评比，有80多个作品获得市级奖，还有多个课例作为新课程教改案例上送省、市、区参加交流评比并获得奖励。

（3）通过"网页"的开发，加快了学校"校校通"的工程建设，加强各校之间教育教学信息资源的共享。在承担这个课题实验以前，阳江二中、阳江一小、阳江实验小学等只有一间正式的电脑室和一个教学平台，教师办公电脑更是寥寥无几。为了搞好课题实验，阳江二中等立刻加大对校园信息化设备设施的投入，新建2间电脑室，先后添置了8个教学平台，增建1个电子阅览室，1个软件制作室。为各个级组办公室、科组活动室配备了电脑，又为课题组专门配置了一套具有刻录、扫描、打印的多功能电脑设备，基本上满足教师开展课题研究的硬件需要。如今，二中、五中、岗列中学、城北中学、一小、实验小学已建成了一个以宽带连接因特网的校园网，初步实现教学资源共享，课题组成员可以在网上讨论教学和科研的问题，交流各自制作的课件，搜集外地的教改信息和先进教学经验，优化自己的课堂教学。学生也可以在校园网上发表自己的见解，提出自己的建议，向教师请教学习方法，交流学习心得，并可查阅自己的学习成绩，通过电脑这位"现代教师"来提高自己的素质能力。阳江市同心中学、阳江二中、江城一小、阳江市实验小学分别创建了各自的学校网站。网络为教师和学生提供了一个跨越时间和空间的学习环境，方便了学生的自主学习和合作学习，也为生生之间、师生之间的交流提供了多种途径，如可以通过E-mail、聊天室、电子论坛和BBS等方式实现网上讨论、网上答疑和网上作业等。在校园网的基础上建成课题研究资源库及交互平台。依据资源的存在形式，我们主要建立了视频资源库，音频资源库，课件（或积件）资源库，图片资源库和论文、案例资源库，以及师师、师生、生生多元交互平台。只有丰富的信息资源，才能让教师与学生真正感受到现代信息技术的应用价值；只有多元交互平台，才能让教与学实现多渠道的沟通，跨越时间和空间的学习才得以真正实现。而电子阅览室等设备设施的进一步完善，也为互动性学习创造更为优良的环境。

（4）撰写了大量现代化教育教学论文，涌现出大批具有先进性的教育教学案例。三年来，各课题小组成员之间相互配合，积极开展课题实验研究，已经撰写出研究论文200多篇获国家、省、市级奖励。

（5）探索出一些具有校本特色的教学模式，深化素质教育，培养学生的创新精神和实践能力。通过开展课题实验，教学质量以及学生的综合能力素质得到较大的提高。几年来，本区高考、中考成绩一年比一年进步，社会声誉越来越好。开展课题研究实验三年来，学生的创造力得到明显提高，学生参加各种学科竞赛也获得极佳的成绩，获奖人数在全市名列前茅，赢得了荣誉，受到社会各界的一致好评。

（6）课题组教师的教研能力、教学水平和教学质量有较明显的提高。

（7）转变教育观念和教学思想，带动全区教学研究工作的开展。

城北中学的成果

1. 学生受益

首先，在上网过程中学生不可避免地遇到了不良信息甚至垃圾信息，教师及时加强了上网的思想教育和网络安全教育，引导学生及时、自觉、有效地抵制，切实培养了学生的网德和网络观。这将影响学生一生的网络价值取向。其次，通过课题研究，学生有了更多的时间来接触网络，对网络有了更深的了解，并能熟练地掌握了网络操作的基本技能，提高了学生的网络操作水平。再次，在课题研究中，学生的学习积极性高涨，精神振奋，学习兴趣得到了很好的培养。最后，网络给学生创设了一个自主学习的平台，让学生在这个平台上，根据确定的主题自主或互相研讨形式进行信息的收集、整理、加工、分析、归纳、概括，有效地培养了学生的信息获取及处理的能力。让学生知道在网络上怎样有效地获取所需的信息，这比让学生掌握多少知识都重要。在整合课和项目作业的完成过程中，由于操作的平台是电脑网络，教师只能起到一个指导的作用。每个学生直接面对的是电脑，不再缩手缩脚，在信息的收集、处理、运用方面，都能最大限度地发挥自己的潜能，自主探究性学习能力得到充足的发展。

2. 教师受益

我们一批教师在课题实施过程中，是指导者，也是参与者，我们和学生一道操作，一起讨论，一起攻克电脑操作难关，其中积累了不少经验，有效提高了自身的信息素质。通过课题研究，我们的教师树立了正确的人才观和教学观，理解、掌握了进行信息技术与学科教学整合的理念和方法。从而真正成为新课改的实施者、推动者和创造者。

3.学校受益

通过课题研究，学校一批参与课题研究的教师和学生的信息素养得到明显提高，这批师生在教育教学实践中成为学科课题整合研究的有力推动者，让新课改理念成为学校校本教研发展的标向，从而全面带动了学校教育教学信息化水平的快速提升。

八、实验研究反思

（1）信息技术是当前发展变化最快的科学领域，软件更新换代迅速，系统操作技术日新月异。这就要求教师要不断学习和更新自己的电脑知识，熟练使用各种教学软件，并能在学习中不断实践，在实践中不断提高，同时还要把这些信息技术与所教的学科知识整合实践，不断探究在实施新课程标准下的创新教学模式。信息技术与各学科教学整合是个系统工程，不仅要求教师掌握计算机技术和网络技术，会用教学软件，还要求教师掌握现代教育思想、现代教育理论和方法，同时要求学生也要掌握计算机技术和网络技术，以及会应用相应的计算机辅助学习软件。因此学校或社会信息化（或数字化）教育教学环境如何，将是这一教学试验成败的先决条件。作为学校和课题组，今后还要继续组织教师开展培训学习，不断提升教师的信息技术水平和能力，培养教师的信息技术与课程整合能力，为培养学生的创新精神和实践能力打下坚实的基础。

（2）信息技术与学科教学整合的新的教学模式，应注意防止产生诸如"人灌加机灌""网络堵塞"和"漫游迷途"等现象。第一种"人灌加机灌"大多是在多媒体教室中教学时多媒体运用不当所致；第二种"网络堵塞"是在计算机网络教室中利用网络资源学习时，由设备性能或带宽限制造成，容易打乱教学计划；第三种"漫游迷途"是学生自由利用网络搜集资料或探究学习时发生，易造成时间的浪费和学习效率低下。凡此种种，都会对教学效果产生负面的影响，因此，实验教师应注意加强学习和采取措施进行预防。

（3）运用信息技术与学科教学整合，只有使计算机和网络在教学中与使用黑板和粉笔一样自然，才能使课堂教学模式发生根本性的变革。因此国家要在加大对中小学计算机硬件投入的同时，建立相关的政策导向机制。比如建立新的教学评价，要求在各学科教学中必须渗透信息技术应用的内容。评价的目的是全面了解学生的学习状况，激励学生的学习热情，促进学生的全面发展。评价也是教师反思和改进教学的有力手段。因为只有有了新的教育价值观才会有新型的学习方式。

（4）要继续对各个实验子课题的有关实验数据和资料做好统计和归档，继续进行深入分析研究，整理和反思课题研究过程中的经验与教训，并在今后的课堂教学实践中应用和推广。在课堂教学实践中如何开展创新教学，培养和提高中学生的综合素质能力，将成为我们开展教学研究的新课题。"信息化条件下培养中学生的能力"是一项系统工程，需要各方面的支持和配合，更需要参与实验研究的教师的艰苦劳动和持之以恒的探索。我们相信，在学校的大力支持下，通过师生共同努力，我们的目标一定能够达到。

下 篇

教学设计实践

怎样测量和表示力

岗列学校　陈志青

一、教学目标

1. 知识与技能

（1）认识弹簧测力计，了解其测量原理，会用弹簧测力计测量力的大小。

（2）会用力的示意图表示力。

2. 过程与方法

（1）经历用弹簧测力计测量力的实验过程。

（2）领会用示意图表示力的方法。

3. 情感、态度和价值观

通过用弹簧测力计测量力的活动，培养学生良好的实验习惯和尊重实验事实的科学态度。

二、教学重难点

1. 教学重点

弹簧测力计的使用方法。

2. 教学难点

弹簧测力计的使用方法。

三、教学过程

（一）引入新课

让两名同学分别拉一拉力器，让学生猜想他俩谁用力大，从而引出力的测量。

（二）新课教学

1. 怎样测量力的大小

教师介绍常用测量力的工具并引导学生做实验。

学生实验：拉伸弹簧，拉力越大，弹簧伸长越长。

教师展示弹簧测力计，请学生观察，介绍弹簧测力计结构，说明弹簧测力计原理：在一定范围内，受到拉力越大，弹簧的伸长就越长。

［讲解］如何使用弹簧测力计及其注意事项：

（1）如何校零。

（2）测量范围。

（3）测量方法（伸长方向与测量方向一致，弹簧不要靠在刻度板上）。

学生实验：用弹簧测力计测纸条承受的最大拉力，并与同学进行比较。

2. 怎样用图表示力

一个人拉一辆车，提一个木箱等。设问：我们怎样来表示力对物体的作用？

教师假设刚才人拉车的力为100N，演示如何用力的示意图。强调在作图时，如何规定一个合适的长度，如何选择起点、线段的长度、箭头的画法、意义等。

练习：

（1）一木箱放在地上，对地面的压力为100N，画出它的力的示意图。

（2）一钩码竖直挂在弹簧上，钩码对弹簧的拉力为12N，画出力的示意图。

（三）教学小结

通过展示，教师讲解，以及学生自己动手试验，使学生掌握弹簧测力计的原理以及使用方法；会画力的示意图。

（四）作业

课本P11第3、4题。

阿基米德原理

岗列学校　周志强

一、教学目标

1. 知识与技能

知道阿基米德原理，会用阿基米德原理进行有关的简单计算。

2. 过程与方法

经历探究阿基米德原理实验过程，进一步练习使用弹簧测力计测浮力。

3. 情感态度与价值观

通过阿基米德原理的探究活动，体会科学探究的乐趣；通过运用阿基米德原理解决实际问题，意识到物理与生活的密切联系。

二、教学重难点

1. 教学重点

阿基米德原理及其探究过程。

2. 教学难点

正确理解阿基米德原理的内容。

三、教学方法

观察、讨论、实验探究为主。

教学过程：

（一）温故知新（PPT）

（1）力的测量工具是什么？

（2）用弹簧秤吊着橡皮泥，橡皮泥受几个力？

（3）两个力有什么关系？是一对平衡力：$F_1 = G$

（4）力平衡的条件是什么？

（二）新课教学

阿基米德原理：

1. 猜想与假设

由前面实验我们知道，物体浸入液体的体积越大（即物体排开液体的体积越大），液体的密度越大，物体所受的浮力越大。也就是说浮力与物体排开液体的重量是有关的，它们之间有什么数量关系呢？

2. 制订计划与设计实验

参考课本第90页图9—10，设计出实验的方案。

3. 进行实验与收集证据

［演示实验］

（1）根据实验方案选取实验器材：弹簧测力计、铁块、溢水杯、小烧杯、水、细线等。

（2）根据实验步骤进行实验，将测量得到的数据记录在课文第90页图9—10中。

（3）根据实验数据进行推算：铁块受到的浮力：$F_浮 = G - F$，铁块排开的水重 $G_排 = G_总 - G_杯$，将计算结果填在课文第90页。

（4）比较 $F_浮$ 和 $G_排$ 的大小。

4. 分析与论证

［学生交流与讨论］把实验结果中物体所受浮力 $F_浮$ 与被物体排开水的重力 $G_排$ 进行比较。

［结论］浸在液体里的物体受到竖直向上的浮力，浮力的大小等于物体排开的液体受到的重力。

［讲述］上述结论是阿基米德早在2000多年前就已发现，称为阿基米德原

理。实验证明，这个结论对气体同样适用。例如空气对气球的浮力大小就等于被气球排开的空气所受到的重力。

［阅读］P91浮力的应用。

（三）浮力大小的计算

［例题讲解］在图1所示的实验中，物体的体积$V=50cm^3$，g取10N/kg，试问：

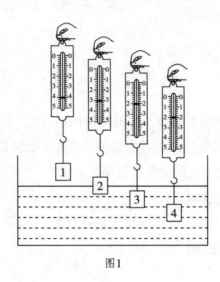

图1

（1）把物体完全浸没在水中时，它排开水的重量为多少？它受到的浮力多大？

（2）把物体完全浸没在密度为$1.1 \times 10^3 kg/m^3$的盐水中，它排开盐水的重量为多少？它受到的浮力多大？

解：根据阿基米德原理，浮力的大小应等于被物体排开的液体的重量。

（1）物体浸没在水中时，它排开的水的体积$V_{排}=V=50cm^3=5 \times 10^{-5}m^3$。

排开水的重力$G_{排}=m_{水}g=\rho_{水}V_{排}g=1 \times 10^3 kg/m^3 \times 50 \times 10^{-6}m^3 \times 10N/kg=0.5N$，

所以物体受到水的浮力$F_{浮}=G_{排}=0.5N$。

（2）浸没在盐水中时，被物体排开的盐水的体积$V_{排}=V=5 \times 10^{-5}m^3$，排开盐水的重力$G'_{排}=m_{盐水}g=\rho_{盐水}V_{排}g=1.1 \times 10^3 kg/m^3 \times 50 \times 10^{-6}m^3 \times 10N/kg=0.55N$

所以物体受到水的浮力$F'_{浮}=G'_{排}=0.55N$。

答：（1）物体完全浸没在水中时，它排开水的重量为0.5N，受到的浮力为0.5N；

（2）物体完全浸没在盐水中时，它排开盐水的重量为0.55N，受到的浮力为0.55N。

［学生练习］

（1）体积是50m³的氢气球在地面附近受到的浮力是_____N。？（$\rho_{空气}$=1.29kg/m³，$\rho_{氢气}$=0.09kg/m³，g取10N/kg）

（2）把重为38N、体积为5×10^{-4}m³的实心金属球浸没在盛满水的容器内，溢出的水重为_____N，金属球所受浮力的大小为_____N。（g取10N/kg）

［阅读］课文第92页"信息浏览"王冠之谜和阿基米德原理。

（四）小结

通过本节课学习你知道了什么？对浮力的大小你是怎么知道的？对浮力的计算你还有疑惑吗？

（五）作业

课本第93页自我评价与作业3、4。

二力平衡

城郊学校　黄锦添

一、教学目的

（1）知道什么是力的平衡，初步掌握二力平衡的条件。

（2）会应用二力平衡的知识分析、解决简单的问题。

（3）通过实验培养学生的观察能力、分析综合能力、判断能力。

二、教学重难点

二力平衡的条件及应用。

三、教学过程

（一）引入新课

问：牛顿第一定律的内容是什么？

答：一切物体在没有受到外力作用的时候，总保持静止状态或匀速直线运动状态。

问：物体处于静止状态或匀速直线运动状态，是否就一定不受力呢？

放在桌上的书是静止的，它受到重力和支持力，在平直马路上匀速行驶的汽车，受到牵引力和阻力，可见，物体在受到外力作用时，也可能处于静止或匀速直线运动状态。

力可以改变物体的运动状态，几个力作用在物体上，为什么没有改变物体的运动状态呢？这是因为作用在物体上的各个力改变物体运动状态的效果互相平衡，也就是说这几个力互相平衡。

（二）新课教学

1. 二力平衡 ［板书1］

力的平衡：物体在受到几个力的作用时，如果保持静止状态或匀速直线运动状态，我们就说这几个力互相平衡。

物体的平衡状态：静止或匀速直线运动状态。

物体受两个力作用保持平衡的情况最简单，我们先来研究这种情况，问：物体受两个力作用一定就能保持静止或匀速直线运动状态吗？举例说明。

答：不一定，如放在光滑斜面上的书，要沿斜面向下滑，汽车或电梯启动时，速度越来越快。

物体受到的两个力，要满足什么条件才能平衡呢？我们通过实验来研究。

2. 二力平衡的条件 ［板书2］

［实验1］研究二力平衡的条件

将光滑木板放在水平桌面上，木块放在木板上（木板为45厘米×60厘米，板上安装2个定滑轮，3个羊眼圈，木块上安4个挂钩），在木块挂钩1、2上拴好细绳并跨过滑轮，绳下端各挂若干钩码。

研究对象：木块。

受力分析：水平方向受到绳施加的两个拉力。

观察木块在什么条件下静止，什么条件下发生运动。

提示：力的三要素：大小、方向、作用点。

（1）二力大小不相等，左端挂1个钩码，右端挂2个钩码，放手后木块由静止开始向右运动。

（2）二力大小相等，左、右两端各挂1个钩码，放手后，木块保持静止。

问：是否只要两个力大小相等，就可以互相平衡呢？

［实验2］如图1所示，把两根细绳的一端分别拴在木块的挂钩上，另一端各穿过羊眼圈2、3后分别挂1个钩码。放手后，木块由静止开始运动。

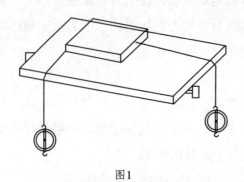

图1

看来两个力只是大小相等，方向不相反，是不能互相平衡的。如果两个力大小相等，方向也相反，是否就可以平衡呢？

［实验3］将两根细绳的一端分别拴在木块挂钩3、4上，另一端各穿过羊眼圈1、2后分别挂1个钩码。放手后，木块由静止发生转动。

小结：作用在木块上的两个力要想互相平衡必须满足三个条件：

①大小相等，②方向相反，③在同一直线上。

请同学们自己做一个实验研究二力平衡的条件。

［实验4］每个同学桌上有两个弹簧秤、一块塑料板，板上有几个洞。用两个弹簧秤拉这块塑料板，想一想怎样拉才能使塑料板保持静止不动？

学生进行实验，教师巡视、指导，用投影仪打出实验的投影片。

请一位同学归纳、总结一下要使塑料板保持静止（处于平衡状态），作用在塑料板上的两个力必须满足的条件是什么？

答：大小相等，方向相反，并且在同一直线上。

作用在一个物体上的两个力，如果大小相等，方向相反，并且在同一直线上，这两个力就彼此平衡。［板书3］

大量实验表明物体在二力作用下保持匀速直线运动的条件也是这两个力必须大小相等，方向相反，并且在同一直线上。

请同学们用力的示意图把塑料板上受到的两个力画出来。

教师打出相应的投影片。（可用复合片）

问：根据同一直线上二力合成的知识，彼此平衡的两个力的合力是多少？

答：彼此平衡的两个力的合力为零。

彼此平衡的两个力的合力为零。［板书4］

力的平衡在日常生活中有许多实际应用，应会根据平衡状态找出平衡力；根据物体受力情况，判断它是否处于平衡状态。

3. 二力平衡条件的应用［板书5］

例1.（1）吊在空中重5牛的电灯，静止不动时，电线对它的拉力是多大？

（定）研究对象：电灯。

（析）受力分析：重力、拉力。

（判）运动状态：静止。

（找）两个力的关系：互相平衡。（大小相等，方向相反，在同一直线上）

结论：拉力是5牛，方向竖直向上。

练习1：请同学们分析下面的事例。

（1）放在桌上的书。（重力、支持力）

（2）匀速下落的跳伞运动员。（重力、阻力）

（3）平直马路上匀速行驶的汽车。（牵引力、阻力）

例2.汽车行驶时受到的牵引力为F，受到的阻力为f。

（1）当$F>f$时，汽车做什么样的运动？

（2）当$F=f$时，汽车做什么样的运动？

（3）当$F<f$时，汽车做什么样的运动？

研究对象：汽车

受力分析：水平方向受牵引力F，阻力f。

两个力的关系：$F>f$，两个力不互相平衡，$F_合=F-f$。

运动状态：不能处于平衡状态。

结论：汽车在$F_合$作用下将做加速运动。

当$F=f$，$F<f$时汽车将做什么样的运动？请同学们分析。

练习2. 如图2所示，物重6N，弹簧秤向上拉示数为4牛，水平地面给物体的支持力是多大？

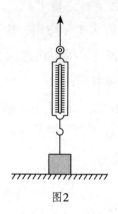

图2

答：支持力是2N。

（三）布置作业

思考题：

（1）课本第108页"想想议议"。

（2）书面作业：课本第108页练习1～4。

（3）做做看：课本第112页巧找重心。

（四）教法说明

（1）讲述物理规律的课，一般分四步进行：①观察现象提出问题；②通过实验研究问题；③分析、概括得出规律；④运用规律分析解决问题，在教学中要重视科学、方法的教育，体现物理学是以实验为基础的科学，使学生懂得按照研究、解决科学问题的过程，来认识、处理问题会更有效。

（2）教法上采用边提问、边实验、边讨论、边总结的方法，引导学生参与知识形成的全过程，在教学中结合一个个新问题的提出和解决，使学生领会提出问题的思路、解决问题的方法，通过有序地观察、分析训练，培养学生的观察、实验能力，分析、概括能力。

（3）对传统的二力平衡实验装置进行改进，使演示的现象更直观、鲜明，便于从实验现象导出结论，为使更多的学生能看清现象，可在实验装置后放一面与水平面成45°角的平面镜。

功和机械能

——机械效率计算专题

阳江市城郊学校　陈　健

一、复习要求与目标

（1）了解有用功、额外功和总功的含义，以及它们之间的关系。

（2）理解机械效率的物理含义。

（3）能正确运用机械效率表达式，解决不同类型的计算（重点）。

二、知识点回顾

1. 什么是有用功与额外功

（1）有用功（$W_有$）：为达到我们目的而做的功。

（2）额外功（$W_额$）：对我们没用但又不得不做的功。

（3）总功（$W_总$）：有用功与额外功的总和。

（4）三功的关系：$W_总 = W_有 + W_额$。

2. 什么是机械效率

（1）机械效率：有用功跟总功的比值。

（2）表达式：

$$\eta = \frac{W_有}{W_总} \times 100\%$$

理解：a：η常用百分数表示。

   b：η小于100%。

   c：η没有单位。

三、机械效率计算分类

（一）滑轮组竖直吊类型

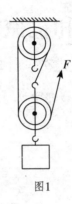

图1

$$\eta = \frac{W_{有}}{W_{总}} \times 100\% = \frac{Gh}{Fs} \times 100\% = \frac{Gh}{Fnh} \times 100\% = \frac{G}{Fn} \times 100\%$$

变式训练1：

1. 一个工人用图2所示的滑轮组提升2000N的货物，所用拉力1200N，绳子自由端3s内拉下2m，不考虑绳重和摩擦，求：

（1）有用功和总功；

（2）机械效率。

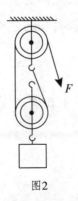

图2

体验中考

2.（2016·北京）如图3是用动滑轮运送建筑材料A的示意图，在卷扬机对绳子的拉力作用下，使重800N的建筑材料A在50s的时间里，匀速竖直上升了10m。在这个过程中，动滑轮提升建筑材料A所做的有用功为$W_{有用}$，卷扬机对绳子的拉力F做功的功率为200W。绳重可忽略不计。求：

（1）有用功$W_{有用}$；

（2）动滑轮匀速提升建筑材料A的机械效率η。

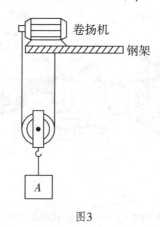

图3

（二）滑轮组水平拉类型

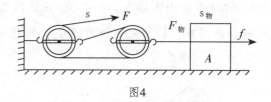

图4

$$\eta = \frac{W_{有用}}{W_{总}} \times 100\% = \frac{F_{物}s_{物}}{Fs} \times 100\% = \frac{fs_{物}}{Fns_{物}} \times 100\% = \frac{f}{Fn} \times 100\%$$

变式训练2：

1.如图5所示，物体A重300N，在$F = 6N$的拉力作用下，物体以5m/s的速度匀速运动，物体A受到的摩擦阻力是物体自重的0.05倍，则物体在运动过程中受的摩擦阻力是_____N；5s内滑轮组对物体A做的功是_____J；滑轮组的机械效率为_____。

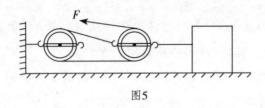

图5

（三）斜面的机械效率

图6

$$\eta = \frac{W_{有用}}{W_{总}} \times 100\% = \frac{F_{物}s_{物}}{Fs} \times 100\% = \frac{G_{物}h}{FL} \times 100\%$$

体验中考：

（2012·广东）如图7所示，小王站在高3m、长6m的斜面上，将重200N的木箱沿斜面匀速从底端拉至顶端，拉力大小恒为120N，所花时间是10s。求：斜面的机械效率。

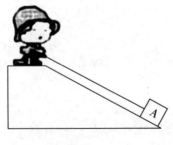

图7

变式训练3

如图8所示，斜面高为1m，长为4m，用沿斜面向上大小为75N的拉力F，4s将重为200N的木箱由斜面底端匀速缓慢拉到顶端。求：

（1）拉力所做的功。

（2）拉力做功的功率。

（3）斜面的机械效率。

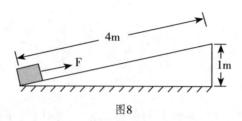

图8

四、巩固提高

1. 一物体质量为18kg，其所受重力为_____N。如图9所示，小明用定滑轮将该物体在4s内匀速提高2m，所用拉力为200N。此过程中，小明做的有用功是_____J，定滑轮的机械效率是_____。（取$g=10$N/kg）

图9

2. 利用如图10所示的滑轮组，在$F=80$N的拉力作用下，将一个重为180N的物体匀速举高1m，绳重、摩擦不计。

求：（1）$W_{总}=$？

（2）$W_{有用}=$？

（3）$W_{额外}=$？

（4）η=?

（5）$G_{动}$=?

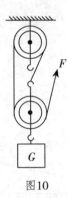

图10

3. 在图11中，物体A在地面上匀速运动，地面对A的摩擦力是8N，A物体的重力是9N，弹簧测力计示数是F=5N，求滑轮组的机械效率。

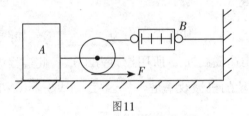

图11

4. 如图11所示，A物体在水平地面上做匀速直线运动，已知绕过动滑轮的弹簧测力计上的示数为12N，滑轮的机械效率为75%，求A物体所到地面摩擦力的大小。

5. 如图12所示，用F=50N的力通过滑轮组水平拉重为80N的物体，使其向左匀速运动，在这过程中拉力F做功为40J，已知物体受到水平地面的摩擦力为60N，则物体运动的距离为_____m，该滑轮组的机械效率为_____。（忽略绳子和动滑轮的重力）

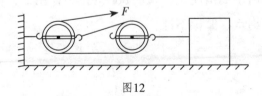

图12

6.如图13所示，已知斜面长5m、高3m，绳端拉力为50N。利用这个滑轮装置将重为100N的物体在5s内从斜面的底端匀速拉到顶端。在此过程中：

（1）拉力的功和功率各是多少？

（2）拉力的机械效率是多少？

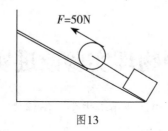

图13

五、小结

（一）三功

有用功：有利用价值的功。

额外功：对人们没有利用价值而又不得不做的功。

总功：动力对机械做的功。

三功的关系 ⟶ $W_{总} = W_{有} + W_{额}$

（二）机械效率η

定义：有用功跟总功的比值。

公式：$\eta = \dfrac{W_{有}}{W_{总}} \times 100\% = \dfrac{W_{有}}{W_{有} + W_{额}} \times 100\%$

（三）机械效率的类型计算

（1）滑轮组竖直吊的机械效率。

（2）滑轮组的水平拉的机械效率。

（3）斜面的机械效率。

初中物理实验改进实例

阳江市第二中学　冯绍儒

在平时教学和教研活动过程中，我发现现在使用的物理教科书中有些实验是需要改进才能适应当前教学的，结合我们学校和学生的实际，根据课标和教材的要求，我在教学中对其中的一些实验做了改进，收到了较好的效果，下文是我对粤教沪科版教材中5个常规实验的改进。

一、光的折射实验的改进

光的折射实验是粤教沪科版物理教材中的一个教学实验。要证明光从一种介质的媒体斜射到另一种介质媒体时，其传播的方向会改变，尽管在实验教材中有"水中的筷子变得向上弯折"的相关实验教学活动，但学生还是难以理解。为此我设计了如图1所示的实验装置，对比直细铁丝和光线路径，更易理解。

1. 实验设计

按图1组装实验，调整铁架台上细管倾斜角度，用眼透过细管可以观察到大水槽水中的石块，用直细铁丝穿过细管碰不到石块；改用激光笔通过细管照射，石块可以被照亮，该实验能直观说明光发生了偏折。再次调整铁架台上细管倾斜角度，使眼睛透过细管可以刚好观察到水槽右侧底壁，再用直细铁丝穿过细管与容器壁接触，并在水槽壁作上记号，演示"池水变浅"现象。

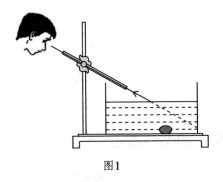

图1

2. 优点

（1）器材简单，便于开展实验；

（2）直观性强，更便于学生观察光路发生改变的事实；

（3）学生参与实验，使其真实体验过程，印象更深刻。

二、探究物质的吸放热性能实验改进

粤教沪科版物理教材第13章第3节研究物质的比热容中的"探究不同物质的吸热能力"，该实验有3大难点：①实验装置较复杂；②温度读取困难，实验误差较大；③实验时间长，且难于控制。在教学活动中，我将该探究实验做了改进，简化了实验装置，使得实验结果更加可靠。

1. 实验设计

按照图2组装实验器材，把温度计分别放到装有质量大小相等、初温相同的煤油和水的两只小烧杯中，然后将它们分别固定好并同时放置于一个大烧杯中进行实验。

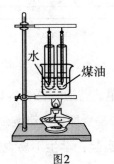

图2

2. 优点

（1）装置更简单，器材容易得到；

（2）用水浴法加热更能够保证煤油和水在相同时间内吸收相同热量；

（3）用水给试管加热，受热面积大，受热均匀，整个实验时间短，现象明显。

三、探究二力平衡的条件改进

沪粤版八年级下册物理课本第7章第4节探究物体受力时怎样运动中的"二力平衡条件"的实验。原实验的以足之处，一是实验所需器材占地比较大，操作不方便，坐在后面的同学难于观察到现象。二是该实验中小车在木板运动时会产生摩擦力，对本实验有一定的影响，而且该实验过程中小车左右两个力的作用点只能固定在一个地方。三是实验的器材很难让学生可以随时动手做实验。

1. 实验设计

如图3，将教材上用小车在水平桌面上进行的实验改为用轻质硬纸片进行，将在桌面进行的实验改为在用塑料吸盘在黑板上或用铁架台进行。

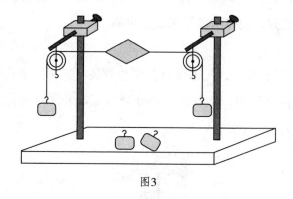

图3

2. 优点

（1）装置和原来相比更简单、普通，器材容易找到；

（2）改为硬纸片后，避免了易受摩擦力影响二力不等大时也会平衡的情况；

（3）用小车在桌面上进行实验，学生不易观察，改为用塑料吸盘在黑板上或在铁架台上进行实验，在课堂演示效果更好。

四、探究影响电热的因素实验改进

沪粤版九年级上册物理课本第15章第4节探究焦耳定律，安排了"电流通过电热器所产生的热量的多少与哪些因素有关"的探究活动，如图4。

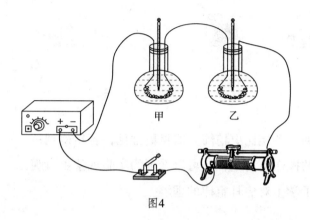

图4

原实验的不足之处有以下3点：①实验现象不够直观；②不方便学生动手操作；③实验准备过于烦琐，有些中学不具备相应的器材。我对该实验的改进如下：

1. 实验设计

实验一：如图5甲，探究在电流、通电持续时间一样时，电阻值大小对于电热的影响。将电阻R_1=5Ω、R_2=10Ω的电阻丝表面均匀地涂上一层石蜡，闭合开关，观察石蜡的熔化速度。实验现象是10Ω电阻丝上蜡的熔化速度较快，5Ω电阻丝上蜡的熔化速度较慢。实验得出的结论是，在电流和通电时间一样的情况下，电阻值越大，产生的压力和热量就越多。

实验二：如图5乙，探究在电阻、通电时间相同时，电流大小对电热的影响。将电阻值均为10Ω的三个等值电阻，其中R_1、R_2两个电阻丝表面均匀地涂上一层石蜡。按电路图5乙连接好实物，闭合开关，观察石蜡的熔化速度。实验得出的结论就是，当电阻和通电时间相同的情况下，电流变得更大，产生的热量也就越高。

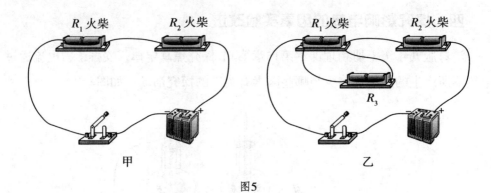

图5

2. 优点

（1）装置和原来相比更精简，器材更常见，容易得到；

（2）实验的操作更简单，且可以看到的实验现象更直观；

（3）加深了学生对焦耳定律的理解。

五、探究电磁感应现象实验改进

沪粤版九年级上册物理课本第17章第3节发电机为什么能发电中"探究电磁感应现象"是初中物理的一个重要实验。按教材的实验器材做实验，在以往的实验中，由于产生感应电流太小，实验效果往往不太理想。我对此实验装置进行了改进，从而使演示效果更好。

1. 实验设计

如图6乙，用两个发光二极管来代替微电流表，把两个发光颜色不同的发光二极管正负极相反并联后接到线路中，与线圈构成闭合通路，当插入线圈中的磁棒向上或向下运动时，总会有一个发光二极管亮、一个发光二极管不亮的现象产生，能直观看出电路中有感应电流通过及感应电流的方向。

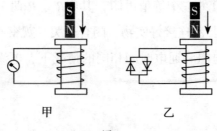

甲　　　　乙

图6

2. 优点

（1）转变观察电流表的偏转方向为观察二极管的亮灭，现象更明显，直观性更强。

（2）趣味性增强，学生乐于接受。

以上关于中学物理教材中有关实验整理与改进，主要是依据来自本人的实验教学实践，不足之处，敬请批评并指正。

参考文献

［1］方兴. 试谈物理实验教学中的创造性思路与方法［J］. 教学仪器与实验，1998（3）.

［2］林凡. 初中物理演示实验的改进与创新［J］. 教学仪器与实验，2013（9）.

［3］黄显吞. 简单而巧妙利用二极管的创新实验［J］. 中学物理，2009（23）.

［4］周虹. 新课改下初中物理实验教学的改进与创新［J］. 科普童话，2018（9）.

［5］徐旦. 新课改下初中物理教学中的实验改进与创新［J］. 科学大众，2017（3）.

质量和密度复习

阳江市第二中学　冯绍儒

一、教学重难点

重点：质量、天平的使用、密度的测定及应用。

难点：密度的概念。

二、复习内容

本章讲述的是关于质量和密度的相关知识。本专题的基本考点有：质量的概念、单位及其换算；对物体质量多少的估测；托盘天平的使用；密度概念及其建立过程；密度的计算；测定固体和液体物质的密度等。

三、复习流程

（1）复习引入。

（2）考点知识梳理。

（3）重难点扫描。

（一）质量

1. 物体_____叫作质量。质量的国际单位是_____。

2. 对质量的感性认识：

一枚大头针约80_____　　一个苹果约150_____　　一头大象约6_____

一只鸡约2＿＿＿＿＿　　一个鸡蛋约50＿＿＿＿＿

3. 质量是物体的一种属性，它不随物质的＿＿＿＿、＿＿＿＿、＿＿＿＿而改变。

4. 物体的质量用天平测量：

（1）天平的使用方法：

① "放"：把天平放在＿＿＿＿＿＿＿，把游码放在＿＿＿＿＿＿＿；

② "调"：调节天平两端的＿＿＿＿＿＿，使指针指在分度盘的中线处，这时天平平衡；

③ "称"：把被测物体放在＿＿＿＿＿＿，用镊子向＿＿＿＿＿＿加减砝码并调节游码在标尺上的位置，直到天平重新平衡；

④ "读"：右盘砝码质量加上游码所对应的刻度值，就是物体的质量。

⑤ "收"：称量完成，整理器材回位。

（2）天平平衡的判定：

① 静态平衡：即天平静止时指针指在＿＿＿＿＿＿；

② 动态平衡：即天平横梁左右晃动时分度盘指针在中线两侧偏转的＿＿＿＿＿＿。

（3）向天平右盘加减砝码的顺序：先加＿＿＿＿＿＿的砝码，再加＿＿＿＿＿＿的砝码。

拓展：

（4）器材磨损或不规范操作可能造成的后果（可结合实际分析原因）：

① 如果砝码磨损，并且按照正确的方法测量，那么测量值＿＿＿＿＿实际值。

② 如果砝码生锈，并且按照正确的方法测量，那么测量值＿＿＿＿＿实际值。

③ 如果测量前没有将游码归零，那么测量值＿＿＿＿＿实际值。

④ 如果测量前没有调平，导致左盘位置较低，那么测量值＿＿＿＿＿实际值。

⑤ 对游码读数时如果按右侧对应的数值读数，那么测量值＿＿＿＿＿实际值。

经典例题：

例1：某同学用已调节好的托盘天平测量物体的质量，他将物体放入天平，通过增、减砝码后，发现指针指在分度盘中央刻度线的左边一点，这时他应该（　　）

A. 把横梁右端螺母向右旋出一些

B.把横梁右端螺母向左旋进一些

C.把天平右盘的砝码减少一些

D.向右移动游码

（二）密度

1._____叫作这种物质的密度。密度的公式是_____，密度的国际单位是_____，常用单位还有_____，它们的换算关系为_____。

2.水的密度是_____，它表示_____。

3.正确理解密度：

（1）同种物质，密度不变，数值上等于质量与体积的比值，与物体的质量、体积、形状无关。

（2）不同物质的密度一般_____，密度是物质的一种特性。

（3）质量相同的不同物质，密度大的体积_____；体积相同的不同物质，密度大的质量_____。

经典例题：

例2：某同学在探究"物体的质量跟体积的关系"的实验中，

（1）他将托盘天平放在水平桌面上，把游码移到标尺左端的"0"刻度线处，观察指针的指示情况如图（甲）所示，此时应进行的操作是_____；天平横梁调平衡后，在称物体的质量时，他在天平右盘中加、减砝码后，指针的指示情况如图（乙）所示，这时他应进行的操作是_____。

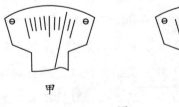

甲　　　　　乙

图1

（2）下表是这位同学记录的实验内容和实验数据，请你根据表格中记录的内容和数据，进行分析比较：

表1

物理量物体	质量m/g	体积V/cm³	质量跟体积的比值 m/V/g·cm⁻³
铁块1	79	10	7.9
铁块2	158	20	7.9
铁块3	237	30	7.9
铝块1	54	20	2.7
铝块2	108	40	2.7
铝块3	162	60	2.7

① 铁和铝两种不同物质的相同点是：_____；

不同点是：_____；

② 铁的密度为_____；

③ 根据这个实验的结果，请你分析并回答，为什么说密度是物质的特性？

答：_____；

④ 回忆我们在做这个实验时，为什么要选取多种物质，且对每种物质都要收集多组数据？若对每种物质仅收集一组数据是否可以？为什么？

_____.

例3：王兵在"测量石块的密度"时，测出几组数据，根据这些数据绘出图像，图2中四幅图像中，能正确表示石块"质量与体积的关系"的图像是_____，能正确表示"密度与质量的关系"的图像是_____。

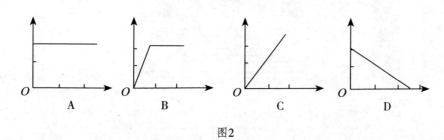

A　　　　B　　　　C　　　　D

图2

例4：某瓶氧气的密度是5kg/m³，给人供氧用去了氧气质量的一半，则瓶内剩余氧气的密度是_____kg/m³；容积是10L的瓶子装满了煤油，已知煤油的密度是0.8×10^3kg/m³，则瓶内煤油的质量是_____kg，将煤油倒去4kg后，瓶内剩余煤油的密度是_____kg/m³。

例5：建筑物内遭遇火灾时，受困人员应该采取弯腰甚至匍匐的姿势撤离火场，这样能够有效避免吸入有害气体或被灼伤，这是因为与房间内其他气体相比较，含有毒有害物质的气体（　　　）

A.温度较低，密度较大，而大量集聚在房间的下方

B.温度较低，密度较小，而大量集聚在房间的下方

C.温度较高，密度较大，而大量集聚在房间的上方

D.温度较高，密度较小，而大量集聚在房间的上方

（三）密度与社会生活

经典例题：

例6：有一个体积为30cm³，质量是178g的铜球，

（1）请你判断该球是空心的还是实心的？

（2）若是空心的，空心部分的体积是多少？（$\rho_{铜}$=8.9×10³kg/m³）

（四）典型实验再现

测量物质的密度：（课件演示）1.测量液体的密度；2.测量石块的密度。

经典例题：

例7：小明在实验室测量某金属块的密度。实验步骤如下：

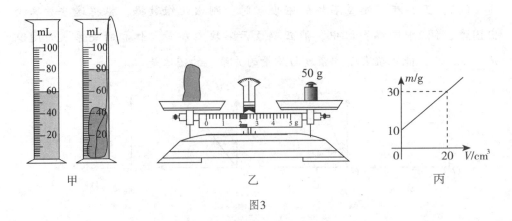

图3

（1）小明先把金属块放入装有适量水的量筒中，量筒内水面的位置如图甲所示。然后他将金属块从量筒中取出，直接放在已调节好的托盘天平上，天平平衡时游码在标尺上的位置和右盘砝码如图乙所示，计算金属块的密度

为_____kg/m³。

（2）小明这种测量方法测出的金属块密度值_____（选填"偏大""偏小"或"不变"）。

（3）小明接着又测定某液体密度。他根据实验数据绘制了液体和容器的总质量$m_{总}$跟液体的体积V之间的关系图像，如图丙所示，根据图像可计算液体的密度为_____kg/m³。

经典例题：

例8：为了测量某种食用油的密度，取适量这种食用油进行如下实验：

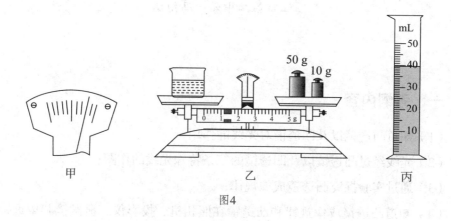

图4

（1）将托盘天平放在水平桌面上，把游码移到标尺左端的"0"刻度线处。发现指针静止时位置如图甲所示，则应将平衡螺母向_____（选填"左"或"右"）调节使横梁平衡。

（2）向烧杯中倒入适量的食用油，用天平测量烧杯和食用油的总质量m_1，天平平衡时，砝码和游码的位置如图乙所示。

（3）把烧杯中的部分食用油倒入量筒中，其示数如图丙所示。

（4）测出烧杯和剩余食用油的总质量m_2为26g。

（5）请将数据及计算结果填在下表中。

烧杯和食用油的总质量m_1 / g	烧杯和剩余食用油的总质量m_2 / g	量筒中食用油的质量m / g	量筒中食用油的体积V / cm³	食用油的密度ρ /（g / cm³）
	26			

"透镜的规律及其应用"复习教案

阳江市第二中学　冯绍儒

一、考纲内容

（1）知道凸透镜以及凹透镜对光线的作用；

（2）光线经过凸透镜以及凹透镜的三条特殊光线的作图；

（3）通过实验探究凸透镜成像规律；

（4）知道凸透镜成像规律和凸透镜在照相机、投影仪、显微镜和望远镜中的应用原理；

（5）知道近视眼和远视眼的成因及矫正。

二、教学重难点

（1）透镜的特殊光线；

（2）探究凸透镜成像规律；

（3）近视眼和远视眼的成因及矫正。

三、教学过程

（一）知识回顾

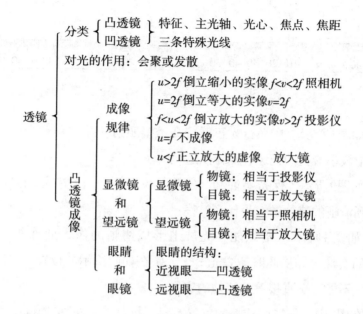

（二）典型例题分析

例1：

在森林里决不允许随地丢弃透明饮料瓶。这是由于雨水进入饮料瓶后相当于一个_____镜，对太阳光有_____作用，可能会导致森林火灾。

例2：

如题15（1）图所示，请画出入射或折射光线，使光路完整。

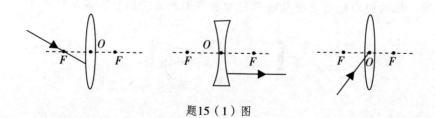

题15（1）图

例3：

在"探究凸透镜成像规律"的实验中：

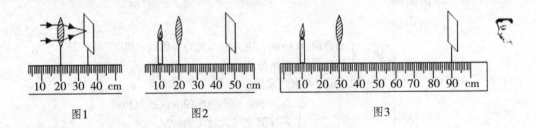

图1　　　　　　图2　　　　　　　　图3

（1）如图1所示，让平行光正对着凸透镜照射，左右移动光屏，直到光屏上出现一个最小最亮的光斑，测得凸透镜的焦距 $f =$ _____ cm。

（2）如图2所示，保持蜡烛和凸透镜的位置不变，左右移动光屏，在光屏上能否得到清晰的蜡烛像？为什么？答：_____。

（3）如图3所示，蜡烛能在光屏上形成清晰的像，此像是_____、_____的实像。如果此时撤去光屏，人眼在如图所示的位置_____（选填"能"或"不能"）直接看到蜡烛的实像。

（4）在图3中，保持凸透镜的位置不变，将蜡烛向左移动5cm，为了在光屏上得到一个清晰的像，光屏应该向_____（选填"左"或"右"）移动。

例4：某照相机镜头焦距为10cm，小刚用它来给自己的物理小制作参展作品照相，当照相机正对作品从50cm处向12cm处移动的过程中（　　　　）

A.像变大，像距变大　　　　　　　B.像变大，像距变小

C.像先变小后变大，像距变大　　　D.像先变小后变大，像距变小

例5：常见的视力缺陷有近视和远视。图4是一位视力缺陷人员的眼球成像示意图，他的视力缺陷类型及矫正视力需要配戴的透镜种类是（　　　　）

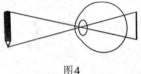

图4

A.远视眼，凸透镜　　　　　　　B.远视眼，凹透镜

C.近视眼，凸透镜　　　　　　　D.近视眼，凹透镜

四、课堂检测

1. 光学器件在我们的生活、学习中有着广泛的应用。下面的介绍有一项不切实际，它是（　　　）

A. 近视眼镜利用了凹透镜对光线的发散作用

B. 照相时，被照者与相机的距离是在镜头的二倍焦距之外

C. 借助放大镜看地图时，地图到放大镜的距离应略大于一倍焦距

D. 阳光通过凸透镜可以点燃纸屑，这利用了凸透镜对光的会聚作用

2. 一个物体在凸透镜前20cm处时，在透镜另一侧的光屏上成一个倒立、缩小的实像，则该凸透镜的焦距 f 符合（　　　）

A. 10cm< f <20cm　　　　　　B. f >10cm

C. f <10cm　　　　　　　　　D. f >20cm

3. 探究凸透镜成像规律时，小明在凸透镜前放一燃着的蜡烛，移动光屏并在光屏上找到清晰的像。然后将蜡烛远离透镜，调节光屏再次找到一个清晰的像，比较两像（　　　）

A. 像距增大，像增大　　　　　B. 像距减小，像增大

C. 像距减小，像减小　　　　　D. 像距增大，像减小

4. 小明做"研究远视眼的矫正"实验时，他把凸透镜看作眼睛的晶状体，光屏看作眼睛的视网膜，烛焰看作是眼睛观察的物体。小明拿一个远视眼镜放在凸透镜前，光屏上出现烛焰清晰的像，如图5所示。而拿走远视眼镜则烛焰的像变得模糊，下列操作能使光屏上重新得到清晰像的是（　　　）

图5

A. 将光屏适当靠近凸透镜

B. 将蜡烛适当靠近凸透镜

C. 同时将光屏和蜡烛适当靠近凸透镜

D. 将光屏适当远离凸透镜或将蜡烛适当远离凸透镜

5. 在探究凸透镜成像的实验中，光屏上已经得到了清晰放大的像，现在保持透镜位置不变，把蜡烛和光屏的位置对调，则（　　　）

A. 光屏上有倒立缩小的实像

B. 光屏上有倒立放大的实像

C. 光屏上有正立等大的虚像

D. 光屏上没有像

6. 近年来时兴用一种角膜切割手术治疗近视眼并可使患者摘掉眼镜，以下说法正确的是（　　　）

A. 用激光切割近视眼角膜，使之周围变薄相当于人造凸透镜替代镜片

B. 矫正远视眼应让患者戴上凹透镜

C. 用激光切割近视眼角膜，使之中央变薄相当于人造凹透镜替代镜片

D. 玻璃体相当于一个焦距可变的凸透镜

7. 将蜡烛、焦距为10厘米的凸透镜、光屏依次放在光具座上，点燃蜡烛，使烛焰、透镜和光屏的中心在同一高度上。移动蜡烛使烛焰距凸透镜25厘米，在凸透镜另一侧移动光屏，会在光屏上得到一个倒立、＿＿＿＿＿＿的实像。根据这一成像规律，请举一个生活中的应用实例：＿＿＿＿＿＿。

8. 把一个凸透镜对准太阳光，可在距凸透镜20cm处得到一个最小、最亮的光斑. 若将一物体放在此透镜前30cm处，则可在另一侧得到一个（　　　）

A. 倒立、放大的实像　　　　　B. 倒立、缩小的实像

C. 正立、放大的虚像　　　　　D. 正立、缩小的虚像

9. 某班同学在"探究凸透镜成像规律"的实验中，记录并绘制了物体到凸透镜的距离u跟像到凸透镜的距离v之间关系的图像，如图6所示，下列判断正确的是（　　　）

A. 该凸透镜的焦距是20cm

B. 当$u=15$cm时，在光屏上能得到一个缩小的像

C. 当$u=25$cm时成放大的像，投影仪就是根据这一原理制成的

D. 把物体从距凸透镜10cm处移动到30cm处的过程中，像逐渐变小

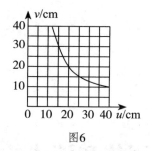

图6

10. 如图7所示，F和F'为凸透镜的焦点，P和P'到凸透镜的距离为二倍焦距。

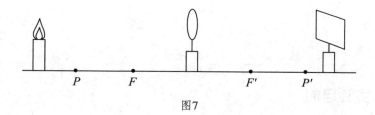

图7

（1）保证蜡烛、凸透镜的位置不变，应将光屏向_____（填"左"或"右"）移动，才能在光屏上得到清晰倒立的_____（填"放大""等大"或"缩小"）的实像。

（2）若将图示装置模拟人的眼睛成像系统，成像总在光屏左侧，该种情况表明这样的眼睛是_____视眼（填"近"或"远"），需要配戴一个焦距合适的_____（填"凹"或"凸"）透镜才能加以矫正。

（3）图8中画出了光线通过透镜（图中未画出）的情形。其中属于凸透镜的是（　　　　）

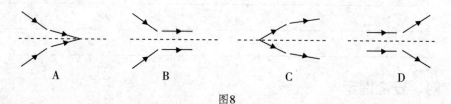

A　　　　　　　B　　　　　　　C　　　　　　　D

图8

测量固体和液体的密度

阳江市第二中学　李超英

班级：_____　姓名：_____　座号：_____　评分：_____

一、实验目的

（1）会使用天平测量固体和液体的质量，正确使用量筒测体积；

（2）操作中选择合适的方法和步骤来完成实验并达到减小误差的目的。

二、实验器材

托盘天平1架（200g，带砝码盒）、烧杯1个（100mL，内装适量水）、量筒1个（100mL，分度值1mL）、待测铝块（预先已用细线绑好）、水。

三、实验原理

_____

_____

_____

四、安全提示

（1）量筒是易碎品，注意系好的铝块要缓慢放入装有水的量筒里，防止撞碎；

（2）烧杯是易碎品，要轻拿轻放，防止撞碎。

五、操作要点

（一）测量铝块的密度

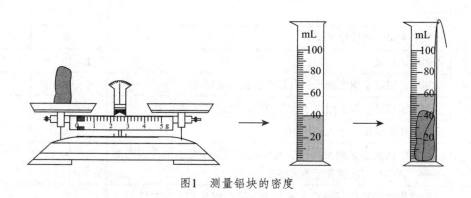

图1　测量铝块的密度

1. 检查器材。检查仪器是否齐全，观察天平的最大称量范围、游码、标尺的分度值并记录，观察天平横梁是否平衡。观察量筒的量程、分度值并记录；

2. 用天平测量铝块的质量m；

3. 向量筒内倒入适量的水并记录其体积V_1，记录到表格中；

4. 将绑好的铝块放入装水的量筒内测量水和铝块的体积V_2，记录到表格中；

5. 铝块的体积为$V_{铝}$=_____（用符号代表）；

6. 用以上所给物理量表示小石块的密度为ρ=_____，并计算填入表中；

7. 整理器材。正确制动天平，用镊子把砝码放回盒中，游码拨至零刻度；

8. 记录数据：

表1　数据记录表

物质	质量m/g	量筒中水的体积V_1/cm³	量筒中水和铝块的总体积V_2/cm³	铝块的体积V/cm³	密度ρ/（g/cm³）
铝块					

实验操作考试（一）：

表2　实验操作评分情况

序号	实验操作评分要点	分值	得分	备注
1	将天平放在水平桌面上，用镊子将游码调到标尺左端的零刻度线处	1		
2	调节平衡螺母使横梁平衡	1		
3	将铝块放左盘	1		
4	估测后，用镊子由大到小向右盘中尝试加减砝码	1		
5	左手保护横梁，右手用镊子拨动游码直至横梁恢复平衡	1		
6	读出铝块的质量并记入表格中	1		
7	在量筒中倒入适量的水，读数时视线与量筒中盐水凹液面底部相平，读出水的体积并记入表格中	1		
8	将铝块用细线拴住轻轻放入量筒中，读出铝块和水的总体积，并记入表格中	1		
9	计算出铝块的体积，计算出铝块的密度	1		
10	整理器材，将器材恢复到实验前状态或摆放整齐，将桌上的水擦干净	1		
	得分合计：	10		

说明：
1.调节横梁平衡时，指针静止在分度盘中线处或在中线左右摆动幅度相等均可，不扣分。
2.用手直接加减砝码或由小到大试加砝码扣1分。
3.用手把量筒拿起来读数扣1分。

（二）测量水的密度

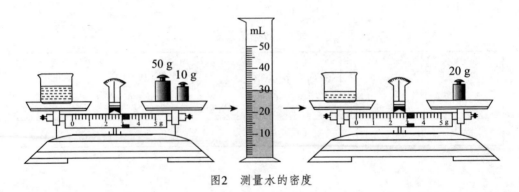

图2　测量水的密度

1. 检查器材

① 天平（含砝码，镊子）、_____、水、_____；

② 观察并记录天平的最大称量量程为_____，天平游码标尺的最小分度值为_____。

2. 调节天平平衡：①把天平放在_____上，用镊子将游码拨到_____处；②调节_____，直至指针指到_____或左右摆动格数相等。

3. 进行实验（设计实验步骤）

① 用_____测出_____的质量m_1；

② 在_____内倒入适量的水，并记录其体积V；

③ 用天平测出_____的质量m_2；

④ 计算出量筒内水的质量$m=$_____（用字母表示）；

⑤ 用以上所给物理量表示水的密度为$\rho=$_____。

4. 设计测量盐水的密度的表格并记录实验数据：

表3　相关实验数据

烧杯和水的总质量m_1/g	量筒中水的体积V/cm³	烧杯和剩余水的质量m_2/g	量筒中水的质量m/g	水的密度ρ/（g/cm³）

5. 整理器材：实验完毕把器材整理好放回原处。

实验评估与交流：

1. 在测量固体的质量时，如果将铝块（或某种固体）蘸水后再进行测量，会导致所测铝块（或某种固体）的质量_____，使密度的测量值_____。（均选填"偏大"或"偏小"）

2. 若先用天平测出空杯质量，再测出装有适量水（或某种液体）的烧杯的质量，把所有水（或某种液体）倒入量筒读出所有水（或者某种液体）的体积，最终测出水（某种液体）的密度_____（选填"偏大"或"偏小"）。

实验操作考试（二）：

表4 实验操作要点及分值

序号	实验操作评分要点	分值	得分	备注
1	将天平放在水平桌面上，用镊子将游码调到标尺左端的零刻度线处	1		
2	调节平衡螺母使横梁平衡	1		
3	把装适量水的烧杯放在左盘	1		
4	估测后，用镊子由大到小向右盘中尝试加减砝码	1		
5	左手保护横梁，右手用镊子拨动游码，直至横梁恢复平衡	1		
6	读出烧杯和水总质量并记入表格中	1		
7	将烧杯中适量的水倒入量筒中，读数时视线与量筒中盐水凹液面底部相平，读出体积并记入表格中	1		
8	用天平测出烧杯和剩余水的质量，并记入表格中	1		
9	计算出水的质量，计算出水的密度	1		
10	整理器材，将器材恢复到实验前状态或摆放整齐，将桌上的水擦干净	1		
	得分合计	10		

说明：

1.调节横梁平衡时，指针静止在分度盘中线处或在中线左右摆动幅度相等均可，不扣分。

2.用手直接加减砝码或由小到大试加砝码扣1分。

3.用手把量筒拿起来读数扣1分。

我们怎样听见声音

阳江市田家炳学校　林　翠

一、教学内容

物理（粤沪版）八年级上册第二章声音与环境《我们怎样听见声音》；本节主要研究声音的产生及传播，探究声音的传播需要介质，认识声音传播的快慢，了解人耳听到声音的过程。

二、教学目标

1. 知识与技能

（1）知道声音是由物体振动产生的。

（2）知道声音是以波的形式向外传播，知道声音的传播需要介质，不同介质传播声音的快慢不同。

（3）了解声波进入人耳后引起听觉的过程。

2. 过程与方法

通过"学习共同体"的学习模式在课堂上开展观察和实验，研究声音的产生及传播的条件，领悟其中的研究方法——转换法。

3. 情感、态度与价值观

（1）通过探究声音的产生及传播的条件，感受实验的严谨性及合作交流的重要性，养成乐于探索自然和日常生活中的物理道理的习惯。

（2）关注保护听觉的重要性，培养关心帮助聋哑人的爱心。

（3）通过本节课的学习，让学生熟悉"学习共同体"的物理教学模式，为以后的学习打下基础。

三、教学思想

声现象在生活中虽然处处可见，但是对声音的产生、传播及人耳听到声音的过程，学生却缺乏认真的思考和科学的认识，让学生动手实验、动眼观察、动脑思考、动口交流，通过"学习共同体"的学习模式开展实验探究的过程中学习上述问题，并在获得物理知识的同时，学习物理学研究问题的方法。

四、教学重难点

教学重点：声音产生的原因及传播条件。

教学难点：声音的传播。

五、教学器材

锣鼓、钢锯条、乒乓球（系上线）、音叉和小锤、橡皮筋、抹布和水盘、土电话、水铃铛、金属衣架、玩具弹簧（演示波）。

六、教学过程

（一）新课引入

多媒体课件播放：（让学生感受各种各样的声音）

a. 流水潺潺   b. 琴声悠悠

c. 清晨鸟语   d. 夏日蝉鸣

e. 电闪雷鸣   f. 球场欢呼

……

师：在这些声音的海洋中，你想知道什么？（或你想提出什么问题？）

学生以学习共同体的小组为单位，各抒己见。

师：很好，对于以上小组提出的问题，大家的猜想是什么？

今天我们就来研究其中几个问题。

大屏幕展示：

a. 声音是怎样产生的？

b. 声音是如何传播到我们耳朵里的？

c. 我们是怎样听见声音的？

（二）新课教学

1. 声音的产生

师：（讲述）帕斯卡发现"振动发声"的故事……由以上故事我们看到，科学发现并不神秘，10岁的帕斯卡可以，你也一定能行！你能否设计几个实验，也证明声音是由于物体振动产生的？

学习共同体的小组开始设计实验，在学生设计的实验中，有些是非常巧妙的。如：证明发声的音叉在振动，有的用水显示，有的用乒乓球显示；鼓膜的振动用纸屑显示等。

教师选择典型的实验让学生展示，并汇报实验结论：发声的物体都在振动。

教师评价、点拨：这些同学的实验不仅能得出发声的物体在振动这一结论，而且他们的实验方法还有很多地方值得同学们借鉴，请举例。

学生讨论后回答：把音叉的振动放大为乒乓球的振动，鼓膜的振动放大为纸屑的振动，使不容易观察到的微小的振动一目了然。小组总结：像这样用乒乓球的振动来显示音叉的振动或用纸屑的振动来显示鼓膜的振动，将一个量的变化转化为另一个量的变化，这种方法叫作"转换法"，在物理中经常使用。

教师进一步提出问题：有没有只发声不振动的物体呢？正在发声的物体，如果它的振动突然停止，这个物体还能发声吗？你能用实验来证明你的结论吗？

学习共同体小组实验、讨论后得出：发声的物体都在振动，如果振动停止，物体也就不能发声了。

教师：归纳上面的实验可以得出，声音是由物体振动产生的。

2. 声音是怎么传播的

教师：音叉的振动可以将乒乓球弹起，如果将乒乓球做得很小，把许许多多乒乓球都放在音叉周围会怎样呢？

学生讨论，得出：乒乓球会将音叉的振动传递出去，在远处也可听到音叉振动的声音。

教师：实际上，在音叉周围放置许多空气粒子（空气分子），音叉振动时，这些空气粒子又会怎样呢？

学生想象，小组内交流、讨论、描述他们的想法。

学生为准确描述他们想象的情景，可能将"波"这一名词提出来，这样教师可以顺水推舟；如果提不出来，教师可以应用水波、弹簧波等进行类比，也可以播放Flash动画，帮助学生建立声波的概念.

为巩固声波的概念，变抽象为具体，让学生"看到"声波，可以用示波器显示声波，多找几位同学对着话筒说话、唱歌，让学生目睹自己声音的波形，并简单比较波形的不同，为学习下一节埋下伏笔。

3. 声音的传播需要介质

教师：如果把音叉周围的"空气粒子"全部去掉，让音叉在真空中振动，你还能听到声音吗？请设计实验来回答这个问题。

学生讨论后确定探究课题：真空能传声吗？

教师鼓励学生设计多种对比实验进行证明，如：①将正在发声的电铃放在钟罩内，利用抽气机将瓶中的空气抽出，学生听电铃声音的变化；然后再放入空气听声音的变化，进行对比；②将正在发声的音乐卡放在保温瓶中封口听声音，然后将保温瓶底部的小突起打掉，往保温瓶的夹层中放入空气听音乐卡发出的声音，进行对比；③同样利用手机和保温玻璃杯与非保温玻璃杯做类似的实验，进行对比，共同分析后，得出结论：真空不能传声。

教师：既然声音传播需要介质，哪些物质可以传声呢？

大屏幕展示：根据你的生活经验，你认为有哪些物质可以传声？能用实验证明吗？

学习共同体小组内自己根据经验提出猜想，自己设计实验证明，如：用纸杯和细线做成土电话听声音；敲击桌子一端让同学将耳朵贴在另一端听声音；用细线系住金属衣架或金属小勺挂在耳朵上，敲击衣架或小勺听声音……这些都证明了固体可以传声。花样游泳比赛的运动员在水下可以听到音乐；岸边的脚步声可以将鱼吓跑；我们可以听到水下石块的撞击声……这些都证明了液体可以传声。听到教师讲课的声音表明气体可以传声，学生自己进行实验，分析论证就能得出：声音传播需要固体、液体、气体等物质。

教师：航天员在月球上和太空中是怎样相互交谈的呢？

学生兴趣盎然，用自己刚学到的知识来解释这个问题，分小组汇报，此时课堂气氛非常活跃！

4.声音传播有多快

学生阅读课文自学这部分知识，小组内设计问题检查自学情况。

大屏幕展示思考题：如果将耳朵贴在比较长的装满水的钢管一端，在管的另一端敲一下，会听到几次敲击声？为什么？

学生讨论后分析。

5.人耳怎样听见声音

师生共同设计实验，如：拿一张纸片放在嘴边，说话（不能吹纸片）时可以感到纸片振动；放鞭炮时，可以感到窗玻璃或窗纸振动等。

得出结论：声音能引起膜片等物体振动。

教师：这里的膜片相当于人耳中的哪部分结构？

学生：鼓膜。

教师：阅读课文，自学"人耳怎样听到声音"。

自学完成以后，教师找学生描述听到声音的过程。

教师提醒学生注意用耳卫生，对学生进行保健教育。

（三）课堂小结

教师：这节课，你学到了哪些知识？用到了哪些方法？学习过程中受到了什么启发？关于声音还有哪些问题没有解决？又提出了哪些新的问题？

学生讨论后，教师找学生回答。

教师点评：在研究一个问题的过程中，能够发现新的问题，这就为进一步的学习奠定了基础，所以爱因斯坦说："提出一个问题，比解决一个问题更重要。"希望同学们在以后的学习中，能不断地发现问题、提出问题。

七、教学反思

《我们怎样听见声音》一课是通过"学习共同体"的教学模式开展的，八年级的学生刚开始接触这种教学模式，这就需要教师和学生一起组成学习共同体，从旁加以引导。学生在科学探究的过程中体会到探究的乐趣，知道物理是

"生活中的物理",是"身边的物理",并让学生喜欢上"学习共同体"模式的物理课堂。

在教学中,我从"我们生活的世界充满了各种丰富多彩的声音"引入,让学生提出各种各样的问题,激发了学生的求知欲。接下来通过"学习共同体"的学习方法,开展小组探究活动,一一解决我们这节课的教学任务,学生在科学探究中不仅获得知识还培养了学生的合作精神,改变了教师与学生、学生与学生之间的关系,使之关系更加密切!为以后的教与学打下更好的基础!

"电阻定律"教学尝试

广东省阳江市江城区教师发展中心　彭崇生

物理是一门以实验为基础的自然科学，物理规律的发现、概念的形成总是建立在一定的实验基础之上，因此实验在中学物理中占有非常重要的地位。目前中学物理教材中基本上是采用教师在课堂上做演示实验、解释物理现象、总结规律，再安排学生分组实验加以验证的传统教学方法。这样虽然能培养学生理解知识和验证、分析问题的能力，却未能很好地体现学生主体地位，不利于学生素质的全面提高。若将教材中的一些验证性演示实验、学生实验如"共点力的合成""验证牛顿第二定律""欧姆定律""电阻定律""研究电磁感应现象"等改进为探索性实验，既可以使学生的主体作用得到充分发挥，培养学生的学习兴趣，又有利于培养学生积极思考、独立观察和操作、归纳概括和分析推理能力。我们通过教学尝试及学生调查反馈，收到了较好的效果，现以"电阻定律"内容为例做如下改进：

一、课前准备

1. 器材准备

由于"电阻定律"实验内容为演示实验，大部分学校只配备了一两套演示实验器材，由于演示实验器材面积大，故不易搬动且不便操作。测量学校现有的实验器材，发现材料长度非严格的成倍数关系，不利于实验的科学性、严谨性教学。本人在严格实验要求条件下自制了一定数量的面积小、携带方便、操作简便的实验器材：选取35cm×20cm规格的胶合板，在胶合板上安装镍铬合金和康铜合金线，实验装置如图1。

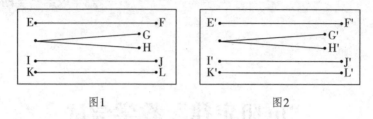

图1   图2

镍铬合金和康铜合金线规格为：

EF：镍铬合金长L=0.3000cm横截面积S=0.283×10^{-6}m^2

GH：镍铬合金长L=0.6000cm横截面积S=0.283×10^{-6}m^2

IJ：镍铬合金长L=0.3000cm横截面积S=0.566×10^{-6}m^2

KL：镍铬合金长L=0.3000cm横截面积S=0.283×10^{-6}m^2

E′F′：康铜合金长L=0.3000cm横截面积S=0.283×10^{-6}m^2

G′H′：康铜合金长L=0.6000cm横截面积S=0.283×10^{-6}m^2

I′J′：镍铬合金长L=0.3000cm横截面积S=0.566×10^{-6}m^2

K′L′：镍铬合金长L=0.3000cm横截面积S=0.283×10^{-6}m^2

（自制器材数量由学生人数决定，一般以两人为一个实验小组，（1）、（2）器材数量各半，其中（1）材料研究镍铬合金线的电阻与材料的长度、横截面积的定量关系；（2）材料研究康铜合金线的电阻与材料的长度、横截面积的定量关系。）

2.实验准备

实验器材准备好后，教师应逐个检查，并完成实验要求内容，控制实验数据在误差范围内（有些电流表、电压表系统误差较大），布置学生预习、思考内容：导体的电阻由哪些因素决定的？用怎样的实验方法才能得出导体的电阻与它们的定量关系？

二、实验过程

实验前几分钟引导学生要得出导体的电阻与它的长度、横截面积、材料的定量关系，可设计：

（1）室温下，选用相同材料、横截面积，不同长度的导体在相同电压时比较通过导体之间的电流。

（2）室温下，选用相同材料、长度，不同横截面积的导体在相同电压时比较通过导体之间的电流。

（3）室温下，选用相同长度、横截面积，不同材料的导体在相同电压时比较通过导体之间的电流。

将全班同学分成A、B、C、D四大组（A、B组使用（1）组合器；C、D组使用（2）组合器），按图3连接好电路，在M、N间依次接入合金线，调节滑动变阻器滑片，使合金线两端电压为0.80V，记录通过合金线的电流。

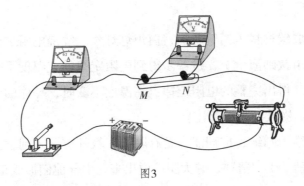

图3

由于学生的动手能力等因素限制，实验中可能会出现电路连接错误、读数不准等问题。教师应多加注意、引导。

三、分析实验数据，归纳、总结实验结论

学生完成实验后，将实验数据、分析结果填入表1中。

表1

实验条件			实验数据		结论
电压相同	材料、横截面积相同	长度不同	L	2L	Roc l
		电流强度（A）			
	材料、长度相同	横截面积不同	S	2S	Roc l/S
		电流强度（A）			
	长度、横截面积相同	材料不同	镍铬	康铜	电阻与材料有关
		电流强度（A）			

让学生充分思考、讨论：

（1）比较EF和GH、E′F′和G′H′两组材料的长度、横截面积，由实验结果分析导线电阻与它的长度的定量关系？

（2）比较EF和IJ、E′F′和I′J′两组材料的长度、横截面积，由实验结果分析导线电阻与它的横截面积的定量关系？

（3）长度、横截面积相同的EF和KL、E′F′和K′L′它们的电阻是否相同？说明了什么？等等。成功地得出电阻定律的实验结论：合金线电阻与它的长度成正比，与它的横截面积成反比。

接着提问学生，为什么要说明在室温下？温度的变化会怎样影响导体的电阻？

让学生完成碳材料（铅笔芯）、白炽灯灯丝、线绕电阻加热前后的电阻变化实验（也可由教师演示），进一步得到电阻定律的"温度不变"的条件。再从特殊到普遍，得出完整的电阻定律：在温度不变时，导体的电阻跟它的长度成正比，跟它的横截面积成反比。

学生的思维、归纳、推理能力是有限的，教师应深入到学生中去，参与学生的讨论，鼓励学生"猜"，并大胆地说出来，引导他们形成正确的认识。

本实验改变了演示实验中只能研究一种材料的电阻与各因素的定量关系，在相同时间内测量镍铬合金材料、康铜合金材料的电阻跟长度、横截面积等的定量关系，这样更有利于说明电阻定律的普遍性。

验证性实验改成探索性实验教学，突出了教学中的难点，抓住了重点，也把本来枯燥无味的知识变得生动有趣，整堂课是以学生活动为主，体现了学生的主体作用，既培养了学生的观察、操作能力，又能发展学生的思维、概括、推理能力，有利于学生的学习主动性、创造力和潜能的发挥；有利于培养学生排除错误和干扰的能力，并从失败中获取成功的方法和克服困难的勇气。

注：本文撰写于1998年，原文发表在扬州大学学报高教研究版基础教育研究专辑。

后 记

  《且行且思——初中物理"学—思—理—评"教学模式的实践与思考》的出版，凝聚着江城区物理中心教研组众多成员的心血。虽然只是物理学科中心教研组的结晶，却成为其他学科中心教研组建设的范例，给我们诸多的启示。

  正如书名所揭示的：教师的专业发展需要实践与思考相结合，需要学、教、评的有机统一，更需要提炼与升华。

  更重要的是，它探索出区域学科教师的专业发展的重要途径：以学科中心教研组为桥梁，架起教研部门与学校学科教师专业沟通的新天地，汇聚三方的力量，齐齐联动，有力突破了过往落后地区教研员力量不足、指导不到位，教师教研兴趣不足、方法欠缺的困境，让我们区域学科教师的专业发展之路豁然开朗。

  集子付梓问世，并不意味着区域内教师的专业发展探索的终止，在这条道路上，探索永远是进行时！

  我们相信，在物理中心教研组的示范下，我们会有更多的学科在教师的专业发展上有更大的成果。

冯 活

2022年4月8日